Lothar Böhnisch
Zwischenwelten

Zukünfte

Herausgegeben von
Lothar Böhnisch | Wolfgang Schröer

Lothar Böhnisch

Zwischenwelten

Eine Gesellschaftstheorie für die Soziale Arbeit

Inhalt

Vorwort

Die Soziale Arbeit hat sich ihre Gesellschaftstheorien in der Regel von der Soziologie ausgeliehen. Sie sollen Wissen über die gesellschaftlichen Rahmenbedingungen der Sozialen Arbeit vermitteln können. Unstrittig ist, dass „Soziale Arbeit nicht auf eine gesellschaftstheoretische Rahmung verzichten kann. Ihre Herausbildung als ein eigenständiges gesellschaftliches Arbeits- und Handlungsfeld ist ebenso wenig ohne Rekurs auf gesellschaftstheoretische Überlegungen möglich wie eine Beschreibung der aktuellen Aufgaben und Funktionen der Sozialen Arbeit und die betreffenden gegenwärtigen Veränderungen" (Thole/Hunold 2018: 561 f.). Aber es sind, wie gesagt, Rahmentheorien. Wie Gesellschaftliches auf die Soziale Arbeit und ihre Klientel trifft, ihr *begegnet*, ist mit allgemeinen Gesellschaftstheorien nicht erfassbar. So kommt z. B. die Klientel der Sozialarbeit meist aus dem Kreis sozial Benachteiligter, aber weitaus nicht alle sozial Benachteiligten werden zu Klient*innen. Es muss also an der biografischen Bewältigung sozialer Ungleichheit auf der einen Seite und der mangelnden gesellschaftlichen Integrationsfähigkeit auf der anderen Seite liegen, dass solche dissozialen Konstellationen entstehen. Vor allem aber ist die Soziale Arbeit in ihrer alltäglichen Praxis mit Befindlichkeiten und emotionalen Manifestationen konfrontiert, deren gesellschaftliche Hintergründe im Dunkeln bleiben, wenn man keine entsprechende Theorie dafür hat. Meine These ist in diesem Zusammenhang, dass in der kapitalistischen Gesellschaft des Wachstumszwangs nichtintegrierbare psychosoziale und soziale Probleme in gesellschaftliche *Zwischenwelten* abgedrängt, abgespalten und der Sozialen Arbeit zugemutet werden. Aus dieser Erkenntnis heraus kann eine Gesellschaftstheorie der Sozialarbeit entwickelt werden, die nicht nur das sozialpädagogische Handlungssystem ansprechen kann, sondern vor allem auch an die Betroffenheit der Klient*innen heranreicht. Diese Theorie wird im Teil I entfaltet.

Gesellschaftstheorien sind immer Theorien mittlerer Reichweite, d. h. sie beziehen sich jeweils auf eine historische Epoche. Die Theorie der Zwischenwelten gilt für die Epoche des modernen Konkurrenzkapitalismus, wie er das letzte Drittel des 20. Jahrhunderts bestimmte und nun – in der Zweiten Moderne des 21. Jahrhunderts – intensiviert worden aber auch krisenanfälliger geworden ist. Ulrich Beck sieht den Unterschied zwischen der Ersten und Zweiten Moderne vor allem darin, dass „die Sicherheiten, die Gewissheiten und klaren nationalen und sektoralen Grenzen der Ersten Moderne von den Unsicherheiten, Ungewissheiten und Entgrenzungen der Zweiten Moderne" abgelöst sind (Beck 2000a: 41). Gleichzeitig steht diese neokapitalistische Formation der Zweiten Moderne unter dem Druck ihrer sozialökologischen Begrenzung. Dies fordert eine Gesellschaftstheorie heraus, in der Sorge (Care) statt ökonomischem Wachstumszwang zur Schlüsselkategorie der Vergesellschaftung werden kann. In diesem Gegenentwurf hätte die Soziale Arbeit einen wesentlich anderen gesellschaftlichen Stellenwert als in der marktkapitalistisch dominierten Gesellschaft, in der sie eine Randstellung einnimmt. Das entsprechende gesellschaftstheoretische Modell wird im Teil II vorgestellt.

Bei der Theorie der Zwischenwelten handelt es sich um keine geschlossene Gesellschaftstheorie der Sozialen Arbeit, sondern um eine Dimension in der „mehrdimensionale(n) Perspektive auf Gesellschaft" (Thole/Hunold 2018: 560), um den Versuch, aus dem Erfahrungskosmos der Sozialen Arbeit heraus gesellschaftliche Reflexivität zu entwickeln. Das kann von verschiedenen Handlungsorten aus geschehen. Die später daran anschließende Gesellschaftstheorie der Sorge versteht sich als ‚überlegte' und darin ‚konkrete' Utopie im Sinne Ernst Blochs (vgl. Bloch 1918), also eine Zukunftsperspektive, die auf gegenwärtig schon sichtbaren Entwicklungslinien wie auf unabweisbaren Notwendigkeiten aufbaut. Sichtbare Entwicklungslinien sind in den bürgergesellschaftlichen Initiativen und sozialen Bewegungen erkennbar; unabweisbare Notwendigkeiten ergeben sich aus dem Risikoarsenal der Zweiten Moderne, vor allem der drohenden sozialökologischen Krise, die zu einer Begrenzung des kapitalistischen Wachstumszwangs auffordert.

Teil I: Das gesellschaftstheoretische Modell der Zwischenwelten

Im Mittelpunkt dieser der Sozialen Arbeit zugedachten *Gesellschaftstheorie der Zwischenwelten* steht das Paradigma der *Abspaltung* und mit ihm die These, dass in den zwischenweltlichen Manifestationen von Abspaltungen das Gesellschaftliche der Sozialen Arbeit gesucht und gefunden werden kann. Mit der Metapher ‚Zwischenwelten' (‚Intermundien') bezeichne ich *paragesellschaftliche Sphären*, die sich außerhalb der gesellschaftlichen Normalitätszonen entfalten, aus deren Abspaltungen heraus sie aber entstanden sind, auf die sie zurückwirken und sie durchziehen. Sie gehören zur Gesellschaft, die sie aber nicht wahrhaben will. Sie entziehen sich immer wieder der subjektiven Selbstkontrolle wie der institutionellen Integration. Sie bilden das Problemtableau der Sozialen Arbeit. Das Wissen über sie macht es möglich, die verdeckte Wirklichkeit von Gesellschaft aufzuschließen, mit der es die Soziale Arbeit zu tun hat.

Das zivilisationstheoretische Modell

Da die Soziale Arbeit eine Gesellschaftstheorie braucht, die nicht neben ihrer handlungswissenschaftlichen Ausprägung steht, sondern handlungstheoretische und gesellschaftstheoretische Dimensionen aufeinander beziehen kann, wähle ich für meinen gesellschaftstheoretischen Ausgangspunkt die *Zivilisationstheorie* von Norbert Elias (1983), in der der Bezug zwischen Gesellschafts- und Subjektebene ausgewiesen ist. Ich folge daran anschließend dem Elias Schüler Cas Wouters (1999), der diesen Ansatz in die Moderne des 20. Jahrhunderts in das Konzept der *Informalisierung* übertragen hat und versuche, es in die neokapitalistische Entwicklung des 21. Jahrhunderts einzubringen. Aus der *Kritik dieses Konzepts* entwickle ich dann die Gesellschaftstheorie der Zwischenwelten in der Dualität von Gesellschafts- und Handlungsebene.

Elias war davon ausgegangen, dass mit dem Fortschreiten der gesellschaftlichen Arbeitsteilung und der Entwicklung des Staates seit dem Übergang in die frühindustrielle Zeit, die Menschen nicht nur in Sicherheit miteinander leben können, sondern auch begreifen müssen, dass sie aufeinander angewiesen und darin zur Kooperation gezwungen sind. Dies verlangt von ihnen aber entsprechende emotionale und soziale Selbstkontrolle und vom staatlichen System gesellschaftliche Integrationskraft. „Schrittweise verwandelten sich zwischenmenschliche Fremdzwänge in individuelle Selbstzwänge, denn mit Durchsetzung des staatlichen Gewaltmonopols setzte eine Ausdifferenzierung von Wirtschaft, Recht und Politik ein. Diese wiederum beförderte eine stärkere Abhängigkeit des Menschen von anderen Menschen (Interdependenz), machten die Abstimmungen zwischen den Gesellschaftsmitgliedern notwendig, sodass der Einzelne gezwungen war, sein Verhalten differenzierter, gleichmäßiger und stabiler zu regulieren“ (Adloff/Hindeja 2019: 109). Der Prozess der Zivilisation, wie ihn Elias historisch aufgeschlossen hat, kann also als komplexer Modernisierungsprozess und darin als Prozess der Emanzipation verstanden werden. Vormals konkurrierende Machtverhältnisse werden im Prozess der Staatenbildung zentralisiert und darin legitimiert, die gesellschaftliche Differenzierung nimmt zu, die Angewiesenheit der Menschen aufeinander tritt hervor. Das hat zur Folge, dass die äußeren institutionellen Kontrollen abnehmen und innere Kontrollen als Formen der Selbstkontrolle sich zunehmend entwickeln; von der Fremdbestimmung zur Selbstbestimmung. Mit der zunehmenden gegenseitigen Angewiesenheit ist nun auch die Notwendigkeit verbunden, sich in andere hineinversetzen zu können. Das verlangt ein hohes Maß an Affektkontrolle, an Empathie aber auch an Rationalität in der Organisation des eigenen Lebens.

Aus formalisierten Strukturen sind zunehmend informale Strukturen geworden. Cas Wouters (1999) hat diesen Aspekt der *Informalisierung* vorher strikt formalisierter Beziehungs- und Verhaltensmuster als zentrale Dimension des modernen Zivilisationsprozesses hervorgehoben. „Mit diesem Begriff soll der soziale Wandel innerhalb des 20. Jahrhunderts eingefangen werden, nämlich, dass sich im Verhältnis von Männern und Frauen, Älteren und Jüngeren sowie Regierenden und Regierten die Machtdifferenziale und damit auch der Formalisierungsgrad ihrer Beziehungen verringert haben" (ebd.: 113). Er sieht das als emanzipatorischen Prozess, in dem bislang sozial untergeordnete Gruppen aufsteigen und sich die sozialen Verhältnisse demokratisieren. Für ihn ist diese Wirkung des Informalisierungsprozesses vor allem in gesellschaftlichen Übergangsperioden wie in den 1960er und 1970er Jahren in Westeuropa, für uns gegenwärtig in der offenen und ‚fluiden' Postmoderne (vgl. Bauman 2008), sichtbar. In der Sphäre der Persönlichkeit habe sich in diesem Emanzipationsprozess ein neues Ideal entwickelt. „Das Verhalten aus eigener Kraft, sich ganz selbstständig zu steuern durch Kenntnis des ‚Selbst' und durch Einfühlen in die anderen [verbunden] mit dem Protest gegen den von anderen kommenden Zwang. […] Der Protest gegen Zwang und Unterdrückung bildete gleichsam den Nährboden für das neue Ideal. […] In dem Maße, in dem die Machtdifferenzen geringer werden, wurde das Problem der Qualität des menschlichen Zusammenlebens akuter. […] Die Spannungen zwischen Individualität und Solidarität in weniger ungleichen Machtverhältnissen und die damit verknüpften Spannungen im Affekthaushalt von Individuen haben die Aufmerksamkeit für Gefühle und deren Regulierung zunehmen lassen" (Wouters 1999: 56 ff.).

Elias' und Wouters' Zivilisationskonzepte haben also drei zentrale Komponenten, die in Wechselwirkung zueinander stehen: der Prozess der Individualisierung, der Machtzuwachs des Staates, der in der Moderne zum Sozialstaat geworden ist und die gesellschaftliche Arbeitsteilung. Letztere bewirkt, dass die indivi-

paradoxe Resultat eines sozialen Individualisierungsprozesses gedeutet wird, der die Subjekte dadurch, dass er sie aus traditionellen Bindungen und Abhängigkeiten befreit, im wachsenden Maße daran scheitern lässt, aus eigenen Antrieben und in vollkommener Selbstverantwortung zu psychischer Stabilität sowie sozialem Ansehen zu gelangen“ (Honneth 2004: VIII). Eva Illouz spricht vom Zwang zur Selbstverwirklichung, „aber weil dem Ziel nie ein klarer und positiver Inhalt gegeben wird, kann es de facto eine ganze Reihe nicht selbstverwirklichter und daher kranker Menschen hervorbringen“ (Illouz 2006: 75). Axel Honneth sieht solche sozialen Pathologien als Folgen verwehrter sozialer Anerkennung: „Der Kampf um Anerkennung scheint sich […] in das Innere der Subjekte verlagert zu haben, sei es in Form von verschiedenen Versagensängsten, sei es in Form von kalter, ohnmächtiger Wut. […] Das Streben nach Selbstachtung durch die Gesellschaft stirbt ja nicht einfach ab, sobald einmal keine normativ regulierten Sphären für seine verlässliche Befriedigung vorhanden sind, aber es kann sich an kein legitimierendes Prinzip anlehnen, wird also eigentümlich ortlos“ (Honneth 1992: 44). In diese Kritik gehört auch die Zukunftsprognose Baldo Blinkerts (2013), nach der die postmoderne Industriegesellschaft zunehmend soziale Entropien erzeuge, die dann das Bezugsfeld der Sozialen Arbeit sein werden. Auch im Modell der Kondratieff-Wellen (vgl. Böhnisch 2019) ist für die nächsten Jahrzehnte eine Zeit sozialer Entropien vorausgesagt worden. Entropien als Phasen sozialer Unordnung sind durch offene bis ‚chaotische' Zwischenwelten gekennzeichnet. Die Brisanz solcher Zwischensphären entsteht dadurch, dass der Verlust der Selbstkontrolle der Menschen und der Verlust der Integrationskraft der Gesellschaft sich in ihnen zu einem disruptiven Gemisch zusammenbrauen können. Es sind Sphären zwischen Subjekt und Gesellschaft, in denen sich die darin ausgelösten Abspaltungen der Subjekte und die gesellschaftlichen Abspaltungen treffen.

Selbstregulierung bedeutet immer Suche nach Handlungsfähigkeit und die kann in kritischen Lebens- und Sozialkonstellationen empfindlich gestört sein. Gleichzeitig steht die Selbstregulierung immer im Bezug und im Spannungsverhältnis zur Frage der gesellschaftlichen Integration. Wenn in unserer Gesellschaft die sozialstaatliche Hintergrundsicherheit gefährdet ist, wirkt sich das auch auf die Handlungsfähigkeit der Individuen aus. Vor allem in kritischen Lebenskonstellationen, in denen psychosoziale Hilflosigkeit dominiert, können dann jene Abspaltungen entstehen, die Breuer meint, wenn er von schrankenlosen emotionalen Impulsen spricht. Diesen Entgrenzungen auf der Subjektseite entsprechen Entgrenzungen auf der Seite der gesellschaftlich-staatlichen Integration, die vor allem auch durch die ökonomischen Dynamiken der Globalisierung verstärkt wurden. So entstehen personal wie gesellschaftlich kaum integrierbare Zwischenwelten als sozial entropische Sphären, die zu Welten der Sozialen Arbeit geworden sind.

Überträgt man diese Kritik der zivilisationstheoretischen Perspektive auf die gegenwärtige postmoderne Gesellschaft im Zeichen der Globalisierung, so stoßen wir auf Entgrenzungen und Entbettungen, welche die gesellschaftlich-staatliche Integrationskraft schwächen. Gleichzeitig können – auf der anderen Seite – die inzwischen hochindividualisierten Subjekte ihrer Subjektivität nicht sicher sein, wenn sie mit überfordernden Bewältigungsproblemen konfrontiert sind. Die systemische Labilität der gesellschaftlichen Institutionen und die Unsicherheit der Individuen treffen und verdichten sich in ihren Abspaltungen als diffuse Entsprechungen in den gesellschaftlichen Zwischensphären. Anthony Giddens' Konstrukt der *Entsprechung* mit seiner These, dass Struktur und Handeln als kollektive Praxis rekursiv aufeinander bezogen sind, und dass sich in diesen Entsprechungen eigene strukturelle Formungen ausbilden, die die Gesellschaft intermediär durchziehen (vgl. Giddens 1988), hat mich dahingehend inspiriert, dass ich Entsprechungen zwischen tiefenpsychisch angetriebenen Abspaltungen und gesellschaftlichen Abspaltungen tendenziell in ein Verhältnis setze, das ich in der Giddens'chen Begrifflichkeit als *Strukturierung* bezeichne (s. u.). Wieder scheint das Grundthema durch: Psychosoziale Hilflosigkeit der Subjekte (Bewältigungsdilemma) und gesellschaftliche Hilflosigkeit (Integrationsdilemma) begegnen einander in ihren Abspaltungen in den Zwischenwelten.

In diesen Zwischenwelten schwelt vieles, was verborgen bleibt, aber immer wieder aufbrechen kann. Solche Zwischensphären werden kaum diskutiert, eher tabuisiert. Und dennoch ist das gesellschaftliche Klima, aber auch die soziale Stabilität einer Gesellschaft davon abhängig, was sich in diesen Zwischensphären entwickelt und ob und wie dies in einer demokratischen Öffentlichkeit thematisiert werden kann. Rein zivilisationstheoretisch betrachtet, müsste sich ja der Emanzipationsprozess, wie ihn Elias und Wouters beschrieben haben, auch im 21. Jahrhundert fortgesetzt haben. So sollte z. B. das System der geschlechtshierarchischen Arbeitsteilung, das die Ungleichheit zwischen Männern und Frauen in der Bewertung ihrer Leistungen lange Zeit festgeschrieben hat, in Auflösung begriffen sein und Männer und Frauen sollten ihre Gleichberechtigung und Gleichwertigkeit längst erreicht und akzeptiert haben. Umso mehr verblüfft, wenn neuere Männerstudien zeigen, dass dies nicht erreicht ist, sondern dass Resistenzen bleiben, die sich wiederum in den Zwischenwelten als Strukturierungen festsetzen können (vgl. Böhnisch 2018a). Eine solche zwischenweltliche Strukturierung ist eben die sich verdeckt haltende Illusion der männlichen Überlegenheit (s. u.), die „männliche Dividende", auch wenn diese in der gesellschaftlichen Wirklichkeit so nicht mehr da ist. Es ist eine Gesellschaft der Geschlechtergleichheit bei schwelender Geschlechterungleichheit in der gesellschaftlichen Zwischensphäre.

Die Digitalisierung hat überhaupt die Ausbreitung solcher Zwischenwelten nicht nur begünstigt, sondern in einem Schub befördert. Das betrifft auch das Phänomen der Gewalt. Obwohl gesellschaftlich geächtet, haben sich Formen der Gewalt als Ausdrucks- und Lebensformen in den gesellschaftlichen Zwischenwelten eingenistet. Wenn wir uns im Internet weiter umsehen, so begegnen uns Abspaltungen der unterschiedlichsten Art. Konflikte werden geleugnet, Rationalisierungen und Umdeutungen – fake news – beherrschen das Feld des digitalen Diskurses. Die Zwischensphären sind Welten der Abspaltung. So sind in der Zwischenwelt des ‚Mithaltens' Menschen diskreditiert, die psychosoziale Probleme haben, aber eben nicht haben dürfen. Empathie wird so aus der Sphäre gesellschaftlicher Tugenden herausgedrängt, Anerkennung verweigert. Die populistischen Bewegungen in Deutschland, vor allem im Osten des Landes, wuchern aus dem Bodensatz verwehrter Anerkennung. Kaum jemand kam nach der deutschen Wende auf die Idee, die Lebensleistungen der ostdeutschen Bürger*innen in der DDR-Gesellschaft anzuerkennen. Das Gegenteil war der Fall: Ihnen wurde ja offen oder versteckt vorgehalten, dass die Leistungen, die sie in dieser Zeit erbracht haben, sich am Ende als wertlos erwiesen hätten. Verwehrte Anerkennung finden wir aber nicht nur im Sonderproblem der deutschen Wende, sondern auch allgemein in der neoliberalen Konkurrenzgesellschaft. Sozialmediziner sprechen hier von „Gratifikationskrisen", von denen schon Arbeitnehmer*innen mittleren Alters heimgesucht werden, angesichts einer Produktionspolitik und Arbeitsorganisation, in der man sich immer neu bewähren muss und vorher Erreichtes nichts mehr zählt.

Diese Störungen des Zivilisationsprozesses können wie folgt zusammengefasst werden. Der Informalisierungsprozess, der die Subjekte in ihrer gesellschaftlichen Eigenwertigkeit freigesetzt hat, hat auch vielfach zur Überforderung der Menschen und – darauf bezogen – zu gesellschaftlichen Herausforderungen der sozialen Integration geführt. Diese Überforderung zeigt sich in psychosozialer wie gesellschaftlicher Hilflosigkeit und ihren Abspaltungen, die in den gesellschaftlichen Zwischenwelten ausufern und vom Geltungsbereich gesellschaftlicher Normen nicht oder nur schwer erreicht werden können. In diese Zwischenwelten der antisozialen Abspaltungen ist die Soziale Arbeit gedrängt. Daraus lässt sich auch der fragile Status der Sozialen Arbeit erklären. Sie ist eine Agentur der Zwischenwelten. Die Gesellschaft begegnet diesen Intermundien mit Tabus und Beschwörungen. Diesen ist dann auch die Soziale Arbeit ausgesetzt. Dass diese Zwischensphären in der sozialstaatlich-demokratischen Gesellschaft des 21. Jahrhunderts besonders auswuchern, ist vor allem auf die Entgrenzungen zurückzuführen, denen die gesellschaftlichen Bereiche unterliegen und denen die Menschen ausgesetzt sind. Es entsteht eine Welt der Abspaltungen. Abspaltungen verweisen auf nichtthematisierte Hilflosigkeit, Entgrenzungen auf Integrationsverluste. Solche Zwischenwelten speisen sich also von der Subjektseite her aus einem *Bewältigungsdilemma*, von der gesellschaftlichen Seite her aus einem *Integrationsdilemma*.

Der Aufbau der Argumentation

Ausgangspunkt der Argumentation ist die Kritik des zivilisationstheoretischen Modells der Informalisierung, in der diesem Modell entgegengehalten wird, dass die Subjekte angesichts sozialer Entgrenzungen nicht in der dort angenommenen Selbstbestimmung aufgehen können, sondern eher in einem ‚Selbstbestimmungszwang' überfordert und entsprechenden Bewältigungsproblemen ausgesetzt sind. Gleichzeitig hat der Prozess der Globalisierung zu ökonomisch-gesellschaftlichen Entgrenzungen und Entbettungen geführt, die den Sozialstaat schwächen und zu neuen Integrationsproblemen führen. Daraus resultieren *Abspaltungen*, die in Zwischenwelten abdriften. Zwischenwelten sind sozialkulturelle und sozialemotionale Kontexte, die sich aus Abspaltungen in den Schnittpunkten von *Bewältigungsdilemmata* und I*ntegrationsdilemmata* bilden. Diese wiederum entstehen in Prozessen der *Entgrenzung* und *Entbettung*, wie sie für die globalisierte Welt charakteristisch sind. Dies sind die zentralen theoretischen Hintergrundkonzepte einer Theorie der Zwischenwelten.

Abspaltungen sind zu erwarten, wenn Hilflosigkeit nicht thematisiert werden kann. Wir finden sie bei den Individuen in kritischen Lebenskonstellationen, wir finden sie in der gesellschaftlich-staatlichen Sphäre, wenn der Sozialstaat nicht in der Lage ist, Krisen und Konflikte zu integrieren. Gesellschaftlich ist es vor allem der Externalisierungszwang der die Bürger*innen unter Druck setzt und wiederum Abspaltungen erzeugt. Zwischenwelten als Verdichtungen von Abspaltungen können sich verstetigen und werden damit integrativ immer weniger erreichbar. Abspaltungen können gesellschaftstheoretisch als Strukturierungen definiert werden. Hier liegen die Entsprechungen zwischen Gesellschafts- und Handlungsebene.

Unter Abspaltungsdruck bilden sich prekäre Bewältigungslagen. Das Konzept der ‚Bewältigungslage' – hergeleitet aus dem Lebenslagenansatz – kann ‚Lebensverhältnisse unter Abspaltungsdruck' erfassen, denen besonders die Klient*innen der Sozialen Arbeit ausgesetzt sind. Prekäre Bewältigungslagen sind durch Abspaltungsdruck emotional aufgeladen und so in die Zwischenwelten hineingezogen. Ein vorgezogenes Beispiel: In unserer Gesellschaft gilt das Bild der „guten Mutter". In der Praxis der sozialpädagogischen Familienhilfe trifft man oft Frauen an, die an dieser internalisierten Erwartung scheitern und ihre dann einsetzende Hilflosigkeit nach innen, als Schuldgefühl, abspalten. Dadurch geraten sie in eine Zwischenwelt, in der sie erst recht orientierungslos und handlungsunfähig werden, in der ihnen die Verfügung über sich selbst entgleitet. Aber auch die gesellschaftlichen Institutionen verlieren den integrativen Zugang zu solchen zwischenweltlichen Abspaltungsphänomenen.

Abspaltungen werden zu *Strukturierungen*, wenn sich in ihnen Entsprechungen zwischen Gesellschafts- und Handlungsebene finden lassen. Ich unterscheide zwischen *gesellschaftlichen* und *subjektiv-emotionalen Abspaltungen*. Emotionen haben in einer Gesellschaftstheorie der Sozialen Arbeit, die auch ihren Handlungsbezug betonen muss, einen wichtigen Platz. Denn Emotionen können Katalysatoren gesellschaftlicher Abspaltungen sein. Sozialarbeiter*innen erfahren ihre Klient*innen über deren Emotionen.

Durch die Abspaltungen hindurch kann man – gleichsam als ‚Substrukturen' – Konfigurationen der *Hilflosigkeit, der Anomie*, der *Verstummung*, der *Entwertung* und der *Ausgrenzung erkennen, die* entsprechende Gegenkräfte freisetzen: *Ermächtigung, Verantwortung, Resonanz, Anerkennung* und *soziale Parteilichkeit.* Diese antonymische Struktur bildet das gesellschaftliche Interventionstableau der Sozialen Arbeit.

Soll die Soziale Arbeit als Sorgearbeit aus den Schatten der Zwischenwelten herauskommen können, müsste Sorge zur *Schlüsselkategorie* der Vergesellschaftung und damit auch von ihrer traditionellen weiblichen Konnotation gelöst werden. Eine entsprechende Gesellschaftstheorie der Sozialen Arbeit entwickle ich im Teil II.

Zentrale Konzepte

Entgrenzung

Mit dem Begriff der *Entgrenzung* kann die ‚postmoderne' Stufe des Zivilisationsprozesses beschrieben werden, in der gegen Ende des 20. Jahrhunderts eine „neue Unübersichtlichkeit" (Habermas 1985) in das Welt- und Sozialgeschehen gekommen ist. Die Postmoderne oder ‚Zweite Moderne' (s. o.) ist vor allem deshalb eine ‚andere Moderne', weil die inneren und äußeren Ordnungs- und Grenzlinien der fordistischen Gesellschaft brüchig geworden sind oder sich aufgelöst haben. Gleichzeitig entwickeln sich aber neue Grenzen als Zwänge und Risiken. Das, was an dem zivilisationstheoretischen Optimismus kritisiert wurde, die Überschätzung der Fähigkeit des Subjekts zur Selbstbestimmung, wie auch die Überschätzung der Integrationsmacht des Staates, erhält nun angesichts von Entgrenzungsdynamiken eine neue Brisanz. Vor allem die Dynamik des sich durchsetzenden digitalen Kapitalismus im Prozess der Globalisierung, welche die Internationalisierung und nationalstaatliche Entgrenzung der Ökonomie vorantreibt, dominiert diesen Entgrenzungsprozess.

Vor dem globalen Hintergrund dieser ökonomischen Entgrenzung wirken weitere Entgrenzungen, welche den Zivilisationsprozess aus seiner emanzipatorischen Bahn werfen und sowohl die Überforderung des Individuums als auch die Überforderung der Integrationskraft des Staates verstärken können. Zum einen die Entgrenzung der Zeit, die als Beschleunigung beschrieben werden kann. Zum Zweiten die Entgrenzung der Arbeit, die als ‚Verarbeitlichung des Alltags' gedeutet wird und im Bild der ‚work-life-balance' ihren sozialen Ausdruck findet. Und schließlich die Entgrenzung der Bildung und des Lernens, in der die traditionelle Trennung von persönlichkeitsorientierter Sozialisationslogik und ökonomischer Produktionslogik aufgehoben scheint. All diese Entgrenzungsprozesse haben gemeinsam, dass sie die Subjekte wie auch die staatlichen Institutionen überfordern und unter Abspaltungsdruck setzen können und viele der damit verbundenen psychischen und sozialen Probleme in die Zwischenwelten verdrängen.

In dem Maße, in dem die Verfügung über *Zeit* nicht mehr über die überkommenen Kontexte von Bildung und Arbeit verlässlich gegliedert wird, muss Zeit bewältigt werden. „Das Beharrungspotenzial, das in der Regelmäßigkeit und der Berechenbarkeit von sozialer und aufgabenorientierter Zeitorganisation verankert war und ist, geht mit wachsender Entgrenzung verloren" (Geißler 2004: 9). Wir erleben zudem einen komplexen Prozess der *Beschleunigung*, der von den neuen Technologien vorangetrieben wird, und gleichsam in einem „Beschleunigungszirkel" sowohl den sozialen Wandel wie auch das Lebenstempo bestimmt (vgl. Rosa 2005). Beschleunigung gilt als Antrieb der Entgrenzungen, Mithaltezwang als ihr psychosoziales Korrelat.

Die Tendenz zur Entgrenzung der *Arbeit* wirkt sich dahingehend aus, dass die Grenzen von Familie und Arbeitswelt diffundieren. Es kann mithilfe der elektronischen Medien genauso zu Hause gearbeitet werden wie in den Betrieben, die Arbeitszeit geht in die Freizeit ein. „Was wir beobachten, ist eine Entgrenzung und ein partielles Aufeinanderübergreifen von Erwerb, Bildung, Freizeit und Partnerschaft in räumlicher, zeitlicher und sachlicher Hinsicht" (Jurczik/Voss 1995: 405 ff.). Man spricht von der „Verarbeitlichung des Alltags" und der Chance oder dem Zwang zur Selbstregulierung. Scheitern wird eher in der mangelnden Flexibilität der eigenen Person gesucht, die Verantwortung dafür ins Private verwiesen.

Bildung in der neokapitalistischen Gesellschaft bewegt sich im Spannungsverhältnis zwischen ökonomisch gerichteter Verwertungsorientierung und persönlichkeitsbezogener Entwicklungsorientierung. Bildung und Erziehung basieren traditionell auf der Entkoppelung von personaler Sozialisations- und ökonomischer Produktionslogik. Dieses Modell weist seit dem Ende des 20. Jahrhunderts deutliche Wandlungstendenzen auf. Das ökonomische Verwertungsinteresse überformt das Bildungswesen, die Grenzziehung zwischen persönlichkeitsorientiertem und verwertungsorientiertem Lernen löst sich auf.

Diesen Entgrenzungen ist gemeinsam, dass sie Probleme der sozialen Orientierung und sozialen Verortung und darin Tendenzen der Überforderung erzeugen und so den sozialen Druck in der Sphäre der Lebensbewältigung wie in der Sphäre der sozialen Integration erhöhen können. Auf der Subjektebene entstehen Bewältigungsdilemmata, auf der gesellschaftlich-sozialstaatlichen Ebene Integrationsdilemmata, die jene Abspaltungen erzeugen, die zur Konstitution der Zwischenwelten führen.

Entbettung

Mit den Prozessen der Entgrenzung geht ein Prozess der *Entbettung* einher. Der Begriff stammt von Anthony Giddens (1995: 33 f.), der darunter das „Herausheben sozialer Beziehungen aus ortsgebunden Interaktionszusammenhängen" und ihre unbegrenzte Verselbstständigung versteht. In unserem Zusammenhang ist damit zum einen die Herauslösung ökonomischer Beziehungen aus ihren gesellschaftlichen Bindungen in der marktkapitalistischen Gesellschaft gemeint. Diese Entbettung hat Rückwirkungseffekte, die nun als ökonomischer ‚Sachzwang' Druck auf die sozialen Beziehungen auslösen (vgl. Altvater/Mahnkopf 1999: 478 ff.). Soziale Beziehungen und soziale Werte werden der Marktlogik unterworfen. Das ökonomische Konkurrenzprinzip schlägt sich in den sozialen Prinzipien des Mithaltens und des sozialen Verdrängens nieder, soziale Werte werden von Marktwerten überformt, ökonomischer Verwertungs- und Effizienzdruck dominiert nun das soziale Geschehen, entsprechende Bewältigungsprobleme entstehen.

Zum anderen verweist der Begriff auf die Verselbstständigung der Ökonomie gegenüber den nationalstaatlichen Gesellschaften im Prozess der Globalisierung. Die Globalisierungskonstellation ist nun vor allem und im Kontrast zu historisch vorangegangenen Konstellationen dadurch gekennzeichnet, dass sich Unternehmensverflechtungen supranational ausweiten und gegenüber den nationalen Gesellschaften verselbstständigen, ihre Produktionen und Dienstleistungen international ausrichten und diese entsprechend vernetzen. Was die Globalisierung dabei so folgenreich und für den nationalen Sozialstaat so bedrohlich macht, ist die Entwicklung, in der sich – zunehmend unabhängig gegenüber nationalstaatlicher Regulation – ein eigenständiger internationaler Regulationsmechanismus über das internationalisierte Finanzkapital und die Finanzmärkte gebildet hat, der die Kapitalströme lenkt und der über die internationale Wirtschaftsentwicklung, die Investitions- und Beschäftigungsverteilung mit national nachhaltigen (weil strukturellen) Folgen entscheidet. Das international flottierende Kapital verlagert Arbeitsplätze in Billiglohnländer und wälzt die Sozialkosten, die durch Arbeitslosigkeit und Lohndruck entstehen, auf den Sozialstaat ab. Damit ist die strukturelle Tücke dieser neuen Übergangsphase der Industriegesellschaft angesprochen: Die nationalen Gesellschaften sind immer weniger in der Lage, die jeweiligen gesellschaftlichen Gleichgewichte für eine sozial verträgliche Modernisierung des Kapitalismus in ihrem Lande zu schaffen, weil das Kapital sich ihnen entzogen hat und nur noch den Gesetzen der internationalen Kapitalmärkte gehorcht. Die Verschmelzung von privateigenem Geldkapital und Macht ist inzwischen noch dichter und exklusiver geworden (vgl. Piketty 2015). Dennoch ist der Kapitalismus auf das Soziale in der Form sozialstaatlicher Absicherung angewiesen. Das bedeutet, dass das Sozialpolitische weniger für die erweiternde Modernisierung des Kapitalismus gebraucht wird, sondern für seine Stabilisierung und Begrenzung.

Anthony Giddens (1995: 34) hat verschiedene „Entbettungsmechanismen" beschrieben. Da in der Moderne Beziehungen nicht mehr an Raum und Zeit gebunden sind, kann sich eine abgehobene, inzwischen digitale Dynamik des Geldes und des Wissens entwickeln. Das Geld ist nun auch abstraktes Speichermedium, was zu weltweiten ungebundenen Machtkonzentrationen geführt hat. Das Wissen verselbstständigt sich in unpersönlichen Expertensystemen, in denen nur noch über exklusive wissenschaftliche Standards kommuniziert wird, die aber dann doch in einem Sachzwang auf den sozial gebundenen Alltag zurückwirken. In der Corona Krise 2020/2021 wurde dieser Mechanismus offensichtlich. Die Mehrheit der Bevölkerung in Deutschland nahm den Sachzwang an, eine deutliche Minderheit versuchte, sich misstrauisch zu widersetzen. Aber auch bei manchen in der Mehrheitsbevölkerung schlich sich Misstrauen ein, von einer leisen Integrationskrise war die Rede.

Die Globalisierung hat die kapitalistische Ökonomie ortlos gemacht, der Regulation durch den Nationalstaat immer wieder entzogen. Sozial folgenreiche Entscheidungen werden außerhalb des Partizipationshorizonts der Bürger*innen getroffen. Der Lebens- und Erfahrungskontext der meisten Menschen ist aber eingebettet in das körperliche Erleben ihrer sozialräumlichen Umwelt. Der Kapitalismus hat inzwischen gelernt, einige der zentralen Prinzipien des Sozialen so zu integrieren, dass sie sich nach seiner Logik umformen lassen und er sich dennoch als sozial ausgeben kann. Das Prinzip der Selbstregulierung, mit der er die arbeitenden Menschen in seine flexibilisierten Produktionsformen einspannt, lässt sich sozial gut als Selbstorganisation oder gar als Selbstbestimmung verkaufen. Das ist natürlich nicht das Verständnis von Selbstbestimmung der emanzipatorischen Theorie der Informalisierung. Es bezieht sich nur auf die neokapitalistische Arbeitsorganisation, in der die Arbeitenden sozial ungebunden, also auch ‚selbst entbettet', aufgehen sollen. Wie sie psychosozial mit sich selbst zurechtkommen, bleibt ihr privates Bewältigungsproblem.

Das Bewältigungsdilemma

Das traditionelle Konzept der Identitätsformation setzt stabile gesellschaftliche Kontexte und darin eingebettete Lebensläufe voraus. Identität als internalisiertes Bild von sich selbst in Interaktion mit anderen ist danach eingebunden in verlässliche soziale Milieus und institutionelle Arrangements. Dieses Konzept erweist sich den gesellschaftlichen Entgrenzungsprozessen der Zweiten Moderne gegenüber als zu starr. Deshalb hat sich der sozialwissenschaftliche Identitätsdiskurs inzwischen dahingehend entwickelt, dass Einvernehmen darüber herrscht, dass die Identitätsformation in den Gesellschaften der Zweiten Moderne eher instabil und in Brüchen verläuft. Identität also immer wieder herausgefordert wird. Dementsprechend steht die Frage im Vordergrund, wie es den Einzelnen gelingen kann, in einer unübersichtlicher gewordenen sozialen Welt Identität für sich herzustellen. Denn das Subjekt ist nicht mehr das autonome, sondern das ausgesetzte Subjekt. Der anhaltende zivilisatorische Prozess der Individualisierung hat die Individuen nicht nur in ihren Chancen, sondern genauso in ihren Risiken freigesetzt. Konstitutionsprozesse von Subjektivität laufen heute und in Zukunft nicht länger in verlässlichen Rahmungen ab. Der Person-Umwelt-Bezug hat sich in der Zweiten Moderne signifikant verändert. Wir sehen uns heute und wahrscheinlich in die mittlere Zukunft hinein von einer Sowohl-als-auch-Struktur der sozialen Umwelt umgeben sowie von paradoxen Eigendynamiken des Psychischen erfasst. Das, was in den modernen Subjektvorstellungen als autonom und kritisch galt, sucht sich im subjektiven Antrieb und Empfinden heute soziale Orte, die manchmal vollkommen aus diesem Rahmen fallen. Nicht Identität im Sinne der Übereinstimmung der Welten wird gesucht, sondern Handlungsfähigkeit im Sinne des Präsent-Seins und der Identifikation mit dieser Präsenz. Ob dies nun durch soziale Auffälligkeit, Konformität, Kritik, Sorge oder Gewalt geschieht, ist scheinbar beliebig. Das Magnetfeld von Mithalten-Müssen und Bewältigung stellt nun den immer wieder offenen Rahmen dar, in dem die Kräfte der Anziehung und Abstoßung wirken. Alle Polungen sind in diesen Sowohl-als-auch-Strukturen möglich. Da es erst einmal so weitergeht mit der ‚Tücke des Subjekts', kann sich die Soziale Arbeit auf einiges gefasst machen. Schon jetzt zeigt sich, dass die sozialpädagogischen Strategien des Empowerment und der Ressourcenorientierung unhinterfragt voraussetzen, dass das Subjekt letztlich über sich selbst verfügen kann und deshalb entsprechend pädagogisch zugänglich ist. In der Praxis wundert man sich dann, wie paradox – bis hin zur Abwehr – Adressatinnen und Adressaten auf so intendierte pädagogische Interventionen reagieren.

Breuers These von der Spaltung des Selbst hat in der neokapitalistischen Arbeitsgesellschaft ihre strukturelle Entsprechung in der Figur des ‚abstract worker' gefunden, der im Anpassungszwang der technologischen Arbeitsorganisation – im uneigentlichen Selbst – aufgehen soll, seinen inneren Halt und seine sozialen Bindungen – das eigentliche Selbst – aber für sich allein suchen muss. Wenn das nicht gelingt, entsteht Hilflosigkeit, die dann oft nicht thematisiert werden kann und abgespalten werden muss. Diese Spannung zwischen Anpassungszwang und Selbstfindung finden wir in verschiedenen Lebensbereichen und wenn die dabei entstandene Hilflosigkeit nicht thematisiert werden kann, muss es zwangsläufig zu einem Bewältigungsdilemma kommen. Der Begriff der *Bewältigung* meint in diesem Zusammenhang das Streben nach biografischer Handlungsfähigkeit in kritischen Lebenskonstellationen (vgl. Böhnisch 2016). In Bewältigungsdilemmata geraten Menschen dann, wenn Hilflosigkeit zum Abspaltungszwang wird und sie dabei ihre Selbstkontrolle verlieren. Dieses Bewältigungsmuster kann man bei vielen Klient*innen der Sozialen Arbeit finden. Gemäß dem Eingangsmotto Mollenhauers sind diese Bewältigungsprobleme oft mit gesellschaftlichen Integrationsproblemen verbunden. Der gebrochene Bezug zu sich selbst und die verlorene Bindung an die Gesellschaft gehen dann ineinander über. Ulrich Beck hat diesen Zusammenhang von Bewältigungsdilemma und Integrationsdilemma wie folgt dargestellt: „Dem Fordismus entsprach eine normierte Gesellschaft. Mit dem Risikoregime [der Zweiten Moderne; LB] werden den Menschen individuelle Lebensentwürfe, Mobilität und Formen der Selbstversorgung zugemutet. Die neue Mitte wird zur prekären Mitte. Armut wird dynamisiert, d. h. in Lebensabschnitte zerhackt und quer verteilt. Sie wird zu einer normalen, immer öfter nicht mehr nur vorübergehenden Erfahrung auch der gesellschaftlichen Mitte. Beruhten der Fordismus und die Politik des Keynesianismus auf den Grenzen des Nationalstaates, also dem Verständnis und den Steuerungspotenzialen einer nationalen Politik und Gesellschaft, so wird im Risikoregime dieses Ordnungsbild aufgehoben und durch den Zwang ersetzt, sich […] in der Weltgesellschaft zu verorten und zu behaupten“ (Beck 2000: 103). Die Suche nach Orientierung und Ordnung hat sich angesichts dieser neuen Offenheiten und Ungewissheiten vom Verlass auf die sozialstaatliche Hintergrundsicherheit in die innere Bewältigungsdynamik der Menschen verlagert. Hilflosigkeit und Abspaltungen nehmen zu. Oft sind dann auch die sozialen Bezüge, in die man eingebunden ist, die Familie, die Schule oder die Gruppe – ich nenne sie Bewältigungskulturen –, nicht in der Lage, diese Hilflosigkeit aufzufangen, ihr zur

Thematisierung zu verhelfen. Und in der wachstumsfixierten Marktgesellschaft gilt eine Kultur der Anerkennung von Hilflosigkeit als ‚kontraproduktiv'.

Das Integrationsdilemma

Der Entwicklung der Staatlichkeit kommt in der Zivilisationstheorie eine zentrale Rolle zu. Nicht nur das staatliche Gewaltmonopol ist dabei ausschlaggebend, sondern vor allem auch die gesellschaftliche *Integrationsfunktion* des Staates. Je mehr die Menschen im System der Arbeitsteilung erkennen, dass sie aufeinander angewiesen sind, umso mehr wird deutlich, dass dieses Aufeinander-Angewiesen-Sein reguliert werden muss. Diese gegenseitige Angewiesenheit ist inzwischen über den Sozialstaat moderiert, der mit der Wirtschaft verflochten, gleichzeitig aber über den Sozialstaatskompromiss verfassungsgemäß an das Soziale gebunden ist. Wirtschafts- und Sozialbindung müssen in der staatlichen Politik in ein – konflikthaftes und damit krisenanfälliges – Verhältnis zueinander gebracht werden. Im Ergebnis erscheint der Sozialstaat nun als Kristallisationspunkt und Adressat nahezu aller gesellschaftlicher Ansprüche und damit als Anziehungspunkt der zentralen sozialökonomischen Konflikte. Man kann dies – angelehnt an Habermas (1973) – mit dem Begriff der schleichenden Legitimationskrise umschreiben. Der spätkapitalistische Sozialstaat demokratischen Typs muss nicht nur das Funktionieren der gesellschaftlichen Ordnung gewährleisten und die Rahmenbedingungen der ökonomischen Entwicklung sichern. Er muss aber genauso dafür sorgen, dass für die Bürger*innen soziale Sicherheit erreichbar ist und die mehrheitliche Zustimmung zur sozialstaatlichen Politik als Massenloyalität stabil bleibt. Er muss deshalb bemüht sein, eine Integrationsbalance herzustellen. Diese ist bedroht, wenn die systemintegrative und die sozialintegrative Perspektive auseinanderzudriften drohen, wie dies seit Ausgang des 20. Jahrhunderts angesichts der Dynamik der ökonomisch-technologischen Globalisierung und der damit verbundenen Krise der nationalen Arbeitsgesellschaften schon in einigen europäischen Staaten der Fall ist. Die gegenseitige Angewiesenheit von Ökonomie und Sozialem, die der Sozialstaat vermittelt, scheint nicht mehr hinreichend gegeben, um das Sozialpolitische wirkmächtig zu halten. Das technologisch vorangetriebene Wachstum einer in zentralen Bereichen globalisierten Ökonomie steigert zwar das Sozialprodukt, gleichzeitig kann sich aber Arbeitslosigkeit in den nationalen Gesellschaften verstetigen bzw. es entstehen immer wieder neue Zonen prekärer Beschäftigung und Armut trotz Arbeit. Dies bedroht wiederum die soziale Integration. Manche Menschen fühlen sich nicht mehr gebraucht, der Erfolg von Bildungs- und Qualifikationsanstrengungen ist für den Einzelnen ungewiss geworden, Vertrauen in die aktuelle und vor allem zukünftige soziale Sicherheit schwindet. Mit der zunehmenden Dominanz des Ökonomischen gerät der Sozialstaat zudem unter Druck, Soziales, dort wo es Risiken und Konflikte verheißt, abzuspalten. So verlagert sich manches, das öffentlich thematisiert werden müsste, in die Zwischenwelten.

Das Integrationsdilemma des Sozialstaats zwischen ökonomischem und sozialem Druck äußert sich weniger als allgemeine soziale Krise, sondern eher als Abspaltungsdruck. Deshalb kann man von einer *sozialpädagogischen Verlegenheit* des sozialstaatlichen Systems sprechen. Der Begriff der ‚sozialpädagogischen Verlegenheit' verweist darauf, dass in der sozialstaatlichen Gesellschaft und ihren Organisationen zwar soziale Probleme und Defizite wahrgenommen werden (es werden dauernd Studien zu sozialen Problemen vergeben), viele davon aber dennoch nicht strukturell gelöst werden können. Sozialpädagogische Verlegenheit in diesem Sinne ist ebenso – nun auf anderer Ebene – eine Form von Hilflosigkeit, die abgespalten werden muss. Für Carl Mennicke, der diesen Begriff kreierte, bestand die sozialpädagogische Verlegenheit der modernen industriekapitalistischen Gesellschaft darin, dass sie die Einzelnen einerseits freisetze und andererseits nicht die sozialen Bedingungen biete, in denen sie dieses Frei-Sein gestalten und leben können. Vielmehr stehe das Leben in den modernen kapitalistischen Gesellschaften unter dem Zeichen der Bewältigung. Integrationsdilemma und Bewältigungsdilemma laufen in dieser Aussage zusammen. Die freigesetzten

Bedürfnisse und das damit verbundene Streben, Handlungsfähigkeit und Lebenssinn auszubilden, erhielten von Seiten der Gesellschaft keine Resonanz. Stattdessen regierten Arbeitsverhältnisse im industriellen Kapitalismus, die sich gegen alle sozialpädagogischen und menschlichen Problemstellungen „gleichgültig" verhielten, in denen nur der ökonomisch verwertbare „Teilmensch" einen Platz habe (Mennicke 1926: 311 ff.).

Auch die heutigen neokapitalistischen Arbeitsverhältnisse verhalten sich insofern ‚gleichgültig' gegenüber den Menschen, als sie die sozialen Risiken und Bewältigungszwänge ins Private verschieben, der ‚Selbstorganisation' der Menschen überlassen. In diesen Entgrenzungen werden die Einzelnen in einer Spannung von Chancen und Risiken freigesetzt, die sie nicht kalkulieren können. Dies fördert Unsicherheit und Anomie. Mit dem Begriff der ‚sozialpädagogischen Verlegenheit' ist es auch möglich, die fragile gesellschaftliche Position der Sozialen Arbeit zu verstehen. Man weiß, dass man sie braucht, gibt es aber nicht gern zu. Das hat in gewissem Sinne zu einer ‚disziplinären' Verlegenheit in der Sozialpädagogik/Sozialarbeit selbst geführt. Denn auch für sie sind Probleme der gesellschaftlichen Verortung aufgetreten, die Mennicke in seinem sozialpädagogischen Optimismus natürlich nicht voraussehen konnte. Der gegenwärtige Kapitalismus ist flexibler geworden: viele der Bewältigungszwänge und Sorgen, die er freisetzt, werden gleichzeitig wieder vermarktet. Zwar reichen die neuen Lebensrisiken bis in die Mitte der Gesellschaft hinein, sodass man annehmen möchte, auch die Soziale Arbeit könnte in ihrer Bedeutung in die Mitte der Gesellschaft rücken. Sie steht aber im Gegenteil vor der Gefahr, von einer gesundheits- und sozialtechnologisch agierenden Wohlfahrts- und Sicherheitsindustrie erneut an den gesellschaftlichen Rand und in die Zwischenwelten abgedrängt zu werden.

Abspaltungen

Bewältigungs- und Integrationsdilemmata vor dem Hintergrund der Entgrenzungen und Entbettungen der Zweiten Moderne lösen Abspaltungen aus. Der Begriff der Abspaltung – sowohl subjektbezogen wie gesellschaftsbezogen – ist damit zentral in dieser gesellschaftlichen Theorie der Sozialen Arbeit. Abspaltung – so die Bewältigungstheorie (vgl. Böhnisch 2016) – meint die Verdrängung und darin Entwertung nicht integrierbarer psychischer und/oder sozialer Probleme. So wie davon ausgegangen werden kann, dass psychodynamische Abspaltungsprozesse auf die gesamte Persönlichkeit zurückwirken und sie umformen, ist gesellschaftstheoretisch die Erkenntnis wichtig, dass auch das gesellschaftlich Abgespaltene nicht verschwindet, sondern weiter existiert und dann doch wieder auf die Gesellschaft zurückwirkt. Subjektive Abspaltungen wie soziale Scham, Schuld oder Depression lassen dann prekäre Bewältigungslagen entstehen, gesellschaftliche Abspaltungen wie Externalisierungszwang oder Prekarisierung verändern, schwächen die sozialstaatliche Integrationskraft und wirken auf die Bewältigungslagen zurück (s. u.). Abspaltung ist ein Mechanismus der Abwehr. Das Abgespaltene, Abgewehrte fällt dann oft der Sozialen Arbeit anheim, die damit selbst in diesen Abwehr- und Abwertungssog gerät. Aber auch die Gesellschaft verändert sich mit diesen Abspaltungen, indem sie ihre Reflexivität verliert; so wie die Person ihre Reflexivität verliert, wenn sie dem Abspaltungsdruck nachgeben muss. Aus diesen Zusammenhängen leitet sich mein Anspruch ab, das Abspaltungstheorem so gesellschaftstheoretisch zentral zu setzen. Vor allem kann es jene Entsprechungen zwischen Subjekt- und Gesellschaftsebene aufschließen, die für eine Gesellschaftstheorie der Handlungswissenschaft Sozialarbeit unabdingbar sind.

Im *subjektbezogenen Abspaltungsmodus* steht das bedrohte Selbst in seiner Hilflosigkeit in kritischen Lebenssituationen im Mittelpunkt. Entlastung ist möglich, wenn man darüber sprechen, die innere Hilflosigkeit ausdrücken kann. Im Bewältigungsmodell wird dies mit dem Begriff der *Thematisierung* umschrieben. Unter Thematisierung versteht man dabei nicht nur den sprachlichen Akt, sondern vor allem auch den sozialinteraktiven Vorgang des Mitteilens und damit des Anknüpfens von erweiterten sozialen Beziehungen im Sinne von Agency (s. u.). Wenn die Hilflosigkeit nicht ausgesprochen, eben nicht thematisiert werden kann, muss sie herausgedrängt, eben *abgespalten,* kompensiert werden. Die Kompensationen können vielfältig sein. Immer wieder anzutreffende Formen der Abspaltung nach außen sind die der Projektion der eigenen Hilflosigkeit auf andere, Schwächere (z. B. Ausländerfeindlichkeit) oder der Rationalisierung (z. B. Leugnung von Konflikten und Krisen). Abspaltungen nach innen sind dagegen autoaggressiv in der Projektion auf den eigenen Körper. Indem diese Ablaufdynamik der Abspaltung den Betroffenen nicht bewusst, sondern tiefendynamisch angetrieben ist, entzieht sich auch das Abspaltungsverhalten der Selbstkontrolle. Dieser Vorgang wird in der Psychoanalyse mit dem Begriff der *Abstraktion* umschrieben. Abstraktion meint die Ausblendung des realen Verhaltens aus dem Bewusstsein der Handelnden.

Diese Ablaufdynamik von *Hilflosigkeit, Unfähigkeit zur Thematisierung* und daraus folgender *Abspaltung und Abstraktion* finden wir auch im *gesellschaftlichen Abspaltungsmodus.* Es geht nun um die ‚Hilflosigkeit' des ökonomisch-gesellschaftlichen Systems, das bestimmte soziale Probleme nicht integrieren kann und deshalb unter Abspaltungszwang gerät. Subjektive und gesellschaftliche Abspaltungsformen können einander entsprechen. Diese Entsprechungen kann man in das Paradigma der *Strukturierung* fassen. „Entscheidend für den Begriff der Strukturierung ist das Theorem der Dualität von Struktur. [Die] Konstitution von Handelnden und Strukturen betrifft nicht zwei unabhängig voneinander gegebene Mengen von Phänomenen – einen Dualismus –, sondern beide Momente stellen eine Dualität dar. Gemäß dem Begriff der Dualität von Struktur sind die Strukturmomente sozialer Systeme sowohl Medium wie Ergebnis der Praktiken, die sie rekursiv organisieren" (Giddens 1988: 77).

Ich nehme ein paar Beispiele vorweg. Die „Dualität der Struktur" wird an der Zwischenwelt des Externalisierungszwangs besonders deutlich. Die ökonomische Dynamik des unbedingten Wachstums setzt einen Externalisierungszwang frei, der in die personale Struktur der Individuen wirkt, die diesen gleichzeitig wieder reproduzieren und damit letztendlich als Zwischenwelt (mit)konstituieren. Dies kann man auch am System der geschlechtshierarchischen Arbeitsteilung und seiner Vermittlung in die Handlungssphäre zeigen. Die Struktur der geschlechtshierarchischen Arbeitsteilung spiegelt sich im Verhalten der Frauen und Mütter, die diese geschlechtshierarchische Struktur dadurch reproduzieren und im Alltagshandeln immer wieder neu (mit)konstituieren. Individuelle Armutsscham und Armutspolitik als Beschämungspolitik entsprechen einander. Der soziale Hass verweist auf eine sozial gespaltene Gesellschaft. Vereinsamung entwickelt sich im Schatten beschleunigter Individualisierung und der Rückzug in die Verhäuslichung vieler Menschen wirkt wiederum als Strukturbildung von Vereinsamung zurück. Wenn der gesellschaftliche Flexibilisierungsdruck zur fließenden Struktur wird und sich in widersprüchlichen Erwartungen bei den Subjekten niederschlägt, dann kann sich die Strukturierung der Depression als Entsprechung entwickeln. Je mehr Gewalt zur Lebensform wird, desto stärker gerät das staatliche Gewaltmonopol unter Integrationsdruck, was wiederum diesen alltäglichen Gewaltpraktiken subjektive Plausibilität verleiht. Die sozialen Ängste angesichts der Globalisierung, auf Migrant*innen projiziert, konstituieren und reproduzieren zugleich Ausländerfeindlichkeit als (verdeckte) Struktur, was die Normalisierung dieser Praktiken begünstigt.

Solche Strukturierungen im Zeichen der Abspaltung bilden prekäre *Bewältigungslagen* aus. Über den Begriff der Bewältigungslage (vgl. Böhnisch 2016) können Abspaltungszwänge sozialstrukturell verortet werden. Prekäre Bewältigungslagen sind Lebenslagen unter Abspaltungsdruck. Mit der Bewältigungslage kommt die psychosoziale Seite der sozialen Lebenslage in den Blick. Abspaltungsdruck entsteht, wenn die prekäre Lage von den Betroffenen nicht thematisiert werden kann, soziale Anerkennung fehlt und deshalb massive Selbstwertverluste die Folge sind. Viele der Klient*innen der Sozialen Arbeit sind Menschen, die unter Abspaltungsdruck stehen, weil sie ihre Hilflosigkeit nicht zur Sprache bringen können. Im Abschnitt zum Bewältigungsdilemma wurde das Unvermögen zur Thematisierung der inneren Hilflosigkeit als Hauptgrund dieses Abspaltungszwangs beschrieben. Die Betroffenen sind in diesem Zwang gefangen. Ihre prekäre Bewältigungslage kann man deshalb gleichsam als eine Art Zwangslage verstehen, aus der heraus nur Sprache und Anerkennung helfen können. Beratung als Kernaufgabe der Sozialen Arbeit tut ja nichts anderes, als Klient*innen dabei zu helfen, die Belastungen, denen sie ausgesetzt sind, aussprechen und ordnen zu können. Gleichzeitig gilt es, sozialpädagogische Milieus aufzubauen, in denen Anerkennung und Selbstwirksamkeit erfahren werden können.

Abspaltungen als Emotionen

Sozialarbeiter*innen begegnen psychosozialen Problemen vor allem auch über Emotionen, denen sie ausgesetzt sind und die die dahinter liegenden Probleme erahnen lassen. Eine Gesellschaftstheorie der Sozialen Arbeit, die ihren Handlungsbezug betont, kann einen Weg zum gesellschaftlichen Hintergrund über solche Emotionen finden. Mit der Neuropsychologie müssen wir zwischen Emotionen und Gefühlen unterscheiden. Gefühle sind innere Befindlichkeiten, deren man sich ‚bewusst', im Sinne von ‚gewahr' ist, während Emotionen als meist unbewusste leibseelische, ‚somatische' Reaktionen auf äußere, soziale Impulse gelten. In der Soziologie spricht man von Gefühlen als innengeleiteten Kommunikationsformen, von Emotionen als außengerichteten Reaktionen, oft als Formen der Abwehr. Deshalb trifft hier auch der Begriff der Abspaltung zu. Im soziologischen Sinne gelten Emotionen auch als Katalysatoren gesellschaftlicher Probleme. Emotionen gehen in Gefühle über, wenn sie – nun längerfristig – zu (halb-)bewussten Empfindungen werden. Wenn also z. B. aus der Schamreaktion das Schamgefühl wird, aus der Angstreaktion das Angstgefühl etc., so wie dies bei den meisten der unten beschriebenen Emotionen der Fall ist. Die emotionalen Abspaltungsformen, die wir kennen lernen werden, sind Emotionen, die von den Einzelnen nicht beherrschbar und deren sozialen Hintergründe von der Politik nicht integrierbar sind. So vibrieren sie in der Schrankenlosigkeit der Zwischenwelten. Und so treffen sie auch auf die Soziale Arbeit. Diese ist ja in ihrem Handeln nicht direkt mit den gesellschaftlichen Strukturbedingungen konfrontiert, sondern mit den sozialemotionalen Abspaltungen, die zwar aus der Person hervorbrechen, aber eben auch ihren sozialstrukturellen Hintergrund haben. Sie können kollektiv auftreten und dann wie Magnetströme wirken, die gleichermaßen anziehen oder abstoßen. Die Soziale Arbeit hat in ihrer neueren Professionsgeschichte vor allem auf Rationalität gesetzt und Emotionen erst in jüngster Zeit als strukturierende Elemente ihres Handlungssystems entdeckt (vgl. Wa(h)re Gefühle 2018). Auch die Soziologie hat erst spät die Emotionen als eigenständigen Wissenschaftsbereich zwischen Makro- und Mikrosoziologie verortet. Emotionen – so die Emotionssoziologie – unterstützen soziale Strukturen, sie sind aber gleichzeitig auch Produkt sozialer Verhältnisse und Quelle sozialer Konflikte (vgl. Flam 2002). Dennoch werden rationalitätsbewusste Leser*innen erst einmal schlucken müssen, bevor sie mit dieser gesellschaftstheoretischen Zuordnung des eigentlich ‚Irrationalen' mitgehen können.

Emotionen sind – darauf hat schon Max Weber hingewiesen – im rationalen System des modernen Kapitalismus verpönt. Der Sozialökonom Eduard Heimann kritisierte in seiner ‚Soziale(n) Theorie des Kapitalismus' (1929) die rationalistische Selbsttäuschung des Kapitalismus als Abwehr und darin Abspaltung des Emotionalen. „Der Kapitalismus hält sich an die rationalistische Auffassung, dass Wirtschaft nichts ist als ein vernünftiges Mittel zum Zwecke der Produktion [...]. Er weiß nichts von seinem eigenen Machtcharakter, von dem Machterlebnis seiner Träger in den rationalen Formen, von der Erfüllung ihres Lebenstraumes durch die tätige Herrschaft über Menschen und Dinge. Wer von den irrationalen Mächten des Lebens weiß, versucht sie in die Gestaltung des Lebens einzubeziehen, ihnen ihren Raum und ihre Grenzen anzuweisen" (Heimann 1929: 58 f.). Der Kapitalismus unterdrückt also seine eigene Irrationalität, wie sie sich im Externalisierungszwang und seiner Machtgier äußert. Er kann Emotionen wie Angst, Schuld, Depression oder Scham nicht als Hinweise auf seine innere Krisenhaftigkeit wahrnehmen und muss sie deshalb zwangsläufig als ‚irrational' abspalten. Kein Wunder, dass die Soziale Arbeit als Spiegel solcher sozialen Affekte Gefahr läuft, aus dem kapitalistischen Rationalitätskosmos ausgeschlossen zu werden.

Wenn wir uns die Bewältigungsseite der Individuen anschauen, so tritt das Emotionale der Abspaltungen deutlich hervor. Der Ausgangspunkt, innere Hilflosigkeit, ist eine leibseelische Befindlichkeit, ein somatisches Unbehagen, das, wenn es nicht thematisiert werden kann, unter somatischen Abspaltungsdruck gerät. Abspaltungen wie Hass, Gewalt, aber auch Schuldgefühle und Depression rufen bei dem Betroffenen – paradoxerweise – somatische Entspannungen hervor. Von daher sind diese Abspaltungen auch nicht rational kontrollierbar, sondern zerfließen im Sog der Abstraktion. Auch die Abspaltungen auf der gesellschaftlichen Seite der Integration münden in emotionale Zwischensphären. Wenn die neokapitalistische Arbeitsgesellschaft von den Arbeitnehmer*innen Aufgehen im ‚Flow' der Arbeit verlangt, dann stützt diese emotionale Forderung die Intensivierung der Arbeitsorganisation und die damit verbundenen Konkurrenz- und Ausgrenzungsmechanismen. Gratifikationskrisen, d. h. Negierung der bisherigen Lebensleistung im Positionswettbewerb, schüren Ängste vor verdeckten Arbeitsplatzrisiken. Wenn eine Gesellschaft ihren Bürger*innen Vieles verspricht und wenig davon halten kann, entstehen kollektive anomische Gefühle, die in der Enttäuschung bis hin zur Wut zur Abwendung von der Gesellschaft führen können. Sozialstaatliche Gesellschaften, die soziale Gerechtigkeit propagieren, diese aber offensichtlich nicht realisieren können, riskieren kollektive Neidgefühle. Wenn Risiko oder Vererbung statt Leistung den Ausschlag geben, entsteht dieser Neid (vgl. Neckel 1991). Soziale Ausgrenzung schafft Gefühle der Ohnmacht und Entwertung. Diese emotionale Aufladung der Abspaltungsformen befördert die Schrankenlosigkeit und damit Unkontrollierbarkeit der Dynamiken in den Zwischenwelten. Dabei handelt es sich nicht nur um situativ aufflammende Affekte, sondern um affektive Praktiken, die sich verstetigen können. Gewalt, Schuld, Depression und Vereinsamung werden dann gleichsam zu Lebensformen. Die Frage, wie hier Grenzen gesetzt und vermittelt werden können, ist zur Kernfrage der Sozialen Arbeit geworden.

Gesellschaftstheoretisch scheinen Emotionen erst einmal schwer fassbar und doch führt – wie dargestellt – eine deutliche Spur zu den gesellschaftlichen Hintergründen dieser emotionalen Abspaltungen. Diese Spur können wir mit dem bereits eingeführten Konzept der Strukturierung verfolgen. Es kann zeigen, wie emotionale Verhaltensformen Strukturen der Zwischenwelten konstituieren und reproduzieren und wie gesellschaftliche Abspaltungen darin eingelassen sind. Gleichzeitig wird deutlich, wie in diesem Strukturierungsprozess Emotionen zu kollektiven Phänomenen werden, die aber in der gesellschaftlichen Struktur verdeckt sind. Es besteht eine Spannung zwischen abspaltendem subjektiven Bewältigungsverhalten und gesellschaftlichen Abspaltungen. In ihrem Verhalten reproduzieren die Individuen die gesellschaftlichen Abspaltungen, die wiederum selbst eine eigene verdeckte Struktur bilden und auf die Spannbreite und Intensität des Verhaltens und Handelns zurückwirken. Dieses wiederum, wenn es in Milieus oder darüber hinaus kollektiv auftritt, kann die Struktur der gesellschaftlichen Abspaltung verändern und verdichten.

Die Abspaltungsformen

Ich unterscheide zwischen *gesellschaftlichen Abspaltungsformen*, die aus Integrationsdilemmata hervorgehen und *emotionalen Abspaltungsformen*, die aus Bewältigungsdilemmata der Subjekte entstehen. Während die gesellschaftlichen Abspaltungsformen alle Gesellschaftsmitglieder mehr oder minder betreffen und Bewältigung verlangen, haben Klient*innen der Sozialen Arbeit besondere Schwierigkeiten, damit umzugehen. Bestimmte emotionale Abspaltungsformen, die antisozial wirken können, finden wir deshalb eher unter diesen Klient*innen. Gesellschaftstheoretisch wichtig ist bei der Herausarbeitung dieser Abspaltungsformen, dass sie sich als Strukturierungen, d. h. in mehr oder minder deutlichen Entsprechungen zwischen der Subjektebene und der gesellschaftlichen Ebene darstellen lassen. Darin wird auch die jeweilige prekäre Bewältigungslage deutlich. Weiterführend gegenüber den üblichen allgemeinen soziologischen Rahmentheorien ist die theoretische Möglichkeit, von den psychosozialen Indikationen, mit denen die Soziale Arbeit konfrontiert ist, auf den gesellschaftlichen Hintergrund zu schließen. Das erfordert eine besondere Reflexion. Denn man begegnet ja in der praktischen Arbeit Emotionen und Gefühlen wie Schuld, Hass, Scham, Depression oder Gewalt, hinter denen das Gesellschaftliche nicht so einfach zu erkennen ist und man ist schnell geneigt, dies auszublenden. Gerade hier zeigt sich, wie man die Gesellschaftstheorie der Zwischenwelten brauchen kann, um die sozialpädagogische Praxis in einen gesellschaftlichen Horizont hinein öffnen zu können.

Gesellschaftliche Abspaltungen

Gesellschaftliche Abspaltungsformen bilden zwischenweltliche Strukturierungen aus, die auch die mentalen Zustände der Bürger*innen erfassen und die Soziale Arbeit in ihren Sog ziehen können. Hinter dem *Externalisierungszwang* verbirgt sich der ökonomische Druck des *Mithalten-Müssens* genauso wie das Risiko des *Scheiterns.* Die Abspaltung des Wertes der Sorge verweist auf das verdeckte Weiterwirken der geschlechtshierarchischen Arbeitsteilung. Die *sozialpädagogische Verlegenheit* zentraler gesellschaftlicher Institutionen, vor allem der Schule, die aus dem innersystemischen Zwang, soziale Probleme abzuspalten, resultiert, führt zu Anomien und sozialen Benachteiligungen. Trotz sozialstaatlicher Gleichstellung der Geschlechter bleiben geschlechtsspezifische Konflikte und Benachteiligungen als Folgen geschlechtshierarchischer Arbeitsteilung weiter virulent. *Entfremdung* als weiterhin zentrale Dimension der kapitalistischen Wirtschaftsweise ist in die Zwischenwelten abgedrängt worden. Die Entwertung des *sozialen Konflikts* führt zur Privatisierung psychosozialer Probleme. *Dysfamiliale Dynamiken* werden angesichts der gesellschaftlichen Überhöhung der Familie übergangen, abgespalten, die Bilder ‚unheiler Familien‘ werden verdrängt. Der sozialpolitische Kern der Migrationsproblematik wird durch *Ethnisierung* überdeckt. Gerade bei diesen gesellschaftlichen Abspaltungen wird deutlich, dass es sich um Formen der Abwehr und darin der Leugnung der Tatsache handelt, dass die Gesellschaft auf die kritische Reflexion dessen, was sie abspaltet, existenziell angewiesen ist.

Externalisierungszwang

Die kapitalistische Gesellschaft der Zweiten Moderne frönt dem exzessiven Wachstum; der damit verbundene Wachstums- bzw. Externalisierungs*zwang* wird verschwiegen, abgespalten. Externalisierungszwang bedeutet vor allem: nicht innehalten können, permanent nach außen gedrängt sein. Dieser Externalisierungsprozess ist auch ein Abspaltungsprozess, in dem Sorge weitgehend abgespalten und damit entwertet wird (s. u.). Dabei genügt es nicht, die „Externalisierungsgesellschaft" (Lessenich 2018) in ihren Auswüchsen zu beschreiben, sondern man muss zur Dynamik ihrer inneren Zwanghaftigkeit vorstoßen können. Denn bei der ökonomisch-gesellschaftlichen Externalisierung haben wir es nicht nur mit einer innerkapitalistischen Logik zu tun, sondern auch mit der ‚inneren Angst' des Kapitalismus vor Begrenzung und Innehalten. Dieser Zwangscharakter hat sich in die Mentalität der Menschen genauso eingegraben wie in das Rationalitätssystem der kapitalistischen Ökonomie. Abspaltungen gehen mit Abstraktionen einher. Die Schäden und Opfer der Wachstumsneurose werden ausgeblendet, denn es geht um das ökonomische Überleben des kapitalistischen Systems. Darin wirkt die Spannung zwischen dem Eigentlich-innehalten-Müssen und dem Nach-außen-gedrängt-Sein. Hinter der Externalisierung als Form der Abspaltung verbirgt sich Unsicherheit und Hilflosigkeit, die gesellschaftlich nicht thematisiert werden kann, weil sie die Wachstumsillusion gefährdet. Rationalisierungskonstrukte gedeihen in diesem Abspaltungszwang, der den Mechanismus der Abstraktion auch gesellschaftlich in Gang setzt. Wenn Lessenich (ebd.: 53 f.) angesichts der ökologischen Krise vom „Schleier des Nicht-Wissen-Wollens" spricht, dann handelt es sich um nichts anderes als um diese Abstraktion. Auch hier verweist der

Begriff darauf, dass der Abspaltungszwang und die damit verbundene Projektion z. B. auf schwächere, „unterentwickelte" Gesellschaften, letztlich das Unbehagen und die Hilflosigkeit in der eigenen Gesellschaft betrifft. So wie die Täter letztlich selbst die eigenen Opfer sind, wird „die Externalisierungsgesellschaft [...] zunehmend von ihren eigenen Effekten eingeholt und selber mit ihren negativen Externalitäten konfrontiert" (ebd.: 118). Der Externalisierungszwang erzeugt Hilflosigkeit. Harald Welzer (2011) hat in diesem Zusammenhang die Formel „vom Fremdzwang zum Selbstzwang" gebraucht. Dabei ist es wichtig, wie die Einzelnen diesen Zwang an sich selbst erfahren und in die Lage versetzt werden können, dies mitzuteilen, zu erzählen. In dieser Thematisierung von Hilflosigkeit werden Abhängigkeiten deutlich, die im Externalisierungsprozess verdeckt sind.

Am Externalisierungszwang wird die Entsprechung zwischen gesellschaftlicher, institutioneller und personaler Dimension besonders deutlich. Gleichzeitig ist diese Entsprechung verdeckt, sie zirkuliert ja in der Zwischenwelt und wird deshalb nicht thematisiert. Externalisierungszwang ist eine Strukturierung, in der die kapitalistische Gesellschaft Wachstum um jeden Preis vorantreibt und diese Wachstumsfixierung auch in die mentalen Strukturen der Bevölkerung vermittelt. „Hier liegt nicht nur die Wurzel der Vorstellung vom grenzenlosen Wachstum, das zur Ausstattung des grenzenlosen Universums der konsumierbaren Dinge nötig ist, sondern auch der Urgrund für die Mentalität eines niemals fertigen, eines immer wachsenden Menschen – eben des ökonomischen Menschen" (Welzer 2011: 20). Grenzenlose Wachstumsorientierung gehört zum Wesen des kapitalistischen Systems und ist mit der neoliberalen Ideologie des beginnenden 21. Jahrhunderts erst recht in die Wirtschafts- und Gesellschaftsentwicklung eingeschrieben. Dies wird vom System keinesfalls geleugnet, eher noch hypostasiert. Verschwiegen und darin abgespalten wird hingegen, dass diese Grenzenlosigkeit dazu geführt hat, dass Innehalten verhindert, ja denunziert wird und damit Nachhaltigkeitspolitik blockiert ist. Abgespalten wird vor allem das Problem des Zwangs zur Externalisierung, in dem die Gesellschaft und ihre Bürger*innen gefangen sind. Indem dieser Externalisierungszwang zum geläufigen Sozialisationsmodus wird, wirkt er auch in die Soziale Arbeit hinein. Deren Klient*innen sind aufgrund ihrer psychosozialen Instabilität bis Hilflosigkeit besonders anfällig für diese Abspaltungsdynamik der Externalisierung.

Innehalten gilt als Gift für den Prozess der Externalisierung. Vor allem aber negiert diese Wachstumsideologie die sozialen Güter und Leistungen, die in einer Gesellschaft erbracht werden, erkennt sie nicht als Wachstumsfaktoren an. Reproduktive Sorgearbeit wird abgespalten, im Wert gegenüber der Erwerbsarbeit zurückgesetzt. Dies entspricht den Prinzipien der geschlechtshierarchischen Arbeitsteilung, in der die Sorgearbeit nicht nur abgewertet, sondern auch traditionell weiblich konnotiert ist. Dieser ökonomisch-gesellschaftliche Externalisierungszwang ist in die mentalen Strukturen der Bevölkerung eingegangen, wirkt psychodynamisch, bei Männern, deren Identität primär und manchmal fast ausschließlich an die Erwerbsarbeitsrolle gebunden ist, stärker als bei Frauen. Diesen Externalisierungszwang finden wir in gesellschaftlichen Institutionen wie der Schule, wenn es dort vorrangig um die stetige Akkumulation von stofflichem Wissen gegenüber ganzheitlicher Persönlichkeitsbildung geht.

Der Zwang zum linearen Wachstum mit seinem psychosozialen Korrelat des Zwangs zum Mithalten grenzt Menschen aus, die dann oft zu Klient*innen der Sozialarbeit werden. Die Träger der Sozialpädagogik/Sozialen Arbeit haben sich aber in den letzten Jahrzehnten ihrer Modernisierung meist nicht gegen diesen Zwang gewandt, sondern haben sich ihm in gewisser Weise selbst ergeben. Er bildet sich in der Ökonomisierung ihrer Organisationsstrukturen genauso ab wie im linearen Kausaldenken bei der Fallbearbeitung. Manche der institutionell zurückgedrängten Fähigkeiten der Klient*innen werden in dieser Linearität übergangen, pädagogische Umwege diskreditiert. Die Fallbearbeitung strebt nach bearbeitbaren Lösungen, Innehalten stört diesen Zwang zu vorzeigbaren Resultaten. Wo sich der Externalisierungszwang bei den Klient*innen selbst zeigt – vor allem bei Jungen und Männern – ist die Sozialarbeit aber doch dazu gezwungen, Innehalten zum Ziel und zur Methode zu machen. Leider ist dieses geschlechtsspezifische Arbeitsfeld der Jungenarbeit und Männerberatung immer noch zu randständig, als dass es in den gesamten Bereich der Sozialarbeit ausstrahlen könnte.

Scheitern

Scheitern gilt in der neoliberalen Ideologie als Chance des Neuanfangs. Übergangen und abgespalten wird dabei die Verletzlichkeit und soziale Entwertung der Betroffenen. Die Wirtschaftspublizistik ruft sogar zu einer „Kultur des Scheiterns" auf. Man verweist auf die USA, wo Scheitern nicht Abstieg, sondern Ausgangspunkt eines wirtschaftlichen und beruflichen Neubeginns sei. Dies ist eine Rationalisierung, die den Externalisierungsdruck wegnehmen soll, der von der neokapitalistischen Ökonomie ausgeht. Auch hier wieder ein Abspaltungsvorgang. Denn Scheitern wird nicht am Menschen, sondern am ökonomischen Prozess definiert. Würde man den Menschen in den Mittelpunkt stellen, dann sähe man die Hilflosigkeit, die hinter dem Scheitern steckt. Besonders in der Kindheit und der Jugend und im Übergang in die Arbeitswelt wird Scheitern als kritische Lebenskonstellation erkennbar.

Vor diesem Hintergrund ist es für den Psychoanalytiker Arno Gruen problematisch, eine ‚Kultur des Scheiterns' zu bemühen. „Es geht […] nicht einfach um eine Kultur des Scheiterns, sondern dass diese Ausdruck einer Ideologie ist, die Verletzlichkeit verneint, während das Primat des Erfolgs gerade diese Verletzlichkeit fördert" (Gruen 1996: 55). Gruen sieht eine Gesellschaft, die die menschliche Verletzlichkeit nicht integrieren kann, weil sie die Erfolgszentrierung stört und zum Innehalten auffordert. Das beginnt schon in der Kindheit. „Die seelischen Verletzungen, welche unsere Kinder täglich erleben, summieren sich zur Grundlage einer tiefen Verdrehung, die dann unser ganzes Sein, unsere Identität bestimmt. Es wird uns nämlich von früher Kindheit an beigebracht, dass man Verletzungen nicht zeigt, weil man nicht hilflos sein darf. Dadurch wird aber Verletzlichsein zu einem Dem-anderen-ausgeliefert-Sein. Das macht Hilflosigkeit zu einem unerträglichen, den Selbstwert herabsetzenden Zustand. […] Unsere Zivilisation züchtet im Grunde nur ein Bedürfnis, das der Unverletzlichkeit. […] Wir streben nach Besitz, Macht, Größe und Erfolg, um uns zu sichern, uns vor der Unerträglichkeit eines unbedeutenden und schwachen Selbst zu retten" (Gruen 1996: 46 f.). Das erzeugt immer wieder Bedrohung und neue Hilflosigkeit und Hilflosigkeit ist ein Zustand, in dem Einzelne nicht leben und Gesellschaften nicht stabil sein können. Hilflosigkeit zwingt zu äußeren und inneren Abspaltungen. Es kommt nach außen zu Rationalisierungen, Leugnungen, Projektionen auf Schwächere; nach innen zu Autoaggression und Depression. Wenn man aber die Anerkennung von Hilflosigkeit in eine soziale Stärke umdeutet, tritt ihre seismographische Bedeutung hervor. Zum einen kann wieder deutlich werden, dass es der Zwang ist, der in der Externalisierung und im Verdikt des Mithaltens steckt und der Hilflosigkeit erzeugt, und nicht das je individuelle Unvermögen der Menschen. Wenn es – wie in der Jugendhilfe – um Scheitern geht, setzt die Intervention allerdings eher am äußeren Verhalten an, als dass man nach innen, auf die Befindlichkeit der Betroffenen schaut. Scheitern an der Schule ist eine häufige Indikation in der Jugendhilfe, die Schulsozialarbeit gilt als sozialer Nothelfer in den Schulen. Lehrer*innen haben entweder ein schlechtes Gewissen, wenn man sie darauf anspricht, oder sie spalten qua Rationalisierung ab: Sie wollen nur Schule machen und die sozialen Probleme außen vor halten. Aber die meisten spüren, dass man innerschulischen und außerschulischen sozialen Dynamiken ausgesetzt ist, sich aber nicht oder nicht hinreichend in der Lage sieht, diese anzunehmen und gleichsam unter dem Zwang steht, dies zu kaschieren oder nicht zuzugeben. Wer Fortbildung mit Lehrer*innen macht, wird immer wieder auf diese soziale Verlegenheit stoßen. Diese Befangenheit ist systemisch geprägt, d. h. die Schule ist als selbstreferenzielles System an der Aufrechterhaltung ihrer Stabilität und der Eindeutigkeit ihrer Grenzen ausgerichtet und versucht deshalb ‚systemfremde', also soziale Einflüsse möglichst abzudrängen, abzuspalten (s. u.).

Neben dieser besonderen Indikation ist das ‚Scheitern am Alltag‘ eine der zentralen Indikationen, mit denen es die Soziale Arbeit in allen Altersgruppen ihrer Klient*innen zu tun hat. Außenstehende können oft nicht verstehen, dass die Organisation des Alltags vom Aufstehen-Können über die alltäglichen Versorgungstätigkeiten bis hin zur Erledigung basaler Verpflichtungen eine für manche fast unmögliche Aufgabe und für die Sozialarbeit eine komplexe Hilfetätigkeit sein soll. Dabei wirken hier der Externalisierungszwang und das Mithalten-Müssen, ohne dafür die Ressourcen zu haben, als Ohnmachtsfalle. Nicht nur in der Arbeit mit Langzeitarbeitslosen und bindungsschwachen Jugendlichen braucht es diese basale Ordnungsfunktion, sondern genauso in der sozialpädagogischen Familienhilfe und der Suchtarbeit.

Die Abspaltung des Wertes der Sorge

„Eine Geschichte der Arbeit zu schreiben, ohne die Fürsorgearbeit zu erwähnen, wäre wie eine Ökologie der Fische zu schreiben und das Wasser wegzulassen“ (Patel/Moore 2018: 155). Dennoch ist der Wert der Sorge in der kapitalistischen Logik herabgesetzt. In der vorkapitalistischen Wirtschaftsform des Ganzen Hauses waren die unterschiedlichen Arbeiten gleichgestellt. Erst im Kapitalismus wurde die (weibliche) Sorgearbeit zur „Nicht-Arbeit“ (ebd.: 46). Daran hat sich trotz der Institutionalisierung der Daseinsvorsorge im Sozialstaat bis heute nichts Grundlegendes geändert. Sorge – so schon die sozial engagierten Frauen der dritten Generation der bürgerlichen Frauenbewegung der 1920er Jahre – sollte eigentlich aus der weiblich-familialen Privatwelt heraustreten und im allgemeinen Sinne einer ‚geistigen Mütterlichkeit‘ eine gesellschaftliche Institution werden. Die vorher familiengebundene Fürsorgearbeit wurde zur der Gesellschaft verpflichteten Sozialen Arbeit erhoben. Sie sollte die kapitalistische Wirtschaft durchdringen und so die Humanisierung von Wirtschaft und Gesellschaft vorantreiben. Diese antikapitalistische Interpretation von Sorge hat die Frauenbewegung und Frauenforschung der 1990er und 2000er Jahre erneut aufgegriffen. Dem kapitalistischen System wird dabei unterstellt, dass es die Sorgearbeit, die es für seine Erhaltung alltäglich braucht, negiert, vom Wert der Erwerbsarbeit abspaltet. Diese Abspaltung bleibt auch im gegenwärtigen neoliberalen Wirtschafts- und Gesellschaftssystem wirksam, auch wenn die geschlechtstypische Konnotation gemildert ist und Männern auch Väterarbeit gesetzlich ermöglicht ist. Gleichzeitig sind die Lohnniveaus professioneller Sorgearbeit immer noch deutlich unter denen der Erwerbsarbeit. Sie ist zwar sozialpolitisch in der Daseinsvorsorge des Sozialstaats institutionalisiert. Das bedeutet aber noch nicht, dass sie als gesellschaftlicher Wert – vergleichbar mit dem des ökonomischen Wachstums – anerkannt ist. Im Gegenteil: Der Zwang zur ökonomischen Externalisierung entwertet Sorge weiter. Die Soziale Arbeit, die Sorgearbeit leistet, bekommt dies zu spüren, indem mit der Sorge auch ihre Arbeit gesellschaftlich entwertet ist. Die Abspaltung des Wertes der Sorge in unserer Gesellschaft folgt der Logik der geschlechtshierarchischen Arbeitsteilung. Sorgearbeit, vor allem als weibliche Haus- und Beziehungsarbeit, ist nicht nur gegenüber der Erwerbsarbeit minder bewertet, sie ist auch als selbstverständlich vorausgesetzt. Sie gilt als quasinatürliche Ressource, gleichsam als sozialer Rohstoff, den man der gängigen Marktbewertung entziehen kann. Sie ist deshalb – so heißt es in der Wert-Abspaltungs-These (vgl. Scholz 2011) – nicht wertbildend und damit notwendig abgespalten. Es ist eine Abspaltung der weiblichen Sorgearbeit „vom Wert […] der abstrakten Arbeit und den damit zusammenhängenden Rationalitätsformen, wobei bestimmte weiblich konnotierte Eigenschaften wie Sinnlichkeit, Emotionalität usw. der Frau zugeschrieben werden“ (ebd.: 11). Damit verschwindet der reproduktive Wert in der Zwischenwelt und wird erst dann – meist dramatisch – herausgeholt, wenn gesellschaftliche Krisen – wie z. B. die Corona-Krise 2020/21 – die bedingungslose Angewiesenheit der Gesellschaft auf Sorge freilegen. Diese Erkenntnis der Angewiesenheit verschwindet aber wieder im Alltag. Dass gearbeitet werden kann, ist aber nur möglich, wenn die Menschen immer wieder ihre Arbeitskraft emotional und sozial in ihren Familien wiederherstellen können. Die Schule setzt voraus, dass ihre Kinder und Jugendlichen jeden Tag schulfähig gemacht werden und in der Pflege verlässt man sich auf die quasinatürliche Ressource weiblicher Fürsorge. Die tiefere Abspaltungslogik zeigt sich schließlich darin, dass Sorgearbeit mit Hilflosigkeit konnotiert ist. Hilflosigkeit aber passt nicht in eine kapitalistische Konkurrenzgesellschaft, die ja im Gegenteil auf ihrer Überwindung, ja Ächtung beruht und deshalb nicht in der Lage ist, eine Kultur der Anerkennung von Hilflosigkeit zu entwickeln. Der Sozialen Arbeit, bzw. ihren Trägern, scheint meist gar nicht bewusst zu sein, dass sie ihr legitimatorisches Fundament der Sorge untergräbt, wenn sie an den Markt drängt. Sie erhöht damit vielleicht etwas ihre ökonomische Rentabilität, nicht aber ihre Bewertung, die eher sinkt, weil die ethische Dividende nun nicht mehr ausgespielt werden kann. Damit aber ist auch die Chance der Sozialarbeit verpasst, eine ihr zugehörige Gesellschaftstheorie auf der Sorge als Basiskategorie aufzubauen (s. u.).

Die Resistenz maskuliner Dominanz

Verfestigte männliche Dominanz steht eigentlich im Widerspruch zur sozialstaatlichen Institution der Gleichstellung, ihr Wirken wird deshalb ungern thematisiert, in der medial geschürten Hoffnung auf die ‚neue Männlichkeit' abgespalten. Manche Männer verharren aber immer noch in einem geschlechtstypischen Überlegenheitsgefühl, klammern sich geradezu an die ‚männliche Dividende', an die Suggestion, als Mann ‚von Natur aus' besser zu sein als die Frauen, auch wenn dies nicht der Wirklichkeit entspricht. Es ist eine Magnetlinie der männlichen Selbstbehauptung wie der darin verdeckten männlichen Hilflosigkeit. Männer erwischen sich im Alltag immer wieder dabei, dass sie mit der männlichen Dividende liebäugeln. Im Kompetenzwettbewerb mit Frauen hat sie immer noch Gewicht. In dieser Resistenz der männlichen Dividende erkennen wir das ‚Trotzdem' des männlichen Dominanzanspruchs, das sich allzu gern an traditionale patriarchale Machtstrukturen und ihre Selbstverständlichkeit erinnert und gleichzeitig ihre Entstrukturierung und Entwertung spürt. Der sozialstaatliche Gleichstellungsoptimismus verzweifelt an diesem Phänomen, das immer wieder in der Randale junger Männer, im alltäglichem Machotum oder in der betrieblichen Verdrängungskonkurrenz aufflackert und schiebt es hilflos in die Zwischenwelten.

Mit der Einführung des Paradigmas der ‚hegemonialen Männlichkeit' in der Ablösung des traditionellen Patriarchatsbegriffs eröffnete sich der sozialwissenschaftlichen Männerforschung ein eigenständiger und nun offener Theorie- und Forschungshorizont. R. Connell (1999) sieht die Entstrukturierung der Macht des Patriarchats im Zuge der industriegesellschaftlichen Modernisierung hin zu einer flexiblen Dominanzstruktur (Hegemonie) auf drei Ebenen: in den politischen Machtverhältnissen, in der Hierarchie der Arbeitsbeziehungen und in den emotionalen Beziehungsverhältnissen. Damit ist nicht nur die tradierte Selbstverständlichkeit männlicher Macht obsolet geworden, es können auch unterschiedliche Männlichkeiten in einer Gesellschaft gelebt werden. Trotz dieser Entstrukturierung bleibt aber die Tendenz, männliche Macht in den verschiedenen Gesellschaftsbereichen durchzusetzen, erhalten. Denn „Männlichkeit ist, als *soziales Konstrukt*, scheinbar unauflöslich mit Macht konnotiert. Die symbolische Verknüpfung von Männlichkeit und Macht gilt für die heterosoziale wie für die homosoziale Dimension der Gesellschaftsverhältnisse" (Meuser 2010: 327). So zeigen auch die Erfahrungen aus Therapie und Sozialarbeit, dass im sozial gebundenen Alltag Männer in kritischen Lebenssituationen zu maskulinen Bewältigungsmustern greifen. Männlicher Habitus und männliche Dividende sind weiter in die ökonomische wie institutionelle Struktur der geschlechtshierarchischen Arbeitsteilung eingeschrieben.

Trotz ihrer ökonomischen Verfügbarkeit, ihres Ausgesetzt-Seins, trotz des Aufstiegs der Frau, trotz des Niedergangs der maskulinen Leitkultur soll Männlichkeit das überlegene Modell bleiben. Die so ideologisierte männliche Dividende wird vor allem in kritischen, die männliche Identität bedrohenden Lebenskonstellationen aktiviert. Sie ist aktivierbar, weil sie in die ökonomisch-gesellschaftliche Spannung von männlicher Dominanz und männlicher Verfügbarkeit eingewoben ist. Sie steckt ökonomisch-strukturell in den Berufs- und Lohnvorteilen des Mannes, die er sich allerdings mit seiner grenzenlosen Verfügbarkeit erkauft, sie äußert sich soziodynamisch in unterschiedlichsten maskulinen Inszenierungen und psychodynamischen Männerphantasien. Mit der Informalisierung von Männlichkeit und dem Erfolg der sozialstaatlichen Gleichstellungspolitik schien sie fast verschwunden zu sein und trotzdem taucht sie im Alltag – quer durch die Lebensalter – immer wieder neu auf, steht für maskuline Resistenz genauso wie für neuformulierte männliche Ansprüche. Es kann weiterhin davon ausgegangen werden – heute verstärkt durch eine externalisierende Erfolgs- und Konkurrenzkultur, in die Jungen früh hineinwachsen –, dass Dominanz-Vorstellungen von Männlichkeit auch in Zukunft einen großen Einfluss auf junge Männer ausüben werden. Diese strukturelle Resistenz, wie sie sich ja auch in den neueren Männerumfragen abbildet (vgl. Böhnisch 2018a), verweist letztlich auf das Weiterwirken der geschlechtshierarchischen Arbeitsteilung unter der Decke der Geschlechternivellierung.

Der Behauptung der Resistenz der männlichen Dominanz wird entgegengehalten, dass es doch inzwischen in manchen gesellschaftlichen Bereichen – z. B. in kulturellen und administrativen Organisationen – sich eher eine Tendenz zur weiblichen Dominanz abzeichne. Dem wird wiederum mit dem Argument widersprochen, die neue Gleichstellung der Frauen verlaufe doch auch nach dem männlichen Hegemonialprinzip, da sie vor allem dort den Männern gleichstellt wären, wo es für das ökonomisch-gesellschaftliche Funktionieren notwendig sei. Gerade die auf Flexibilität ausgerichtete neokapitalistische Ökonomie verlange neue Kompetenzen in der Mischung aus hard und soft skills, die vor allem Frauen zugeschrieben werden. So können sie in Führungspositionen der Wirtschaft auf den unterschiedlichsten Ebenen einsteigen und hegemoniale Einflusssphären besetzen, die aber ähnliche Strukturen der Über- und Unterordnung, auch gegenüber Frauen, aufweisen, wie die hegemoniale Männlichkeit gegenüber Männern. Die meisten weiblichen Karrieren entwickelten sich ja im Schatten der männlichen Dominanzkultur, aus der sich inzwischen viele beruflich und sozial arrivierte Frauen gelöst haben, um ihren eigenen Platz in der neokapitalistischen Erfolgskultur zu finden. Diese seien inzwischen aber so in diese

Erfolgskultur integriert, dass sich der weiblich-hegemoniale Typ manchmal kaum vom männlichen unterscheide. „Das Konzept der hegemonialen Weiblichkeit suggeriert einen hegemonialen Status von Frauen (und Weiblichkeit), wo sie selbst in gehobenen Machtpositionen lediglich Komplizinnen […] einer androzentrischen patriarchalen Ordnung sind, die sie gleichsam als die allgemein-normale anerkennen" (Stückler 2013: 127). Diese verkappte Form der Resistenz männlicher Dominanz ist in unserer Gesellschaft erst recht tabuisiert und abgespalten.

Aber kommen wir zurück zu den Männern. Dort, wo der Zugang zur Arbeit verwehrt ist, aber auch da, wo ein Verdrängungswettbewerb um Arbeitsplätze stattfindet, sehen sich Männer in ihrer sozialen Existenz und mithin in ihrer männlichen Identität bedroht. Vor allem die Männer, deren Selbstwert und soziale Geltung hauptsächlich von ihrem Status in der Welt der Erwerbsarbeit abhängt, suchen in ihrer Betroffenheit nach Formen der Bewältigung und greifen auf Bewältigungsmuster zurück, die man ihnen – so ihre untergründige Einstellung – nicht nehmen kann. Eine solche Bewältigungsform ist der fast naturalistische Rückgriff auf traditionale Männlichkeit, die Inanspruchnahme der männlichen Dividende im Verdrängungswettbewerb gegenüber Frauen. Solche traditionellen und mystifizierten Männlichkeitsbilder, welche die maskuline Überlegenheit ‚von Natur aus' betonen, sind nicht nur bei jungen Männern in den Randzonen sozialer Deklassierung zu beobachten. Vor allem Männer aus dem Arbeitermilieu betrachten Mann-Sein aus der Perspektive überlegener maskuliner Körperlichkeit (vgl. Behnke 2000). Aus den Dresdener Untersuchungen zur Lebensbewältigung junger Männer in prekären Lebenskonstellationen, in denen die sozialen Ressourcen nicht mehr ausreichen, um sie zu bewältigen, konnten wir zeigen, dass die Betroffenen oft auf aggressive maskuline Orientierungsmuster zurückgreifen, um handlungsfähig zu bleiben (vgl. Kreher/Lempp 2013). Die Soziale Arbeit bekommt dies in der Offenen Jugendarbeit, in den sozialpädagogischen Beschäftigungsprojekten und in der Männerberatung zu spüren.

‚Unheile' Familien

In der herrschenden Ideologie der Familie gilt diese als ‚Keimzelle der Gesellschaft', als gesellschaftlicher ‚Mikrokosmos', auf den die Stabilität der gesamten Gesellschaft aufgebaut ist. Dass Familien mit dieser Zumutung überfordert sind, wird eher tabuisiert. Übergangen wird, dass die Familie eine Intimwelt ist, die sich grundsätzlich von der Vertragswelt der Arbeitsgesellschaft unterscheidet. So viel auch die Familie zur Bildung der Persönlichkeit beiträgt und soziale Basiskompetenzen vermitteln kann; die Integration in die Gesellschaft ist immer mit der Ablösung von der Familie verbunden und mithin ein eigener Sozialisationsprozess. Dennoch werden die gesellschaftlichen Alarmglocken geschlagen, wenn sich die Befunde über desorganisierte Familien und Gewalttätigkeiten in der Familie häufen. Dann wird erst recht die ‚heile Familie' beschworen und das ‚Unheile', das nicht sein kann, weil es nicht sein darf, in die Zwischenwelten verschoben, abgespalten. Dies ist dann die Welt der sozialpädagogischen Familienhilfe, die traditionell und bis heute den professionellen Block der Sozialen Arbeit ausmacht.

Familien sind durch basale Zugehörigkeit und Bindung, Liebe und Empathie zusammengehalten, werden durch Hass, Schuldgefühle und Verlustängste auseinandergetrieben. Wenn sich die Gesellschaft der Familie als Reproduktionsort bedient, dann setzt sie das Wirken dieser geschlechtstypischen Intimstrukturen voraus. Soziale Reproduktion im Sinne der Bearbeitung gesellschaftlich erfahrener Lebensprobleme in der Familie bedeutet also, dass diese Probleme zu Intimproblemen der Familie werden und dass gesellschaftlich davon ausgegangen wird, dass sie dort bearbeitet werden. Die Familie gerät in der gegenwärtigen Gesellschaft unter einen doppelten Überforderungsdruck. Zum einen wird mit zunehmender Entemotionalisierung der Arbeitsgesellschaft (durch Abstraktion und Digitalisierung der Arbeitsvorgänge) der Druck auf die Familie, dies emotional auszugleichen, verstärkt. All das, was Männer und Frauen in einer emotional entleerten Funktionswelt nicht finden, sollen die intimen Beziehungen in der Familie bringen. Und wenn es die eigene (Herkunfts-)Familie nicht gebracht hat, dann soll es die neue, selbstgegründete Familie bringen. Viele Konflikte und Überforderungen aus Frühverheiratungen, mit denen es die Jugendhilfe zu tun hat, sind darauf zurückzuführen, dass sich die Frauen und Männer etwas von ihrer frühen Ehe und ihren Kindern erwarten, das sie selbst in ihren Familien entbehrt haben. So wie sie aber selbst Vernachlässigung und Gewalt in ihrer Herkunftsfamilie erfahren haben, haben sie nicht gelernt, ihre Beziehungen und ihre Erziehungsstile anders zu gestalten. So werden Überforderungskonflikte gleichsam über die Generationen hinweg vererbt. Das zweite Überforderungsproblem liegt in dem Umstand, dass die Verständigungs- und Konfliktstruktur der Familie anderen Logiken folgt, als denen der Arbeitswelt. So können soziale Konflikte, die außerhalb der Familie eigentlich durch Verfahren gelöst werden müssten, in der Intimstruktur der Familie zu tiefenpsychischen Ängsten und Bedürftigkeiten werden, die dann nicht mehr rational entwirrbar sind.

Der Niedergang der Familie ist das Schreckgespenst der amerikanischen *Community*-Protagonisten. Die Familie wurde – so vor allem auch in der US-amerikanischen Etzioni-Bewegung – als Keim- und Schutzzelle der bürgerschaftlichen *community* gebraucht und verehrt. Der einflussreiche Sozialphilosoph Amitai Etzioni (1997) sah in Wertgemeinschaften wie eben in der Familie den Kern von lokalen Gemeinschaften (communities), die das Fundament „guter Gesellschaften" bilden sollen. Gleichzeitig aber stellt die USA die Gesellschaft in den industriekapitalistischen Ländern dar, die mit die höchste Scheidungsrate hat und in der eine problematische Häufung von Frühehen auftritt. Die eine Zahl verweist auf die Instabilität, Überforderung vieler Familien, die andere auf die emotionale Erziehungsunfähigkeit mancher Eltern. Dem Zwang zur Familienharmonie nach Außen entspricht die repressive Intimität des familialen Innen. Das Problem der gesellschaftlichen Überforderung der Familie ist dabei ausgeklammert.

Die Familienmitglieder klammern sich umso stärker an diese Ideologie der heilen Familie, je bedrohter und desolater der familiale Zusammenhalt ist. Schuldgefühle und -zuweisungen werden frei, die gesellschaftliche Überforderung der Familie erscheint ihren Mitgliedern als privates Problem. Die in diesem Zusammenhang entstehende anomische Hilflosigkeit kann in gegenseitigem abwertenden Hass und in innerfamiliale Ausgrenzung (z. B. das Kind als Sündenbock) umschlagen. Wenn dabei die in der Familie eingelassenen Gewaltverhältnisse freigesetzt werden, also Gewalt – vor allem gegen Frauen und Kinder – ausgeübt wird, erscheint dies für die Täter als „natürliches" Gewalt- und Besitzrecht, das privat ist und deshalb niemanden etwas angeht. Aber auch die betroffenen Frauen und Kinder sind in diesem Bann der „natürlichen" Gewaltverhältnisse in der Familie gefangen. Sie halten oft still, die Gewalt in der Familie ist so von einer Mauer des Schweigens umgeben. Die gesellschaftliche Öffentlichkeit wollte lange Zeit vom Thema Gewalt in der Familie nichts wissen. Die „heile Familie" war (und ist zum Teil immer noch) ein öffentliches Tabu. Solche Tabus verkörpern stillgestellte, ungelöste „Fälle" der Gesellschaft. Beim „Fall Familie" liegt es auf der Hand: Alle wissen, wie problematisch die Familie in ihrer modernen Überforderung ist und dennoch muss man an ihr festhalten, sonst geht der sozialemotionale Rückhalt, den sie zu verkörpern hat, angesichts der anomischen Entwicklung der Gesellschaft verloren. Also muss jeder grundlegende Zweifel an der Familie stillgestellt, abgespalten werden.

Die sozialpolitisch orientierte Frauenforschung hat schon früh deutlich gemacht, dass sich familienpolitische Maßnahmen in erster Linie auf Frauen beziehen und dass es Frauen sind, welche die familialen Belastungen und Krisen bewältigen müssen. In diesem Zusammenhang wird auch immer wieder darauf hingewiesen, dass in der Zentrierung der sozialwissenschaftlichen und sozialpolitischen Diskussion auf „die Familie" dieser geschlechtshierarchische Hintergrund übergangen wird. Der gesellschaftliche Individualisierungsprozess hat längst Bestrebungen von Frauen freigesetzt, sich gegenüber der Familie zu emanzipieren. Gleichzeitig drängen viele Männer aus eigenen biografischen Antrieben in die Familie hinein, werden aber gleichzeitig im Zuge der Intensivierung der Arbeit – und damit gestiegener Zumutung an die ökonomische Verfügbarkeit des Mannes – wieder von der

Familie weggezogen (vgl. Volz/Zulehner 2009). Diese Bewältigungskonstellationen der modernen Familie machen deutlich, dass die Sozialpädagogik/Sozialarbeit nicht von vornherein von der Einheit der Familie ausgehen kann. Jede sozialpädagogische Intervention in problematische Familienverhältnisse wird deshalb versuchen müssen, die krisenhaften Verkrampfungen der „Einheit Familie" nach innen zu lösen und gleichzeitig die Familie nach außen neu zu stützen und sozial einzubetten. Die Gesellschaft beharrt weiterhin auf der gesellschaftlichen Funktionalität und damit der Geschlossenheit der Institution Familie, viele Individuen suchen aber den Sinn einer Familiengründung in individuellen Motiven und bevorzugen offene Familienformen. Dennoch muss die Familie – auch wenn sie im Alltag oft Fassade ist – in Krisensituationen als psychosozialer Rückhalt herhalten. Diese Ambivalenz der Familienorientierung spiegelt sich auch in der konzeptionellen Diskussion um die sozialpädagogische Familienhilfe wieder. Wie weit trägt die Orientierung am ehernen Gehäuse Familie oder muss ich nicht mehr auf die subjektiven Bedürfnisse und die Außenbezüge der einzelnen Familienmitglieder achten, statt das Familienganze krampfhaft hochzuhalten?

Entfremdung

Die neokapitalistische Ideologie leugnet Entfremdung, obwohl sie weiter existiert und verdrängt sie damit in die Zwischenwelt. Schon der Fordismus glaubte, die Marx'sche Entfremdungsthese nachhaltig ausgehebelt zu haben, indem er die monotone Fließbandarbeit der Massenproduktion dadurch rechtfertigte, dass die Erfüllung des Menschen ja nicht in der Arbeit, sondern im Konsum der Ware liege und Arbeit eben das notwendige und deshalb zu optimierende Mittel dafür sei. Die postfordistische Erfolgsideologie des Neokapitalismus geht nun weiter: Nicht nur der Konsum bringe Erfüllung, sondern auch eine nun von sozialen Hindernissen wie Geschlecht, Rasse und Klasse gelöste, in diesem Sinne sozial entbettete ‚neue Arbeit' biete eine gestaltbare Welt, in deren Flow der qualifizierte Mensch aufgehen könne. „Als Marx das Wort von der ‚entfremdeten Arbeit' prägte, traf dies auf die industrielle Produktion in den ‚sweat shops' zu. Heute, zwei Jahrhunderte später, gibt es in den modernen Industrieländern keinen Grund mehr, den Menschen und die von ihm erbrachte Leistung auseinander zu dividieren, als handele es sich bei der Arbeit um eine Zumutung. Die Arbeit als Selbstverwirklichung ist kein bloßes Schlagwort, sondern tägliche Realität. Nicht monotone Selbstausbeutung ist in den modernen Betrieben gefragt, sondern beständige Innovation und Anpassungsfähigkeit an die veränderten Bedingungen des Marktes und der Technik. Das Wort ‚Kreativität', ein Schlüsselwort der neuen Wirtschaft, hat es zu Marx Zeiten noch nicht gegeben" (Henkel 2004: 89 f.). So wird der Marx'sche Entfremdungsbegriff in das Inventar der „alten" Industriegesellschaft verwiesen. Wo er heute dennoch thematisiert wird, gilt er im neokapitalistischen Verständnis als Indiz für fehlende Innovation und rückständige Arbeitsorganisation. Dabei wird allerdings unterschlagen, dass sich dieser postfordistische Diskurs der doppelten Erfüllung in Arbeit und Konsum nur auf ein bevorzugtes soziales Segment der Gesellschaft bezieht. Denn auch bei uns gibt es wieder genug Arbeit unterhalb des Mindestlohns, ganz von den asiatischen sweat shops der Textilindustrie zu schweigen. Während die neoliberale Ideologie Entfremdung vor allem für die qualifizierten Erwerbsarbeitsbereiche leugnet, sind ihr die prekär Beschäftigten in den Zwischenwelten voll ausgesetzt. ‚Armut in Arbeit' ist so ein Phänomen neuer Entfremdung, das gern in die Zwischenwelten geschoben wird.

Die Abspaltung dieser Entfremdung erhält ihre Rationalisierung in der Konsumhypothese, in der behauptet wird, dass der Masse der Menschen in prekären Arbeitsverhältnissen doch immer noch der Konsum bleibe, den sie selbst gestalten und in dem sie sich erfüllen können. Die Konsument*innen würden nicht mehr – fremdgesteuert – an das Produkt gebunden, sie könnten das Produkt an sich binden; es ist – so die entsprechende Suggestion der Werbung – von vornherein für sie produziert. So kaufe man mit dem Produkt auch ein Segment Mitbestimmung. Von daher ergebe der traditionelle Entfremdungsbegriff auch hier keinen Sinn mehr. Dem widerspricht die These, dass es gerade im Konsum Entfremdung gebe (vgl. Bierhoff 2013). So weist

Zygmunt Bauman darauf hin, dass die Konsumindustrie eben nicht menschliche Bedürfnisse nachhaltig befriedigen will, weil mit langfristig zufriedenen Kunden der Fortlauf der Massenproduktion, die auf schnell Verbrauchtes und stetig Neues gepolt ist, gefährdet würde" (Baumann 2009: 129 f.). Da Konsum aber heute identitätsstützend geworden ist, kann es identitätsstörend wirken, wenn man immer neuen Konsumtrends hinterher hetzen muss. Die dauernden Neuheiten „erzeugen Unzufriedenheit mit den Produkten, mit denen Konsumenten ihre Bedürfnisse befriedigen – und kultivieren darüber hinaus permanente Unzufriedenheit mit der erworbenen Identität und den Bedürfnissen, durch die eine solche Identität definiert wird" (ebd.: 130 f.). Burkhard Bierhoff spricht in diesem Zusammenhang von einem dauernden Druck zum Identitätswechsel. „Das Identitäts-Update wird zur Pflicht des heutigen Konsumenten" (Bierhoff 2013: 48). Tim Jackson wiederum beschreibt die konsumtive Identitätsformation als „erweitertes Selbst, das durch die Angst vor dem leeren Selbst motiviert ist" (Jackson 2017: 178).

Die Soziale Arbeit hat es meist mit Klient*innen zu tun, die auf Konsum angewiesen sind, um einigermaßen sozial mithalten zu können, gleichzeitig aber auch von ihrer prekären materiellen Lage her gerade am Konsum scheitern. Sie bleiben gleichsam in dieser ambivalenten Entfremdungssituation stecken. Ihren Entfremdungszusammenhang könnte man mit dem sozialanthropologischen Entfremdungsbegriff von Hartmut Rosa erfassen: „Entfremdung bezeichnet [...] eine Form der Welterfahrung, in der das Subjekt den eigenen Körper, die eigenen Gefühle, die dingliche und natürliche Umwelt oder aber die sozialen Interaktionskontexte als äußerlich, unverbunden und nicht responsiv bzw. als *stumm* erfährt. [...] Infolgedessen wird Entfremdung immer dann und dort überwunden, wo Subjekte in der Interaktion die Erfahrung machen, dass sie von anderen oder anderem berührt werden, dass sie aber auch selbst die Fähigkeit haben, andere zu berühren" (Rosa 2015: 306). Hier sind wir wieder im Beziehungs- und Anerkennungsraum der Sozialen Arbeit, der aber gesellschaftlich offen sein muss.

Über all diesen historischen Veränderungen schwebt aber

immer noch der allgemeine Entfremdungsbegriff der Politökonomie, nach der der Kapitalismus „die Menschen als gesellschaftliche Wesen den Verhältnissen ihrer eigenen Produkte unterordnet“ (Scholz 2011: 16 f.). Diese kapitalistische Grundform der Entfremdung, die den Menschen der Warenform unterordnet und damit „die persönlichen, zwischenmenschlichen Beziehungen [...] verkehrt, sodass die gesellschaftlichen Beziehungen als Beziehungen zwischen Dingen erscheinen“ (Hartmann 2020: 56), muss thematisiert werden, sonst bleibt sie weiterhin gesellschaftlich abgespalten. Lediglich in Projekten der Gemeinwesenökonomie ist sie in der Tendenz zum Angelpunkt der Wirtschafts- und Sozialgestaltung geworden (s. u.).

Die sozialpädagogische Verlegenheit der Bildung

Bildung und Schule sind die gesellschaftlichen Bereiche, die der Sozialen Arbeit am nächsten stehen und sich in manchem mit ihr überschneiden. Dennoch werden soziale Faktoren, die vor allem im schulischen Bildungsbereich wirken, verdrängt, abgespalten, obwohl sich die Schule ihnen nicht entziehen kann. Damit sind wir bei der sozialen und sozialpädagogischen Verlegenheit von Bildung und Schule. Das Soziale wird damit in eine Zwischenwelt gedrängt, in der dann manches Produktive übergangen und manches Antisoziale freigesetzt wird. Die Soziale Arbeit wird dann meist als Nothelfer in diese Zwischenwelt gerufen und hat ob dieser negativen Zuweisung kaum Chancen, die Schule sozial zu gestalten.

Die ökonomisch-technologischen Lernaufforderungen der neokapitalistischen Gesellschaft scheinen den traditionellen Bildungsbegriff – Entwicklung einer selbstbestimmten und mündigen Persönlichkeit – keineswegs zu verdrängen, sondern eher zu vereinnahmen. Das führt zu einer deutlichen Umpolung im Subjekt-Gesellschaft-Verhältnis. Indem die Autonomie des Individuums nun nicht mehr von seinem eigensinnigen Menschsein her, sondern in seiner Fähigkeit zur ökonomisch anpassungsfähigen ‚Selbstorganisation‘ gesehen wird, ist die Spannung zwischen Mensch, Ökonomie und Technologie, die sich in der Spannung zwischen Produktions- und Sozialisationslogik ausdrückt, entladen. Wissen wird immer mehr aus seinem persönlichkeitsbezogenen Bildungsrahmen herausgelöst. Die neokapitalistisch gepolte Gesellschaft hat nicht mehr die Bildbarkeit des Menschen, sondern seine Lernfähigkeit, Träger und Optimierer der Ressource Wissen zu sein, im Blickpunkt. Die Bildungsziele werden so zu individuellen Akkumulationsentwürfen von ökonomisch verwertbarem Humankapital umdefiniert. Mit diesem ökonomisch akzentuierten Bildungsbegriff wird die entwicklungsorientierte Sozialisationsperspektive weitgehend übergangen. Die Erziehungsinstitutionen kommen so unter Druck: Sie müssen linear reagieren, Umwege werden diskreditiert. Dabei sind es gerade die pädagogischen Umwege, die sonst übergangene Fähigkeiten zum Vorschein kommen lassen und Selbstwerterlebnisse ermöglichen, die im Alltag der Regelschule so nicht möglich sind.

Die Schule ist hauptsächlich über zwei Transformationsprozesse gesellschaftlich eingebettet. Zum einen über die Umwandlung von gesellschaftlich anerkanntem Wissen in Schulbildung, zum Zweiten durch die Transformation dieses Wissens in Leistung im Blick auf die spätere Verwertung und den zukünftigen Status in der Gesellschaft. Die damit verbundene konfliktträchtige Frage, welches Wissen und welche Leistungen gesellschaftlich anerkannt sind, verweist wieder auf den Grundkonflikt zwischen ökonomischer Verwertung und sozialer Emanzipation des Menschen. Dieser Konflikt kann auch als Spannungsverhältnis zwischen ökonomischem Verwertungswissen und sozial gerichteter Persönlichkeitsbildung, zwischen *Produktionslogik und Sozialisationslogik*, begriffen werden. Die Schule versucht in ihrer Systemlogik soziale Probleme und Dynamiken möglichst von sich fernzuhalten, ist aber, um ihre soziale Reproduktion und alltägliche soziale Funktionsfähigkeit aufrechterhalten zu können, auf die Integration des Sozialen angewiesen. Daraus ergibt sich eine spezifische Dialektik, die nach einer *sozialintegrativen* Synthese sucht. Meist aber verliert sich dieser Konflikt in der sozialen Verlegenheit der Schule. Es bleibt das Spannungsverhältnis zwischen systemfunktionaler Selbstreferenz der Schule und jugendkulturellem und sozialem Öffnungsdruck. Das kann man vor allem dort beobachten, wo die Peer-Dynamik in die Schule drängt und die Schule als Sozialraum herausgefordert ist. Die Schule setzt soziale Dynamiken frei, kann sie aber kaum integrieren.

Auch der Konflikt zwischen institutionell verlangter Leistung und institutionell übergangenen Befähigungen erzeugt in der Schule einen latenten bis offenen Etikettierungs- und Stigmatisierungsdruck. So entwertet die Schule manche Schüler*innen durch Typisierungen, gegen die sich manche der davon Betroffenen mit abweichendem Verhalten wehren. Zudem ist in die Schule ein besonderes Spannungsverhältnis zur Familie eingelassen. Die Familie als Intimwelt und die Schule als Vertragswelt sind von unterschiedlichen bis widersprüchlichen Normen geprägt. Daraus entstehen im Spannungsdreieck Schüler*innen, Schule und Eltern besonders für sozial benachteiligte Familien Passungsprobleme. Schließlich ist die Schule traditionell monokulturell bis kulturalistisch strukturiert. Von daher ist in ihr die Tendenz zur „institutionellen Diskriminierung“ von Migrantenkindern und -jugendlichen strukturell angelegt. Das bedeutet, dass die Kultur der Schule mit ihren Regeln und Kommunikationsformen, Situationsdefinitionen und Normalitätserwartungen von manchen Migrantenkindern aus deren Familienkultur heraus nicht verstanden werden kann, die Schule ihnen somit fremd ist (vgl. Gomolla/Radtke 2002).

Vereinsamung

Soziale Vereinsamung als Schatten der Individualisierung und der ökonomischen und digitalen Beschleunigung darf in einer Welt nicht sein, in der alles vernetzt ist und das Mithalten als Tugend gilt. Aber es sind gerade die scheinbar unerschöpflichen Wahlmöglichkeiten, die sich jedem Einzelnen bieten, in denen Gefahren wie Orientierungslosigkeit, Unsicherheit und das Risiko, immer wieder neu enttäuscht zu werden, stecken (vgl. Bohn 2008). Einsamkeit wird so zur anomischen Konstellation. Hier liegen die Entsprechungen zwischen Bewältigungs- und Integrationsdilemma. Vereinsamung zeigt sich als Strukturierung.

Dass Einsamkeit nicht nur im Alter, sondern noch mehr in der Lebensphase der späteren Jugend und des Junge-Erwachsenen-Seins verbreitet ist, überrascht. Vereinsamung in dieser Zeit entwickelt sich vor allem dort, wo Jugendliche an den Rand der Gleichaltrigenkultur gedrängt sind, auf die sie lebensaltertypisch angewiesen sind. Vereinsamungstendenzen können sich im jungen Erwachsenenalter zwischen 18 und 25 Jahren entwickeln, in dem die jungen Leute auf dem Weg in den Arbeitsmarkt nach Orientierung und neuem sozialen Anschluss suchen. Manchen jungen Männern macht das zu schaffen, weil es ihnen schwer fällt, von sich aus soziale Beziehungen zu entwickeln. Hier erklärt sich auch das Phänomen, dass junge Männer sich häufig rechtsextremen Gruppen anschließen, die einen magnetischen Anziehungspunkt für Vereinsamte und Ausgeschlossene bilden. Einsamkeit als Gefühl von Ausgeschlossensein schürt Hass auf das ‚System', von dem man sich ausgeschlossen fühlt. Die Jugendpolitik in Deutschland hat bisher gegenüber diesen Entwicklungen versagt. Denn Jugendpolitik beschränkt sich nur auf die engere Jugendphase und die Förderung von Jugendzentren und Straßensozialarbeit. Soziokulturelle Einrichtungen für junge Erwachsene gibt es wenig.

Die Singularisierung, der mit zunehmendem *Alter* wachsende Anteile Alleinstehender unterworfen sind, kann zur Vereinsamung im Alter führen. Tendenzen sozialer Isolierung treten vor allem bei denjenigen auf, die in der Zeit vor dem Alter in ihren Kontakten auf die Erwerbsmilieus und/oder ihre(n) Partner(in) angewiesen, also nicht selbstständig waren. Alterseinsamkeit zeigt sich entsprechend geschlechtsdifferent. So wird von der „flexiblen" Frau im Alter gesprochen. „Frauen waren ihr Leben lang flexibel einsetzbar, das befähigt sie für die Altersphase weiterhin flexibel auf vorgegebene Anforderungen zu reagieren". Diese Flexibilität kann „auch als emanzipatorischer Akt gedeutet werden, wo es darum geht, sich von den traditionellen Verpflichtungen eines Frauenlebens zu befreien und endlich eigene Wünsche zu realisieren". Allerdings wird bezweifelt, ob „die aus einem traditionellen Frauenleben mitgebrachte Flexibilität notwendigerweise" zu dieser nun neuen Flexibilität im Alter „befähigen" kann (Pichler 2012: 52). Alte Männer hingegen sind stärker der Gefahr der Vereinsamung ausgesetzt. Der Bruch mit dem sozialen Außen in der Folge der Entberuflichung und die damit verbundene Angst vor dem Verlust der Kontrolle über sich und andere macht manchen alten Männern zu schaffen. Im Alter scheint vieles für den Mann zusammenzulaufen und ihn zu beeinträchtigen, was sich im Dilemma der männlichen Identität biografisch aufgebaut und als prekäre Bewältigungslage verfestigt hat: die Fixierung auf das Außen, das Funktionieren-Müssen, die Abspaltung der inneren Hilflosigkeit, das erlernte Dominanzstreben, die Leistungsorientierung.

Eine gesellschaftliche Aufwertung des Alters ist nicht über Konsumbeteiligung erreichbar, sondern über eine soziale Beteiligung der alten Menschen im Rahmen sozialintegrativer Sozialpolitik. Es braucht also eine gesellschaftlich anerkannte wohlfahrtsethische und sozialintegrative Definition des Alters als *eigener Lebenslage* und eine wohlfahrtspolitische Neuorientierung: Wohlstand darf nicht länger nur an einer Verbesserung und Ausdifferenzierung des Konsumgüterniveaus gemessen werden, sondern vor allem an der Verbesserung der sozialintegrativen, auf helfende Gegenseitigkeit gerichteten Lebensqualität gerade auch bei jenen, die nicht mehr marktfähig sind.

Prekarisierung

Dass prekäre Arbeitsverhältnisse inzwischen bis in die Mitte der Gesellschaft hineinreichen, wird öffentlich kaum thematisiert, eher abgespalten und in die Zwischenwelt verdrängt. Zwar hat sich herumgesprochen, dass das Normalarbeitsverhältnis längst nicht mehr die Regel ist. Themen wie ‚Armut in Arbeit', die Problematik der Leiharbeit, das Werkvertragsunwesen und die vertraglichen Befristungen werden zwar immer wieder diskutiert, verbleiben aber dann doch in den Zwischenwelten und werden immer noch als Sonderprobleme behandelt. Denn gerade in Deutschland wird stolz von einer tendenziellen Vollbeschäftigungsgesellschaft gesprochen. Abgespalten wird in dieser Rhetorik, dass es sich um eine ‚prekäre Vollerwerbsarbeitsgesellschaft' handelt. Abgespalten wird damit auch die soziale Wahrheit, dass die Prekarisierung bis in die Mitte der Gesellschaft hineinreicht. „Was den Neoliberalismus gegenwärtig auszeichnet, ist – entgegen noch immer weit verbreiteter Annahmen – dass die Prekären nicht mehr allein diejenigen sind, die an den gesellschaftlichen Rändern marginalisiert werden können. Durch den individualisierenden Umbau des Sozialstaats, die Deregulierung des Arbeitsmarkts und die Ausweitung prekärer Beschäftigungsverhältnisse befinden wir uns gegenwärtig in einem Prozess der Normalisierung von Prekarisierung" (Leroy 2015: 33). Das ist aber ein Tabu, dessen Tücke darin liegt, dass sich so in der Zwischenwelt ein verstecktes Prekariatsregime aufbauen konnte, das konträr zum sozialstaatlichen Wohlfahrtsregime steht. Der Sozialstaat möchte den Menschen soziale Hintergrundsicherheit vermitteln, das Prekariatsregime strahlt Unsicherheit und Risiko aus. In dieser anomischen Situation stecken manche Klient*innen der Sozialen Arbeit. Aber auch die Soziale Arbeit selbst gerät in eine schwierige Lage. Da die Gefahr der Prekarisierung in der Mitte der Gesellschaft angekommen ist, werden sich Bürger*innen der Mittelschicht mit leichter bis größerer Abstiegsangst von der Sozialarbeit und ihren Klient*innen eher abgrenzen wollen, als dass sie sie unterstützen.

Klaus Dörre (2014) betont vor allem die Dimension der Kontrolle und Disziplinierung im Prekarisierungsprozess. Da werde der anomische Druck, der auf den Betroffenen lastet, in einen Anpassungszwang verwandelt. Isabell Leroy (2015) hat diesen Zusammenhang in den Begriff der „gouvernementalen Prekarisierung" gefasst: „Gouvernementale Prekarisierung [meint] die Verwobenheit von staatlicher Führung und individualisierter Selbstregierung in einem Regieren durch Unsicherheit. Prekarisierung als prozessualen Begriff gouvernemental zu verstehen, ermöglicht es, die komplexen Wechselwirkungen eines Regierungsinstruments mit ökonomischen Ausbeutungsverhältnissen und Subjektivierungsweisen in all ihren Ambivalenzen zwischen Unterwerfung und Freiheit zu problematisieren"(Leroy 2015: 28).

Der Prekarisierungsprozess hat auch Auswirkungen auf das Geschlechterverhältnis und hier vor allem auf die männliche

Identitätsentwicklung: „Das eigentlich Neue der aktuellen Prekarisierungsprozesse besteht darin, dass Frauen in prekären Beschäftigungsverhältnissen zunehmend mit männlicher Konkurrenz konfrontiert werden. Charakteristisch für den prekären Bereich ist, darauf weisen die wenigen vorliegenden Untersuchungen hin, ein verschärfter Wettbewerb zwischen Männern und Frauen. Dabei wird die prekäre Feminisierung der Arbeitswelt sukzessiv auf Männer ausgedehnt. Aus der männlichen Perspektive bedeutet dieses neue Konkurrenzverhältnis eine Einmündung in quasi-feminisierte Strukturen des Arbeitsmarkts. „Eine derart erzwungene ‚Feminisierung' provoziert im sozialen Nahbereich eine Vielzahl symbolischer Kämpfe und Grenzziehungen" (Dörre 2012: 157). Klaus Dörre spricht bei der Schilderung der Befindlichkeit eines Leiharbeiters, der vorher Facharbeiter war, vom „latenten Gefühl" der „Zwangsfeminisierung". Der Betroffene fühle sich nicht mehr als „richtiger Mann", könne keine Ernährerrolle ausfüllen und müsse Arbeiten ausführen, die ihn ‚verweichlichen' lassen. „Folglich empfindet er das dominante Männlichkeitsgehabe von ‚Ausländern' als persönliche Herausforderung" (ebd.: 158). Männer – so auch Dörre – haben in unserer Gesellschaft eben nicht die (gesellschaftlich anerkannte) Möglichkeit wie die Frauen, ihren Hauptstatus in der Familienrolle zu sehen und die prekäre Beschäftigung dem unterzuordnen. Auch diese Zusammenhänge sind, wohl auch weil sie einen antifeministischen Beigeschmack haben, eher tabuisiert und damit abgespalten.

Aber es geht nicht nur um die Prekarisierung der Arbeit, sondern auch um die ‚Prekarisierung der Sorge'. Das neoliberale Diktum der Selbstorganisation im Spannungsfeld von Risiko und Erfolg hat zur Privatisierung und damit zur Refamiliarisierung der Sorge beigetragen. Die Vermarktung von Sorgetätigkeiten wiederum lässt nur die vermarktbaren Anteile zum Zuge kommen. „Sorge und Sorgearbeit [sind] weiterhin der [...] für den kapitalistischen, aber auch andro- und eurozentristischen Herrschaftszusammenhang typischen Sorglosigkeit im Umgang mit der Verletzlichkeit und Kontingenz des Lebens anheimgegeben. [...] Sie wird privatisiert und personalisiert, wo gesellschaftliche

Verantwortung gefragt wäre .[…] Diese Konstellation haben wir im Blick, wenn wir davon sprechen, dass Sorge auch in den Gesellschaften, für die sie zwischenzeitlich vergleichsweise gesichert schien, in neuer Weise prekär geworden ist“ (Aulenbacher u. a. 2015: 61).

Die Soziale Arbeit gerät hier in eine doppelte Zangenlage zwischen der Prekarisierung der Arbeit und der Prekarisierung der Sorge. Sie wird im Zuge der Prekarisierung noch mehr in die Zwischenwelten hineingezogen, gesellschaftlicher Status und gesellschaftliche Anerkennung werden weiter gemindert. So kommt es zu einem Paradox: Je mehr die Soziale Arbeit, dadurch dass die Prekarisierung bis in die Mitte der Gesellschaft reicht, auch dort gebraucht wird, umso mehr wird ihre gesellschaftliche Notwendigkeit heruntergespielt.

Ethnisierung

Migrationsprobleme werden in der Regel als ethnische Probleme gedeutet, dass es aber soziale Probleme sind, wird meist übergangen, abgespalten. Die Soziale Arbeit aber ist damit konfrontiert. Sie trifft täglich auf die besonderen psychosozialen Bewältigungsprobleme von Migrant*innen. In dem inzwischen klassischen Satz zur Arbeitsmigration der 1960er Jahre – „wir haben Arbeitskräfte geholt und Menschen sind gekommen“ – spiegelt sich die Grundspannung des Sozialpolitischen in der Migrationsfrage bis heute wider: die Verwertungsinteressen des Kapitals auf der einen und die Würde und die sozialen Rechte der Menschen auf der anderen Seite. Den sozialpädagogischen Zugang zu den Lebens- und Bewältigungslagen von Migrant*innen kann man deshalb nicht über den ethnischen Bezug finden, sondern muss ihn zuvörderst über die sozialstrukturelle und die geschlechtsreflexive Dimension suchen. ‚Ethnisierung‘ verdeckt diese Dimensionen. Ökonomisch gesehen werden viele Asylanten als nutzlos betrachtet, zivilgesellschaftlich gesehen haben sie aber bürgerrechtliche Ansprüche. Die werden ihnen aber kaum gewährt. Daraus ergibt sich die Grundstruktur der Bewältigungslage vieler Asylsuchender: Gespaltene Anerkennung, Tabuisierung (Nichtthematisierung) und Stigmatisierung ihrer Situation, für sie undurchschaubare Abhängigkeitsstrukturen und Verwehrungen von Aneignungsmöglichkeiten. Sie fühlen sich als Gleiche und erfahren sich als Ungleiche, ja Ausgestoßene. Dieser Verwehrungszusammenhang und die damit einhergehende Einengung der Spielräume der Lebenslage wird (migrations-)biogafisch unterschiedlich erlebt. Dabei wird deutlich, dass die Migrant*innen in ihrem aus dieser prekären Bewältigungslage heraus freigesetztem Streben nach unbedingter biografischer Handlungsfähigkeit unterschiedliche Strategien entwickeln, die von demonstrativer Übersteigerung des ethnischen/religiösen Faktors über die Versuche der Verbindung von Herkunftskultur und teilweisem Anschluss an Bereiche der Einwanderungsgesellschaft bis hin zum Erwerb neuer Optionen, vor allem durch Bildung, reichen. Motor dabei ist immer die Wiedergewinnung von Selbstwert und Anerkennung. Von daher zeigen sich Migrant*innen subjektiv nicht als Opfer, sondern als getriebene bis bewusste Akteure. Der Sozialstaat puffert zwar die sozialen Folgewirkungen der Migration ab, erkennt ihnen aber nicht eine der einheimischen Sozialpolitik vergleichbare Relevanz zu. In der Ethnisierung wird der eigentlich sozialpolitische Zusammenhang abgespalten. Ethnisierung zeigt sich so als Strukturierung, in der sich die Subjekte in ihren Einstellungen und die Politik der Gesellschaft in ihrer gouvernementalen Strategie treffen.

Soziale Abgrenzung

Während der gesellschaftliche Zusammenhalt beschworen wird, scheint – so der mediale Tenor – die Abstiegsangst in der Mittelschicht und die damit verbundene soziale Abgrenzung gegenüber sozial benachteiligten Bevölkerungsgruppen zu wachsen. Das wird politisch kaum thematisiert, aber die Soziale Arbeit spürt es besonders. Soziale Abgrenzung kann eine Form der Abwehr und darin der Abspaltung bedeuten. Der ideologische Einklang zwischen einer sozialliberalen Mittelschicht, aus der heraus vor allem intellektuelle Bürger*innen das sozialstaatliche Programm der Bekämpfung sozialer Ungleichheit und der Unterstützung sozialer Randgruppen wohlwollend begleiteten und darin immer wieder aktivierten, ist heute schon fast Geschichte geworden. Die damaligen bürgerlichen Sympathisant*innen sind heute längst ins Rentenalter gekommen und trauern der sozialstaatlichen Modellpolitik der 1970er Jahre nach, die auch in den Krisen der 2010er Jahre nicht mehr so wie früher reanimiert werden kann. Eine wichtige Erfahrung in dieser damaligen Phase der Wohlfahrtsexpansion in Deutschland war, dass sozialstaatliche Programme dann durchgesetzt werden konnten, wenn sich auch die Mittelschichten etwas davon versprachen (vgl. Gaußmann 2001). Der historische Rückblick auf das letzte Jahrhundert zeigt, dass der Diskurs um die bürgerliche Mitte eine strategische Bedeutung für die Integrationsfrage der industriekapitalistischen Gesellschaft hatte und auch weiter für die Gesellschaft im digitalen Kapitalismus haben wird. Heute aber fühlen sich Teile der Mittelschicht selbst sozial bedroht. Die Angst vor dem Verlust sozialer Sicherheit und vor sozialem Abstieg geht um. Diese diffuse Angst wird schnell auf soziale Randgruppen projiziert, die man sich nun auf Abstand und vom Leibe halten will. So wie sich inzwischen Angehörige der Mittelschicht als Opfer begreifen, sehen sie auch Normalität und Sicherheit als Anker ihrer Lebensführung bedroht. So scheint – nach dieser These – manchen aus gerade jener Bürgerschicht, die in der wohlfahrtsstaatlichen Epoche den sozialen Ausgleich mitgetragen haben, inzwischen das Verständnis für die abzugehen, die sich vom Sozialstaat versorgen lassen müssen, Armutsrisiken werden heute bis in die Mitte der Gesellschaft hinein nicht mehr als Angst vor dem klassischen (materiellen) Armsein gespürt. Das können sich die meisten angesichts einer Konsumgesellschaft, die suggeriert, dass alles erreichbar ist, auch gar nicht mehr vorstellen. Es ist vielmehr die diffuse Furcht vor dem „Der Lage-nicht-mehr-gewachsen-Sein“, die die Leute berührt. Diese Furcht ist aber in unserer Gesellschaft weitgehend tabuisiert, findet keine öffentlichen Räume, in denen sie thematisiert werden kann. Im Gegenteil: Der gesellschaftliche Individualisierungs- und Segmentierungsprozess hat ein Sozialklima geschaffen, in dem die Einzelnen täglich immer wieder neu demonstrieren und kultivieren müssen, dass sie ‚dabei sind‘,

‚mithalten‘ können, keine Probleme haben oder zumindest in der Lage sind, sie nicht zu zeigen. Dies gilt durchaus auch für eine breite Schicht des unteren Mittelstandes, der – mit gewachsenem Konsumniveau und gestiegenen sozialem Sicherheitsbedürfnis – hart an den Kreditlinien entlang lebt und in dessen Eigenheimen die Angst nistet, unvorhergesehene Einbrüche, wie Krankheit, Erwerbslosigkeit oder der Ausfall eines familialen Mitverdieners, könnten zum Absturz in die Armut führen. In diesem ambivalenten Sozialklima – Risikopotenziale und Kultivierung des Problemlosen liegen eng beieinander – gedeihen regressive, die Handlungsfähigkeit einengende Einstellungs- und Sozialmuster als Abwehrmechanismen gegen ein befürchtetes soziales Absinken und Abgeschnittensein.

Soziale Abgrenzung zeigt sich auch in der Rede von einer „neuen Unterschicht“ (vgl. Kessl u. a. 2007), die sich in einer regressiven Sozialhilfekultur eingerichtet habe. Ins Visier ist die klassische Armutsklientel geraten, die es sich in einer für sie ‚komfortablen‘ Lage bequem gemacht habe. Denen komme man mit den herkömmlichen sozialen Versorgungs- und Dienstleistungen nicht mehr bei. Die klassische Angebotspolitik als Gewährungspolitik sei gescheitert, man müsse sanktionspolitisch intervenieren und den Leuten sozial und kulturell fordernd entgegentreten. Diese doppelte Entwertung – sowohl der Betroffenen als auch der Sozialen Arbeit – bleibt unthematisiert und gehört deshalb in die Reihe der gesellschaftlichen Abspaltungen.

Verschwiegene Seiten der Macht

„In der Diskussion der Sozialarbeit spielt das Thema der Verschränkung von Hilfe und Kontrolle, von Hilfe und Macht, den Part eines basso continuo. Dieses Verhältnis wird selten beschrieben, häufig beklagt, kritisiert, programmatisch abgelehnt oder verleugnet“ (Wortmann 1996: 1). Macht als Zwang, Repression und Ausgrenzung ist gesellschaftlich äußerlich. In den Zwischenwelten aber wirken Machtverhältnisse, die in der Struktur liegen, auch wenn sie nicht direkt von Personen oder Institutionen als Machtträgern ausgehen. Den Zugang zu dieser Zwischenwelt der Macht verschafft uns Michel Foucault (1976) mit seinem Konzept der „Mikrophysik der Macht". Es ist eine relationale Machttheorie, in der Macht als Netz vielfältiger Kräfteverhältnisse, als Geflecht verdeckter Praktiken erkannt ist. Da sie nicht an einen Ort gebunden sind, wirken sie in der Struktur und darin auf die Menschen ein. Nicht der Zwang und die Unterdrückung stehen deshalb im Vordergrund der Foucault'schen Machtanalyse, sondern die sozialisierende Kraft der Machtverhältnisse, die bis in die Identitätsbildung einwirken. So entstehen auch die Entsprechungen, wie sie für die Theorie der Strukturierung charakteristisch sind. Wie beim Externalisierungszwang der neoliberalen Ökonomie, der als Selbstzwang in den Individuen wirkt, schaffen sich gesellschaftliche Institutionen wie z. B. die Schule aber auch die Soziale Arbeit mit ihren Rollenzumutungen und Anpassungszwängen eigene Sozialcharaktere. Wichtig für Foucault ist, dass Machtverhältnisse nie total sind, sondern sich immer als Beziehungen herausbilden, in die sich prinzipiell freie Individuen fügen. So sind in Machtverhältnissen nicht nur Anpassungszwänge, sondern auch Möglichkeiten der Widerständigkeit enthalten.

Auch für die Soziale Arbeit lässt sich mit diesem Konzept ein verdecktes Kräftefeld der Macht beschreiben. Die Spurensuche der Macht beginnt hier damit, dass wir Hilfe nicht nur als äußeres hierarchisches Machtverhältnis erkennen, sondern ins Innere der Hilfebeziehung vordringen. Wir stoßen hier auf die Definitionsmacht in der Sphäre der Diagnostik, auf die Beziehungsmacht, die die Professionellen – oft nichtintentional – gegenüber den Klient*innen ausüben, die auf sie angewiesen sind und auf die Verfügungsmacht, die den Klientenstatus kennzeichnet, solange er nicht zum Bürgerstatus hin geöffnet ist. Wir erkennen mit diesem Zugang die gouvernementale Macht der sozialpädagogischen Organisationen, die mit der Abhängigkeit der Klient*innen ‚regieren'. Wir entdecken aber auch subtile Formen des Widerstands, der sich zumindest darin äußert, dass sich Klient*innen gegenüber dem sozialpädagogischen Zugriff verweigern.

Mit der Digitalisierung ist ein neues – nun parasoziales – Kräftefeld der Macht entstanden. „Im 21. Jahrhundert [steht] das

Überwachungskapital der Gesamtheit unserer Gesellschaft gegenüber, bis hinab zur und zum letzten Einzelnen. Der Wettbewerb um Überwachungserträge zielt auf unsere Körper, unsere Kinder, unsere Zuhause, unsere Städte und fordert so in einer gewaltigen Schlacht um Macht und Profit die menschliche Autonomie und demokratische Souveränität heraus. Wir dürfen uns den Überwachungskapitalismus nicht als etwas irgendwo da draußen, in den Fabriken und Büros einer vergangenen Ära vorstellen. Vielmehr sind seine Ziele wie seine Auswirkungen *hier* – seine Ziele wie seine Folgen sind *wir*“ (Zuboff 2019: 4). Denn nun werden auch die Lebensbereiche und Lebenstätigkeiten außerhalb des Marktes in marktfähige Waren verwandelt. Menschliche Erfahrungen und menschliches Verhalten gehen in Daten ein, die nicht nur der aktuellen Konzeption von marktfähigen Produkten und Dienstleistungen dienen, sondern auch zukunftsfähige Marktoptionen aus der Masse dieser Internetdaten extrahieren können. Nach der hier wirkenden kapitalistischen Logik entwickelt sich nun eine völlig zunehmende „Intensität des Wettbewerbs um Vorhersageprodukte. […] Wir sehen uns in der Falle einer ungewollten Fusion persönlicher Bedürfnisse und ökonomischer Enteignung. […] Es genügt nicht länger, den Informationsfluss über uns zu automatisieren, das Ziel besteht nun darin, uns zu automatisieren“ (ebd.).

Günter Voß (2019; vgl. auch Voß 2020) nennt das „Lifegrabbing“. Damit ist gemeint, dass die in digitalen Nutzungszusammenhängen aufscheinenden Lebensäußerungen technologisch extrahiert und in Warenform übertragen werden. Nicht also nur das sozial gerichtete Verhalten sondern die Gesamtheit der erkennbaren habituellen Äußerungen werden aufgenommen. Voß sieht die Nutzer*innen digitaler Technologien in diesem Sinne als „arbeitende Nutzer“ als Lieferanten ihrer Lebensdaten, wobei der Begriff ausliefern die Sache eher trifft. Wenn man sich die neue, für die Nutzer*innen letztlich unüberschaubare Welt der Social Media anschaut, aber auch die Flut der abgerufenen Informationen, dann kann man sich vielleicht vorstellen, wie mit neuen Technologien der Extraktion und Vernetzung Figurationen des alltäglichen Lebens und biografisch-soziale Prognosen ermittelt werden können, die für die Vermarktung, ja Steuerung menschlichen Verhaltens einsetzbar sind. Hier ist eine neue Figur von Arbeit entstanden, eine Arbeitskraft, der sich die arbeitenden Nutzer*innen meist gar nicht so richtig bewusst sind, die aber vom Aspekt der kapitalistischen Wertschöpfung her gesehen, verwertbare Arbeit ist, die den Besitzenden dieser Arbeitskraft enteignet wird. Die digitale Transformation hat eine neue Form des Kapitalismus gebracht, jedoch keinen grundsätzlich anderen Kapitalismus. Er hat sich aber intensiviert. Die kapitalistische Logik von Privateigentum, Markt und Profit hat sich nicht verändert. Die Dialektik der Angewiesenheit gilt im Grunde weiter, als Machtverhältnis ist sie aber aus den Fugen geraten. Auf der einen Seite ist die Angewiesenheit der digitalen Konzerne auf die arbeitenden Nutzer*innen offensichtlich, andererseits hat sich noch keine sozial-digitale Gegenidee so ausgebildet, dass sie entsprechende soziale Bewegungen aufladen kann. Auch hier geht es, wie im klassischen Konflikt zwischen Arbeit und Kapital, um Enteignung und Rückgewinnung des Eigenen. Voß spricht vom „Kampf gegen eine überbordende Dominanz der abstrakt-ökonomischen Logik in Gesellschaft und Alltag“ und plädiert für eine Verweigerungshaltung bei den Nutzern (Voß 2019: 18). Wenn sich diese individuellen Gegenkräfte zu Milieus verdichten und verstetigen können, kann sich eine widerständige Dialektik der Angewiesenheit in Bewegung setzen.

Wenn wir die Grundstruktur dieser Kritik auf die heutige Soziale Arbeit anwenden, dann wird auch hier die Ambivalenz der Digitalisierung deutlich. Denn der Vorteil digitalisierter Verfahren etwa in der Erweiterung, Vernetzung und Nutzerfreundlichkeit der Angebote ist nur die äußere Fassade. Abgespalten in die Zwischenwelt ist auch hier die Gefahr eines „life grabbing“, das die Klient*innen mit und in ihren Daten selbst enteignet, wenn die Lebensäußerungen der Klient*innen technologisch extrahiert und zu ‚verwaltungsfähigen‘ Daten werden. Wenn im Fachdiskurs zu Digitalisierung der Sozialarbeit davon gesprochen wird, dass es in Zukunft um die „intelligente Nutzung der vorhandenen Daten und ihre Veredelung zu steuerungsrelevanten Informationen“ gehen wird (Kreidenweis 2019: 9), dann sind wir schon beim Regieren durch Daten, in dem die lebendigen Erfahrungen der Betroffenen nicht mehr zum Zuge kommen. Ziel ist die Marktfähigkeit. Die unhinterfragte digitale Beschleunigung, die Ökonomisierung der Sozialen Arbeit, die zentrale Verwertung der Daten der Professionellen, die konsumtive Einordnung der Klient*innen in das vorgesetzte, nun digitalisierte Angebotssystem führt zur Enteignung der Klient*innen wie der Professionellen. Das Internet – so die digitalkritische Diskussion – sollte deshalb zu den Commons gehören, zu einem gemeineigenen Gut werden, das von den profitorientierten ‚digitalen Monopolisten' wie z. B. Google und Facebook gleichsam enteignet worden ist. Dies ist die Vision des Internets als Medium, das von einer gemeinwohlorientierten Open-Source-Philosophie getragen sein sollte. Das heißt, es würde zur Infrastruktur werden, auf die alle zugreifen können. Das bedeutet, für die Soziale Arbeit, dass vor allem den Sozialarbeiter*innen eine aktive Rolle bei der Erbringung und Verwertung der Daten eingeräumt wird und diese für die betreffenden Klient*innen transparent und einspruchsoffen sind.

Subjektive Abspaltungsformen

In unserem gesellschaftstheoretischen Zusammenhang geht es um die emotionalen Abspaltungen der Subjekte, die einen gesellschaftlichen Bezug aufweisen. Durch diesen Bezug werden sie zu Strukturierungen und damit zu rekursiven Formen doppelter Abspaltung: Sie entstehen aus der Hilflosigkeit der Subjekte und treffen auf eine Gesellschaft, die ihnen hilflos gegenübersteht, ihr Leiden nicht als soziales Problem erkennen und integrieren kann und damit selbst zur Abspaltung ‚gezwungen' ist. So ist *Armut* zwar sozialpolitisch im Wohlfahrtssystem reguliert, die *Scham* aber, arm in einer reichen Gesellschaft zu sein, ist gesellschaftlich abgespalten. *Hass* ist eine Zone der Abspaltung, in der Selbstwertkrisen und Integrationskrisen verschmelzen. *Gewalt* ist gesellschaftlich sanktioniert, aber gleichzeitig bei manchen zur verdeckten *Lebensform* geworden. Trotz politischer Integrationsbeschwörungen grassiert in den Zwischenwelten eine *rassistische Dividende*, eine Abspaltung, in der die Gleichheit und Gleichberechtigung von Migrant*innen und Asylbewerber*innen trotz menschenrechtlichem Gleichheitspostulat unter der Hand geleugnet wird. Indem die *Depression* sozial und gesellschaftlich verankert ist, diese Verankerung aber geleugnet und abgespalten wird, ist sie zum verbreiteten Leiden in den Zwischenwelten geworden. Dass Alkohol-*Sucht* zu einer Familienkrankheit werden kann, ist bei den Betroffenen genauso verdrängt wie gesellschaftlich abgespalten. *Sozialneid* verweist auf Strukturen sozialer Ungleichheit. Der Risikocharakter der neokapitalistischen Wirtschaftsorganisation kann bei den Menschen nicht nur *Angst* erzeugen, sondern rückt auch Angst als Faktor gesellschaftlicher Kontrolle in ein kritisches Licht.

Schuld und Scham

Schuld zeigt sich im sozialpädagogischen Hilfekosmos vor allem als weiblich konnotierter Habitus, der sich vor dem Hintergrund der geschlechtshierarchischen Arbeitsteilung entwickelt hat, aber von diesem gesellschaftlichen Zusammenhang abgespalten und somit privatisiert ist. Die damit verbundene gesellschaftliche Entwertung geht in die subjektive Selbstentwertung ein. Von Frauen – z. B. im Pflegebereich – wird unter der Hand erwartet, dass sie ihre Weiblichkeit als Ressource einbringen – ohne dass diese in Anerkennung oder offizielle Bewertungen einfließen würde. Ihr entsprechendes Engagement wird dann oft als ‚nicht richtige Arbeit' beschrieben, aber doch als selbstverständliche Leistung erwartet und moralisch hoch veranschlagt. Care-Haltung wird unter diesen Bedingungen zur Falle. Denn dieser ambivalente soziale Erwartungs- und Zumutungskontext, in dem weibliches Bewältigungsverhalten steht, bildet sich bei vielen Frauen psychodynamisch als innerer Konflikt ab. Indem Frauen mehr in Beziehungen denken, suchen sie Konflikte und Mängel auch eher im Beziehungsbereich und geraten damit zwangsläufig in den Sog, die Fehler erst dort und dann bei sich zu suchen. In Konfliktsituationen sind sie oft verunsichert, welche Ansprüche sie für sich und an ihre sozialen Beziehungen stellen sollen, da sie sich gleich den Kopf über die Probleme anderer mit zerbrechen. Hier zeigt sich ein Grundmuster weiblichen Bewältigungsverhaltens in Konflikt- und Krisensituationen: Frauen tendieren dazu, das Problem erst nach innen zu nehmen und zu bearbeiten und es dann erst wieder nach außen zu geben, anstatt einen Punkt zu setzen und die Grenzen gleich nach außen zu signalisieren. So nehmen sie den Konflikt in sich hinein, entwickeln entsprechende *Schuldgefühle* und bringen sich damit wieder um ihre Eigenständigkeit im offenen Konfliktaustausch anderen gegenüber, sie machen es von Anfang an zu *ihrem* Konflikt. Sie spalten diese Schuldgefühle nach innen ab, sodass sie sich noch mehr für andere verantwortlich oder gar schuldig fühlen: Schuld ist zum Kristallisationspunkt der Beratung von Frauen geworden. Im Mittelpunkt steht die Lösung aus der Abhängigkeit, die Schuld erzeugt. Da Frauen meist viel zu spät in den Konflikt gehen, sich zurücknehmen, ist es wichtig, den Fall aus ihrer Sicht und ihrem Interesse und nicht aus der Sorge um die anderen zu ordnen und ihnen so zur Selbstständigkeit in Wahrnehmung und Empfindung zu verhelfen. Angesichts dieses offensichtlich subjektiven Schuldempfindens, ist es nicht einfach, einen gesellschaftlichen Hintergrund dafür zu finden. Es ist aber wieder das System der geschlechtshierarchischen Arbeitsteilung, in das diese weibliche Schuld eingelassen ist. Sie entwickelt sich aus dem Zusammenspiel von gesellschaftlich hochgehaltenem Mutterbild und niedrig bewerteter Familienarbeit. Das Resultat dieses Zusammenspiels ist die vorausgesetzte Selbstverständlichkeit, die gescheiterte Mütter nicht einlösen können und an der sie dann verzweifeln. Persönliche Selbstentwertung und gesellschaftlich generierte Versagensangst gehen ineinander über.

Schuld und *Scham* liegen eng beieinander. In der Scham steckt die Schuldübernahme, pathologische Scham ist Ausdruck des Verlusts der Würde. Dies wird durch Beschämung sozial forciert. Die soziale Blöße tritt hervor. Scham gilt dementsprechend als soziales Konstrukt, das mit Strukturen sozialer Ungleichheit, vor allem mit Armut, korreliert (Becker 2011: 152). Dass Armut sich in einem reichen Land und seinem Sozialstaat festgesetzt hat und alimentiert wird, nährt den Verdacht, dass es sich um ‚nützliche Arme' handelt, d. h. um ‚überflüssige Menschen', für die der Arbeitsmarkt keine Verwendung hat, die aber irgendwie integriert, aber auch diszipliniert werden müssen (vgl. Wagner 1982). Das aber ist ein Tabu, das abgespalten ist.

Dass Armutspolitik auch Beschämungspolitik ist, ist in Deutschland vor allem an den Hartz IV-Gesetzen diskutiert worden. Armut habe im Sozialstaat nicht nur eine disziplinierende, sondern auch eine machterhaltende Funktion, indem bei den Betroffenen Ohnmacht und bei der Mehrheitsbevölkerung Selbstbestätigung und soziale Abgrenzung erzeugt wird. Damit wird die sozialstrukturelle Ausgangslage in die innerpsychischen Zonen des Selbstzweifels verschoben. „In einer Gesellschaft, in der sozialer Status – scheinbar oder tatsächlich – auf Eigenleistung basiert und zugleich als Anerkennungsressource dient, wird niedriger sozialer Status […] als persönlicher Misserfolg gedeutet. Für ihren vermeintlichen Misserfolg werden die Betroffenen verantwortlich gemacht, die diese Sichtweise oftmals teilen […] Gleichwohl bleibt Scham eine schwer darstellbare Emotion in einer von Erfolgs- und Leistungsprinzip geprägten Gesellschaft" (Becker/Gulyas 2012: 88). Scham resultiert nach Sighard Neckel aus der Wahrnehmung und Empfindung von sozialer Ungleichheit, die durch Beschämung als Ausübung von Macht immer wieder reproduziert wird. Scham beschädigt nicht nur das Selbstbewusstsein und das Selbstwertgefühl der Betroffenen, „sondern sie führt dazu, dass sich Menschen möglichst konform verhalten, mutlos agieren und kein eigenverantwortliches, reflektiertes Verhalten mehr praktizieren" (Neckel 1991: 95). Sie sind nicht mehr als Akteure erkennbar.

Stefan Selke hat in seiner ethnografischen Reise durch das „Schamland" Deutschland Frauen und Männer interviewt, die von der Versorgung durch Tafeln abhängig sind. Dabei werden auch die geschlechtsdifferenten Ausprägungen der Scham deutlich: „Die Frauen schaffen es alle, mit ihrer Situation zurecht zu kommen. Das liegt jedoch nicht daran, dass diese erträglich ist, sondern nur daran, dass sie gelernt haben, sie zu ertragen. Denn trotz der Scham schweigen sie die eigene Armut einfach weg.

Frau M. ist dafür ein gutes Beispiel. ‚Ich habe immer sehr viel Kummer gehabt in meinem Leben' sagt sie, ‚aber ich trage es nicht nach außen'. [...] Eines erzählt sie mir noch, einen Wunsch möchte sie loswerden. ‚Ich würde gerne wieder Autofahren. Ich musste mein Auto abgeben. So einfach mal von A nach B fahren, das wäre schön. Sich einfach reinsetzen, losfahren. Und dann an der Kreuzung entscheiden, fahre ich gerade aus, links oder rechts'" (Selke 2013: 113).

Ein weiteres Merkmal, das er herausarbeiten konnte, ist die Verengung der räumlichen Mobilität, die schleichende Verhäuslichung in der Scham. „Einer meiner Gesprächspartner besitzt ein Rentner-Ticket. Er berichtete mir von seiner besonderen Reise. Er wollte sich selbst davon vergewissern, dass es noch eine Welt ‚da draußen' gibt. Also hatte er einen Ausflug gemacht – in die nächste größere Stadt, 50 km entfernt. ‚Ich habe mich morgens in den Zug gesetzt, bin in die Stadt gefahren, habe geguckt. Und tatsächlich: das gibt es ja! Und dann bin ich wieder zurückgefahren'" (Selke 2013: 75). Auch bei diesen Beispielen zeigt sich Scham als eine Strukturierung, in der gesellschaftliche und subjektive Faktoren ineinander spielen. Geschlechtshierarchische Arbeitsteilung, Armut in einer reichen Gesellschaft und Mithaltezwang sind die gesellschaftlichen Hintergründe, die hier zur Selbstentwertung und Selbstaufgabe führen können. Anerkennung und Respekt ist hier der erste Weg, auf dem die Soziale Arbeit mit ihren Hilfen gehen muss (s. u.). Soziale Scham hat ihren gesellschaftlichen Hintergrund in einem doppelten Beschämungsregime. Da ist zum einen die Stigmatisierung, arm in einer reichen Gesellschaft zu sein. Zum Zweiten die Armutspolitik, die in ihrem Kontroll- und Repressionscharakter diese Stigmatisierung sanktioniert. Scham wird dadurch zu einer Strukturierung, in die die Betroffenen geradezu hineingezogen werden.

Selke hat seinem Report ein Zitat von Oscar Wilde vorangestellt, in dem Scham als Strukturierung treffend erfasst ist: Die Armen "fühlen, dass die Wohltätigkeit eine lächerlich ungenügende Form der Rückerstattung ist oder eine gefühlvolle Spende, die gewöhnlich von einem unverschämten Versuch seitens der Gefühlvollen begleitet ist, in ihr Privatleben einzugreifen". Empathie ohne Respekt, denn Respekt würde Gegenseitigkeit bedeuten. Was gut gemeint ist, wirkt beschämend. Hier hat sich – so auch Selkes Interpretation – ein privates Wohlfahrtssystem im Schatten des Sozialstaats entwickelt, dessen armutsökonomische Zwischenwelt nicht sichtbar ist, weil sie durch die Scham der Betroffenen verborgen ist. Der Begriff Armutsökonomie will in diesem Zusammenhang sagen, dass sich hier ein sekundäres ökonomisches ‚Sorgesystem' so entwickelt und etabliert hat, dass wir es schon als Teil unseres Wohlfahrtssystems betrachten, obwohl es patrimonial (Selke: „nach Gutsherrenart") organisiert ist und eben keine sozialen Anrechte enthält. Diese Kritik soll keinesfalls die Notlage der Betroffenen in Abrede stellen, noch das Engagement der Ehrenamtlichen diskriminieren. Aber der Anstrich des Zivilgesellschaftlichen, den die Tafeln und Suppenküchen inzwischen erhalten haben, verdeckt die wirkliche Befindlichkeit der Betroffenen, schiebt sie in die Zwischenwelt. Armut erscheint nun als alltägliche, ‚normale' Existenzform auch im Wohlfahrtsstaat. Deshalb ist es inzwischen auch für die Soziale Arbeit schwieriger geworden, Armut zu skandalisieren.

Hass und Fremdenhass

Hate Speech im Internet wird öffentlich gebrandmarkt, dass aber der Hass in unserer Gesellschaft sozial tiefer liegt, wird meist übergangen. Der Hass als extreme Form der Abspaltung gründet im Selbsthass. Die Abspaltung Hass entwickelt sich sowohl im Sozialisationsprozess als tiefe Krise des Selbstwerts als auch gesellschaftlich im Kontext von Integrationskrisen. Beides kann zusammenwirken. Hass ist die Emotion der Spaltungen. Ein gespaltenes Selbst mit einer gespaltenen Gesellschaft im Hintergrund. Hass ist Rache für erlittene Demütigungen und Erniedrigungen quer durch alle Lebensalter, Abwehr vor dem Hintergrund des Erlittenen, Zerstörungsdrang gegen die, die das Erlittene wieder hochkommen lassen. Wer in der Kindheit so gedemütigt wurde, dass er/sie keine Chance hatte, das Eigene zu spüren und anerkannt zu bekommen, wer deshalb nur das fühlen konnte, was verlangt wurde, bei dem/der ist der Selbsthass nicht weit. Je mehr – so Arno Gruen (1992) – das, was aus dem Selbst kommt, verwehrt und von der sozialen Umwelt – beginnend mit der Erziehung – „als Feind der sozialen Anpassung“ abgestempelt wird, je mehr erfahren und in der Wiederholung gelernt wird, dass im Grunde nichts in einem selbst ist, desto eher beginnt man selbst, diese eigenen Gefühle zu unterdrücken, zu fürchten oder gar zu hassen. Man wird zum Feind seiner selbst, der Hass auf andere zur Abwehr und Projektion dieses Selbsthasses. Vernichtungsphantasien können die Folge sein.

Erschreckend ist der Frauenhass, der gegenwärtig in vielen Hass-Postings im Internet schrillt. Er trifft vor allem Frauen, die sich sozial und politisch liberal bis links engagieren. Der Verweis auf die Resistenz der maskulinen Dividende, wie es oben beschrieben wurde, und die damit verbundenen abwertenden und aggressiven Abspaltungen angesichts der Emanzipation der Frau, reicht hier nicht aus. Es sind ja nicht selten männliche Vernichtungs- und Vergewaltigungsphantasien, die da aufbrechen. Männer fühlen sich in ihrer männlichen Identität getroffen, gleichsam erniedrigt und spalten diese Erniedrigung auf Frauen ab. Dies erinnert fatal an die Vergewaltigungen in Kriegen, mit denen der (männliche) Feind besonders erniedrigt werden soll (vgl. Theweleit 2019). Jetzt ist es der Hass auf die demonstrierte Gleichheit und Souveränität von Frauen, der mit dem Hass auf das gesellschaftliche System, das diese Geschlechtergleichheit und weibliche Souveränität ermöglicht, verschmilzt. Diese Verbindung, die sexistische Kriegserklärung an das demokratische System, ist alarmierend. Der Philosoph Peter Strasser (2017) spricht von „frei flottierendem Hass“. Mit der Erosion bis Auflösung sozialmoralischer Milieus sei ein moralisches Vakuum entstanden, in dem Hass flottiert und verwildert. Auch hier gibt es wieder Entsprechungen: die im Internet kursierende Hasssprache hat auch deshalb Erfolg, weil der gesellschaftliche Diskurs sie ermöglicht, d. h., weil statt sozialer Konflikte soziale Tabus und darin Abspaltungen diesen Diskurs durchziehen.

Auf einer anderen Ebene liegen die empfundenen und tief sitzenden gesellschaftlichen Demütigungen, aus denen kollektiver Hass entstehen kann. Überrascht war man in der westdeutschen

Öffentlichkeit, als 30 Jahre nach der Wende, Teile der ostdeutschen Bevölkerung zu rechten Protestwählern wurden und nicht wenige von ihnen ihren Hass auf das (westdeutsche) demokratische System offen demonstrierten. Hatte man doch geglaubt, die Teilhabe an der Konsumgesellschaft habe die Integration der Ostdeutschen in die bundesdeutsche Gesellschaft längst befördert. Dass Entwertung bis hin zur Demütigung weiter schwelten und nun ihren Ausbruch suchten, darauf war man nicht gefasst. Unterlegene sind nicht nur hilflos, sie hassen sich, dass sie das, was an ihnen geschehen ist, zulassen mussten. Selbsthass ist schrankenlos und deshalb nicht mehr kontrollierbar, geschweige denn argumentativ zurückweisbar. Bewältigungsdilemmata und Integrationsdilemma fließen hier in der zwischenweltlichen Zone des Hasses zusammen.

Mit dem Begriff der rassistischen oder kolonialen Dividende, die den Fremdenhass beflügelt, ist gemeint, dass man sich als deutscher Mann oder deutsche Frau afrikanischen oder asiatischen Männern und Frauen gegenüber ‚naturgemäß' als überlegen fühlt. In ihr zeigt sich die Abwehr gegen eine Integrationsaufforderung, die Einheimische und Migrant*innen als Gleiche voraussetzt. Die rassistische Dividende ist also eine Abspaltung der Furcht, gegenüber den Migrant*innen die soziale Distanz und damit die eigene Identität zu verlieren, wenn sie sie als gleichwertig anerkennen. Eng verbunden mit der rassistischen Dividende ist die koloniale Dividende, mit der fremde Völker weiterhin als unterentwickelt und als Opfer denn als Ebenbürtige und aktiv Handelnde gesehen werden. Diese Abspaltungen zirkulieren im Hintergrund der offiziellen Beschwörungen von Gleichheit und Respekt gegenüber diesen anderen Völkern. Die Abspaltungen sind aber auch gesellschaftlich, denn die Notwendigkeit einer integrierten Sozialpolitik, die Migrant*innen auf dieselbe sozialpolitische Stufe stellt wie die Einheimischen, wird ignoriert. Das Ethnische wird statt dem Sozialen betont (s. o.). Auch hier sollen die Migrant*innen auf Distanz gehalten werden.

Warum aber plötzlich wieder Fremdenhass und Antisemitismus? Sie erhalten zum einen dadurch wieder Nahrung, dass ein neuer Typ von Migrant*innen und Migranten in Europa auftritt, der nicht mehr in das traditionelle Bild der Arbeitsmigrant*innen passt. Arbeitsmigrant*innen waren und sind kalkulierbar. Sie müssen sich in die heimische Struktur der Arbeitsgesellschaft funktional integrieren und stellen in der Regel keine Statusbedrohung dar, weil die Mehrheit von ihnen die Unterschicht der Gesellschaft bildet. So waren sie subkulturell eingegrenzt. Hier wirkte und beruhigte die koloniale Dividende als ‚natürliches' Überlegenheitsgefühl, das keinen Hass brauchte. ‚Wirtschafts-' und ‚Hungerflüchtlinge' als Migrant*innen neuen Typs hingegen kommen nicht nur als Leute, die sich in der Arbeit unterordnen wollen, um materiell besser als in ihrem Heimatland gestellt zu sein und um ihre Verwandten transnational unterstützen zu können. Sie berufen sich vielmehr – zumindest implizit – auf konkrete Menschen- und Asylrechte und kommen in dieser Legitimation als Gleiche zu uns. Die Globalisierung bringt die vorher nur abstrakten Gleichen, die bislang nur rhetorisch in Religion und Bildung als ferne Gleiche existierten, gleichsam vor die Haustür. Und die sozialstaatliche Politik stellt sie auch gleich und das wird gerade von den Menschen als Demütigung empfunden, die sich selbst sozial benachteiligt sehen. Sie fühlen sich so in eine noch tiefere soziale Benachteiligung gezogen. Im Vergleich mit diesen neuen, scheinbar bevorzugten Gruppen ist man nun recht wertlos. Gefährlich ist, dass sich solch abgespaltener Fremdenhass mit antisemitischen Assoziationen verbinden kann, da der neue Antisemitismus in denselben Intermundien flottiert, in denen sich der Ausländerhass bewegt. Eine antisemitische Zwischenwelt mit unterschiedlicher Anziehungskraft ist entstanden. Auch die deutschen Rechten können so die nationalhistorische Schuld- und Schambarriere übersteigen und sich sowohl in die antizionistische wie islamfeindliche Linie einklinken. So werden antisemitisch-fremdenfeindliche Konstrukte entschärft und populistisch verfügbar.

Die Soziale Arbeit ist oft mit schrankenlosem Hass konfrontiert. Sie muss den Selbsthass bezwingen, in prosoziale Selbstwirksamkeit und damit Selbstwert umwandeln können. Milieubildung und funktionale Äquivalente (vgl. Böhnisch 2016) sind Mittel, um diesen Hass ‚abbinden' und so ‚stellen' und demaskieren zu können, dass er aus der Zwischenwelt herausgeholt werden kann. „Der Hass ist das Gegenteil von Gleichgültigkeit." Er drückt die Gegenseitigkeit der Beteiligten, „als auch ihre antagonistische Einheit aus" (Flam 2002: 27). Diese Erkenntnis macht den Hass sozialpädagogisch zugänglich. Längst klassisches Beispiel dafür ist das US-amerikanische Projekt „Kinder, die hassen" (Redl/Winemann 1993), das von der sozialtherapeutischen Arbeit mit Kindern und Jugendlichen berichtet, bei denen die Auflösung der Selbstkontrolle und die hartnäckige Abwehr gegenüber Zuwendungsversuchen zu einer Hassblockade geführt haben. Klient*innen die bisher immer Erniedrigung erfahren haben, reagieren oft schockartig – so beschreiben es Redl/Winemann auch bei ihren Jugendlichen – auf die Zuwendung der Sozialarbeiter*innen. Bewältigungstheoretisch interpretiert, werden sie angesichts dieser nie gekannten Zuwendung hilflos, spalten diese Hilflosigkeit erst einmal als neuen Hass auf die Sozialarbeiter*innen ab. Erst die in kontinuierlicher Begleitung erkannte Vermutung, dass es sich um Abspaltungen handelt, hinter denen die traumatischen Erfahrungen von Vernachlässigung und Verletzung liegen und – trotz aller Abwehr – dennoch Sehnsucht nach Zugehörigkeit vorhanden ist, konnte Zugänge zu diesen Kindern und Jugendlichen möglich werden. Ein Beweis dafür, dass die Sozialarbeit Kontinuität garantierende Strukturen aufbauen muss, wenn sie der Schrankenlosigkeit der zwischenweltlichen Emotionen etwas entgegensetzen will. In der Jugendarbeit kommt der Abwehr der Hasssprache eine besondere Bedeutung zu. Die Pubertät ist ja eine fragile Phase der Identitätsfindung, in der Abspaltungen innerer Unsicherheit mit sprachlich aggressiven Projektionen verbunden sind. Es sind sprachliche Handlungen und darin Identitäten, die deshalb gerade nicht durch ein Sprechverbot verändert werden können (vgl. Butler 2006). Deshalb ist es notwendig, die Hasssprache zu dekontextualisieren, die Tabus in gegenseitig sprechbare Konflikte zu überführen und so aus den Zwischenwelten herausholen. Dekontextualisieren kann auch heißen, die Hassgebiete selbst zu besetzen und damit zu entwerten. Judith Butler (ebd.) hat dies am Beispiel der Dekontextualisierung der Homophobie, des Schwulenhasses, beschrieben. Indem die Schwulenszene das Stigma

‚schwul' als positive Selbstzuschreibung übernommen und entsprechend inszeniert hat, war die Luft aus diesem Hassballon mit der Zeit heraus. Ähnliche Dekontextualisierungen erleben wir, wenn auch erst ansatzweise, beim Fremdenhass, so wie dies z. B. die Rapper-Szene inszeniert, die gerade für solche aggressive Jugendliche attraktiv ist. Auch hier müssen Identitäten aufgebrochen werden, denn der Fremdenhass verspricht selbstwertgestörten Menschen eine rassistische Dividende und damit einen Selbstwertgewinn.

Angst

Die Corona-Krise der Jahre 2020/21 hat mit voller Wucht an den Tag gebracht, was sonst in einer Erfolgsgesellschaft verdrängt ist. Die Gesellschaft wurde zu einer ‚Gefährdetengesellschaft', die Menschen wurden zum Rückzug ins Private gezwungen. Die neoliberale Ideologie, in der unter dem Diktat der Deregulierung die kollektive Verantwortung dem Risiko gewichen ist und unter dem Signum der Selbstverantwortung die Einzelnen ihre Risiken, eben auch die sozialen, selbst tragen müssen, hat versagt. Es ist eng geworden in dieser Gesellschaft, sowohl für das Soziale als auch für die Menschen. Angst aber gilt nicht in der neoliberalen Ideologie, es gilt nur das Risiko in seiner dort positiven Bedeutung als Wagnis. Angst hingegen ist ein Tabu, in die Zwischenwelt verbannt.

Hier wird Angst als Strukturierung deutlich. Gesellschaftlich auftretende Risiken wie Arbeitslosigkeit, atomare Bedrohung, Klimakatastrophe oder Armut erzeugen Angst. Diese gesellschaftliche Angstproduktion wiederum kann zu kollektiver wie individueller Hilflosigkeit führen, die abgespalten werden muss. Diesen Abspaltungsvorgang kann man sich in der Weise vorstellen, dass diffuse Angst in ein konkretes Furchtszenario übersetzt wird, das dann Entlastung bringt (vgl. Koch 2013). Ein solches Furchtszenario erleben wir als Ausländerfeindlichkeit, aber auch in den hausgemachten Verschwörungstheorien.

In der Sozialen Arbeit haben wir es mit Menschen zu tun, die in der eigenen Klemme stecken, weil sie aus der sozialen Enge der

Gesellschaft kommen. So sprichwörtlich körperlich-räumlich kann man diese Strukturierung Angst ausdrücken. Zygmunt Bauman spitzt zu : „Von allen Dämonen, die sich in den offenen Gesellschaften unserer Zeit eingenistet haben, ist die Angst wohl der hinterhältigste. Es sind jedoch die Unsicherheit der Gegenwart und die Ungewissheit der Zukunft, [...] die unsere Ängste hervorrufen“ (Bauman 2008: 43). Angst als kritisches Moment finden wir auch in Elias' Zivilisationstheorie; sie gefährdet die Affektkontrolle und stört somit den zivilisatorischen Prozess der Emanzipation.

In den meisten soziologischen Ansätzen zur Angst steht die ambivalente Aufforderung der neokapitalistischen Gesellschaft, die sozialen Risiken selbst zu tragen, sich aber gleichzeitig selbst zu verwirklichen, als Versagensangst im Mittelpunkt (vgl. Ahrens 2013). Eva Illouz (2009) spricht vom „angstbewehrten Projekt gesellschaftlicher Integration“. Auf der Persönlichkeitsebene wiederum ist Angst eine ähnlich endothyme Emotion wie Verletzlichkeit, die sensibel ist für kritische Signale aus der Gesellschaft. Aus ihr erwächst Hilflosigkeit, die abgespalten werden muss und die den Sozialarbeiter*innen in diesen Abspaltungen – Gewalt, Schuld, Hass, Depression – begegnet. Die Angst der Mutter, keine gute Mutter sein zu können, die Angst des Jugendlichen, der Gruppe nicht zu genügen oder die Angst des Schülers, in der Klasse stigmatisiert zu werden. Vor dem Zwang zur Selbstverwirklichung steht immer die Angst, zu versagen.

Angst als Strukturierung kommt auch in dem Spannungsbogen „Angst machen und Angst haben“ (Balzereit/Cremer-Schäfer 2018) zum Ausdruck. Angst wird hier als Herrschafts- und Kontrollmoment thematisiert. Vor allem die Jugend als Problem- und Risikogruppe war (nicht nur) in Deutschland immer wieder in ein institutionelles und mediales Netz von Etikettierungen und sozial negativen Zuordnungen gezogen worden und Herrschaftstechniken des Angst-Machens ausgesetzt. In diesem Angstkonzert spielte auch die Soziale Arbeit immer wieder mit. „Soziale Angst ist demnach [...] nicht als ein soziales Gefühl zu bestimmen, sondern vielmehr als eine unangemessene und interessiert in die Welt gesetzte Form der Bearbeitung gesellschaftlicher, politischer und sozialer Krisen. Sie enthält zudem eine Verschiebung der Konfliktaustragung […] auf der Ebene von Personen" (ebd.: 56).

Depression

„Das Wesen einer *Depression* besteht in einer unerklärlichen Schwermut, die mit einem quälenden Empfinden von Leere, Sinnlosigkeit und Erschöpfung einhergeht. Typische Kennzeichen sind Niedergeschlagenheit, Antriebsverlust, Ängste, Grübeleien und Müdigkeit. […] Die Depression als Erkrankung der ganzen Person erstreckt sich nicht nur auf die Gemütsverfassung, sondern auch auf geistig-intellektuelle Funktionen wie das Denken, Beurteilen, Vorstellen, Erinnern, Schlussfolgern und Planen" (Flam 2002: 29 f.). Depressive Erkrankungen zeigen typische Geschlechtsdifferenzen im Erleben und Verhalten. Bei Männern eher als „Versagensangst, Gereiztheit, Aggressivität, Sucht, in einem exzessiven Spielen oder riskanten Lebensstil. Frauen tendieren eher zu Inaktivität und Rückzug, Hilflosigkeit und Anklammern, Grübeleien und Selbstvorwürfen" (ebd.: 36). Depression ist eine Abspaltung nach innen.

Deutlich wird in diesen Beschreibungen die multiple Überforderung der Betroffenen. Das Überforderungssyndrom als Kern der Depression finden wir in den inzwischen verbreiteten psychosozialen Erklärungsansätzen, die diese Überforderung aus den Irritationen sozialer Anforderungen ableiten. Für die Plausibilität dieses Ansatzes wird vor allem die überproportionale Zunahme depressiver Erkrankungen in der Arbeitswelt angeführt. Höhere Arbeitsintensität, kaum kollegialer Rückhalt und steigende Flexibilitätszumutungen werden für die Plausibilität dieser Erklärung herangezogen. Vor allem die Subjektivierung von Arbeit, der Druck zur Selbstorganisation in der Spannung von Erfolg und Risiko könne entsprechende Überforderungssituationen ausbilden. Insgesamt wird bilanziert: „Deutlich ist der Einfluss des gesellschaftlichen Umfeldes, vor allem auch wenn es um Brüche in der Berufsbiografie geht. Gesellschaftliche Umbrüche, technologischer Wandel und Informationsüberflutung führen zu Gefühlen von Ohnmacht, Selbstzweifel und Sinnlosigkeit, zumal traditionelle, Halt gebende soziale Strukturen dem postmodernen Menschen verloren gegangen sind" (Payk 2010: 58).

Auch Alain Ehrenberg unterstreicht diesen gesellschaftlichen Bezug: „Im Zeitalter der unbegrenzten Möglichkeiten symbolisiert die Depression das Unbeherrschbare. Wir können unsere geistige und körperliche Natur manipulieren, wir können unsere Grenzen mit verschiedenen Mitteln zurückdrängen, aber diese Manipulation befreit uns von nichts. Die Zwänge und die Freiheiten verändern sich, aber das ‚Irreduzible' wird nicht weniger" (Ehrenberg 2004: 277). Die Betroffenen nehmen sich als handlungsunfähig wahr und spalten diese Hilflosigkeit nach innen ab. „Es ist nicht unmittelbar die individuelle materielle Not, die depressiv macht, sondern das Gefühl des grundlegenden individuellen Versagens und deshalb Nicht-Handeln-Könnens in einer Welt, die nach gesellschaftlich vorgegebener, aber auch individuell vielfach geteilter Sicht alle Möglichkeiten des Fortkommens bereithält" (Summer 2008: 58).

Elisabeth Summer hat in verschiedenen Fallanalysen Ehrenbergs Thesen zur Ätiologie der Depression überprüft. „Alle Klientenbeispiele deuten darauf hin, dass die Ursache der dargestellten Depressionen mit ihren diversen Syndromen und Symptomen jeweils individuelle gedankliche Konstrukte eines negativen Selbstkonzepts zum Ausgangspunkt haben, mit dem sie die für Depressive typische Selbstverurteilung vornehmen. Diese negative Selbstpositionierung im sozialen Umfeld entspringt einem Gegensatz im individuellen Orientierungsrahmen zwischen einer euphorisierenden Sichtweise der Welt mit ihren Selbstverwirklichungschancen für den einzelnen und einer diminuierenden Selbstverortung der eigenen Handlungspotenzen. Beide dualistischen Bezugspole stehen komplementär zueinander: Weil die Welt als Fundus unbegrenzter Möglichkeiten idealisiert wird, erscheint im Verhältnis dazu die Durchsetzungsrealität der einzelnen Personen, insbesondere des urteilenden Ich, als ausnehmend schlecht bis inakzeptabel. Das Individuum leidet an sich, stuft sich als Versager ein und hält sich tendenziell in dieser Welt für deplatziert" (Summer 2008: 199 f.).

Für Ehrenberg ist die Depression ein Leiden an der Freiheit, die aber durch die Leistungsgesellschaft unter Druck gesetzt und überfordert ist. Dennoch sehen es die Betroffenen als eigenes, privates Problem an. Biografische Ausgangspunkte sind meist Versagensängste und Minderwertigkeitsgefühle, die bei manchen schon aus dem Kindesalter herrühren; erlittenes Blaming in der Jugend- und Schulzeit kann dies verstärken. Auch Integritätskrisen im Erwachsenenalter – als Kluft zwischen Erwartetem und Erreichtem – können dazu beitragen. Ebenso Gratifikationskrisen in der Erwerbsarbeit, die dadurch entstehen können, dass die bisherige Arbeitsbiografie nicht mehr gewürdigt wird und Neuanfänge verlangt werden, die dann als biografischer Bruch empfunden werden. Da die Depression meist von negativen Selbstkonzepten und Selbstzuschreibungen geprägt ist, fällt es der Gesellschaft leicht, die gesellschaftliche Verankerung der Krankheit zu negieren oder zu tabuisieren. Depression als gesellschaftliche Krankheit ist deshalb in die gesellschaftliche Zwischenwelt verschoben. Diese gesellschaftliche Tabuisierung und Abspaltung erhöht den Druck auf die Betroffenen, ihr Leiden an der Gesellschaft nach innen abzuspalten. Das eigentlich soziale Leiden wird so zum privaten Leiden. Wie beschrieben sind es die Überforderungen, die vom Externalisierungs- und Erfolgszwang der neokapitalistischen Arbeitsgesellschaft ausgehen, aber auch die überhöhten Familien- und Mutterbilder, die Depressionen begünstigen. Wir sind hier wieder bei der Kritik des zivilisationstheoretischen Optimismus.

Sucht

Alkoholsucht ist eine im Antrieb subjektive Abspaltung, verborgen im Mantel der Legalität. Alkohol gilt in unserer Gesellschaft als „Kulturdroge Nummer 1“ (Sting 2018: 1684 f.). Wie es in dieser gesellschaftlich durchgängig tolerierten, kulturell tradierten und wirtschaftlich geförderten Alkoholszenerie zur Alkoholabhängigkeit kommt, wird in neuerer Zeit auch auf die zunehmenden gesellschaftlichen Überforderungstendenzen und die Erosion zentraler Kontrollmilieus zurückgeführt. Vor allem das Gefühl des Ausgesetztsein in einer beschleunigten Gesellschaft, deren Anforderungen dic Betroffenen nicht gewachsen sind und deren Verheißungen sich für sie nicht erfüllen, wird als allgemeiner gesellschaftlicher Bedingungskontext für den Abspaltungsdruck Suchttrinken angeführt. Dieser *anomische* Alkoholmissbrauch braucht natürlich für sein Ausbrechen jeweils individuelle, biografische Konstellationen, die zu einem Scheitern der alltäglichen Lebensführung beitragen: prekäre Arbeits- und Familienkonstellationen, brüchige soziale Netzwerke. Die Einbindung in kontrollierende und stützende Sozialmilieus, wie Betriebe und Gemeindeöffentlichkeiten, ist nicht mehr selbstverständlich gegeben. Mit der Verhäuslichung und der allseitig leichter gewordenen Erreichbarkeit von Alkohol hat sich zudem eine dichte Gelegenheitsstruktur entwickelt.

Alkoholismus zeigt sich hier als Strukturierung, die sowohl durch subjektiv-emotionale Abspaltungen – Verdrängung und Rationalisierung – als auch durch einen dreifachen gesellschaftlichen Abspaltungsprozess gekennzeichnet ist. Zum einen wird der Krankheitscharakter, vor allem was die Erwachsenen betrifft, heruntergespielt. Zum Zweiten wird der Alkoholismus auf die Jugend projiziert, die dadurch unter einen einseitigen Präventionsdruck gesetzt wird. Schließlich wird die Familienkrankheit der Co-Abhängigkeit tabuisiert. Co-Abhängigkeit beginnt, wenn das Sich-Einlassen auf den Alkoholkranken mehr Zeit und psychosoziale Energie als alles andere in Anspruch nimmt und man zunehmend emotional und sozial von dieser Fixierung auf den Alkoholiker abhängig, an ihn gebunden wird. Es entsteht ein unausweichliches Ineinander-Verstricktsein, in dem der Abhängige Abschirmung und Entlastung von der eigenen Verantwortung sowie Macht in der Beziehung und nach außen erhält (vgl. Flaßbeck 2011). Mit dem Aufweis der Co-Abhängigkeit wird die Alkoholsucht zur Familienkrankheit. Die Familie gerät in Gefahr, in soziale Isolation zu geraten, Selbstwert und Handlungsfähigkeit der Frau werden deutlich beschädigt, weibliche Selbstmechanismen der Zurücknahme und eben wiederum der Schuldübernahme werden freigesetzt. Vor allem die Kinder aus diesen Familien leben angesichts des unkalkulierbaren Verhaltens des Abhängigen und der sozialen Isolierung der Familie unter Stress.

Lernschwierigkeiten in der Schule, sozialer Rückzug gegenüber der Gleichaltrigenkultur und ritualisierte Unterwerfung unter das Familiendiktat der nach außen abschirmenden Co-Abhängigkeit sind die Folgen. So kann bei co-abhängigen Kindern und Jugendlichen die entwicklungsnotwendige Auseinandersetzung mit sich selbst und die produktive Ablösung von den Eltern blockiert werden.

Angesichts des deutlich überproportionalen Anteils von Männern an dieser Problemgruppe und des Umstandes, dass bei Frauen Alkohol- und Medikamentenmissbrauch eng beieinander liegen und damit ein differentes, eher nach innen gerichtetes Suchtmuster entsteht (vgl. Schwarting 2007), ist die bisher beschriebene Alkoholabhängigkeit durchaus als männliche zu bezeichnen und kann deshalb auch mit unseren Zugangskonzepten zum Mannsein und zur männlichen Lebensbewältigung aufgeschlossen werden. Über die männlichen Bewältigungsmuster Externalisierung, Körperferne und Kontrolle lässt sich der männlich geprägte Alkoholismus gut strukturieren (vgl. Böhnisch 2016). Gleichzeitig ist zu vermuten, dass bei den co-abhängigen Frauen mehr nach innen gerichtete Bewältigungsmuster – selbstdestruktives Verhalten, Selbstzweifel, Depressionen und Ängste – auftreten. Der männliche Bewältigungsmechanismus der Kontrolle – nach außen alles unter Kontrolle zu haben und nach innen keine Gefühle der Schwäche und Hilflosigkeit zuzulassen – bricht zusammen, wenn ihm die Scheinkrücken der Co-Abhängigkeit in der klinischen Therapie weggezogen worden sind.

Da es sich um eine Kulturdroge handelt, wird die Krankheit Alkoholsucht in den Zwischenwelten verbleiben. Außerhalb des klinischen Therapiekreises der zu behandelnden Betroffenen sind es vor allem die Kinder aus diesen Familien, die sozialpädagogische Zuwendung in einem eigenen Unterstützungsmilieu brauchen (s. o.). Die Jugendarbeit wiederum kann dem Abspaltungsmodus der einseitigen Projektion auf die Jugend eine sozialpädagogische Präventionsperspektive entgegensetzen, die sich an der Entwicklungsdynamik der Jugendalters und eben nicht primär am gesellschaftlichen Kontrollinteresse ausrichtet. Danach ist ‚Alkohol trinken' ein Teil der Gesellungskultur im Jugendalter.

Diese für die Jugendlichen attraktive Seite wird meist unterschlagen, wenn Prävention nur um Warnungen kreist. Damit ist der Zugang zu den Jugendlichen in der Regel verschlossen. Verbotsregimes setzen Jugendliche unter Abspaltungsdruck. Vielmehr sollte ihnen signalisiert werden, dass ihre jugendkulturelle Suche nach Erfahrungen mit Alkohol verstanden wird und dass es darauf ankommt, dass sie „trinken lernen". Es geht also um die Kompetenz der Begrenzung, die gerade in der Gleichaltrigenkultur der Jugendarbeit gegenseitig eingeübt werden kann. Pädagogisches Ziel ist eine „sozial verantwortliche Selbstsorge" (Koler 2014: 190). Diese kompetenzorientierte Präventionskultur gilt es der Verbotskultur auch öffentlich entgegenzuhalten. Deutlich geworden ist auch hier, dass uns das Paradigma Abspaltung einen differenzierten, sowohl pädagogischen wie gesellschaftlichen Zugang zur Alkoholsucht ermöglicht.

Gewalt als Lebensform

Gewalt ist geächtet und es ist für die Mehrheit der Bevölkerung schwer vorstellbar, dass Gewalt eine alltägliche Verhaltensform, ja für manche eine Lebensform ist. Es sind meist junge Männer, vornehmlich zwischen 18 und 35 Jahren, die sich gegen Migrant*innen, als Hooligans in den Stadien oder zu verschiedenen extremen Anlässen zusammenrotten. Manche von ihnen sind überzeugt, dass sie stellvertretend für viele Sympathisant*innen hinter den Gardinen handeln und treten entsprechend selbstbewusst, gleichsam als krude nationalistische Ordnungsmacht auf. Andere lassen sich mittragen, suchen nicht nur den körperlichen Kick, sondern auch das soziale Erfolgserlebnis. Die Teilnahme an der Gewaltszenerie ist für sie zur einzigen Gelegenheit geworden, sozial zu zeigen, dass sie da sind und wer sie sind. Gewalt ist für sie – unbewusst – das extreme Mittel, Selbstwert zu erlangen, aus Verhältnissen herauszutreten, in denen sie sozial zurückgewiesen sind und die Orientierung verloren haben. Jemanden zusammenschlagen vermittelt – zumindest in der ‚Gewaltsekunde' – das Gefühl, oben zu sein, zu wissen, wo es langgeht, sich Macht zu holen, die einem sonst verwehrt wird. Gewalt ist in diesem Deutungszusammenhang das extreme Mittel, Probleme von innen nach außen zu kehren, sie gegen andere zu richten – die Dimension der männlichen Externalisierung scheint wieder durch. Gewalt ist für nicht wenige Männer zur Lebensform geworden. Genau das aber wird tabuisiert. Solche ‚selbstverständliche' Gewalt darf nicht sein, obwohl oder weil sie da ist. Patriarchale Gewalt ist institutionell und rational weitgehend aufgehoben oder zumindest delegitimiert. Das Männlich-Gewalttätige aber, das im Patriarchat wesensmäßig steckt, ist im modernen Zivilisationsprozess ins Unbewusste und darin in die Zwischenwelt verdrängt worden, sodass es in Krisensituationen immer wieder aufbrechen kann. Das Männlich-Gewalttätige bleibt also als Strukturierung in die Gesellschaft eingelagert. Vor allem schwelt es als häusliche Gewalt im Verborgenen: Männer, die in Familien schlagen, Frauen und Kinder zwingen, ihnen zu Willen zu sein. Es sind Männer dabei, die selbst fassungslos sind über das, was sie angerichtet haben, wenn das häusliche und nachbarliche Schweigen gebrochen und das Ausmaß der Familienkatastrophe sichtbar wird. Wenn dann die Frauen noch im traditionellen Bild der gefügigen Partnerin gefangen sind, dann erhält der Mann den kollusiven Eindruck einer Resonanz seiner Gewalt-Liebe-Illusion. Je ausgesetzter Männer ökonomischem und gesellschaftlichem Druck sind, desto verheißungsvoller erscheint ihnen die Geborgenheit und Intimität der Familie. Die Familie muss es bringen, um jeden Preis.

Hinter dem Phänomen männlicher Gewalt können wir also eine Strukturierung mit signifikanten Entsprechungen erkennen, die von der gesellschaftlichen in die familial-private Sphäre hineinreichen. Dabei ist es nicht nur das System der Geschlechterungleichheit, das männliche Gewalt begünstigt, sondern vor allem auch die tendenziell grenzenlose Verfügbarkeit des Mannes in der Ökonomie bis in die Kriege hinein, die den Mann zum Täter, aber eben auch zum Opfer werden lässt. Männliche Gewalt erhält ihr Doppelgesicht aus dieser männlichen Täter-Opfer-Dialektik heraus. Männliches Opfer-Sein setzt in diesem Sinne männliche Gewalt – sei es militärische oder alltägliche kriminelle Gewalt – voraus. Viele der gewalttätigen Männer sind gleichsam in der Gewalt gefangen. Für Politik und Medien, die sich in der

Beschwörung von Gewaltfreiheit und der Skandalisierung spektakulärer Gewaltakte überbieten, scheint dieser schleichende Prozess, in dem sich Gewalt als Lebensform einnistet, nicht problematisch. Und dass Männer auch Opfer sind, wird erst recht übergangen, abgespalten. „Gewalt gegen Männer (durch Männer) ist eine weit verbreitete und eine zugleich weitgehend nicht wahrgenommene Realität. Sie wird von vielen Betroffenen verleugnet und nicht als soziales und schon gar nicht als politisches Problem erkannt“ (Lenz 2004: 1).

So ist ein gespaltener Diskurs entstanden: Gewalt wird zwar in der modernen aufgeklärten (medialen) Öffentlichkeit skandalisiert und klassifiziert, für den Bereich der Familie und im Alltag wird dieser Zusammenhang aber weiterhin tabuisiert. Da die familialen Beziehungen auf emotionalen und partikularistischen Kommunikationsformen und natürlich vor allem auf Blutsverwandtschaft aufgebaut sind, vermischt sich die gesellschaftliche Kategorie des Privaten mit der subjektiv erlebten und empfundenen Ideologie des Naturhaften. Wenn dabei die in der Familie eingelassenen Gewaltverhältnisse freigesetzt werden, also Gewalt – vor allem gegen Frauen und Kinder – ausgeübt wird, erscheint dies für die Täter als „natürliches“ Gewalt- und Besitzrecht, das privat ist und deshalb niemanden etwas angeht. Aber auch die betroffenen Frauen und Kinder sind in diesem Bann der „natürlichen“ Gewaltverhältnisse in der Familie gefangen. Sie halten oft still, die Gewalt in der Familie ist so von einer Mauer des Schweigens umgeben.

Zudem erleben wir eine Veralltäglichung von Gewalt, deren Tragweite uns noch nicht bewusst ist. Happy Slapping, Draufschlagen und filmen, ist ein schon fast alltäglich gewordener Unterhaltungsspaß auf dem Pausenhof und nach der Schule: Schüler schlagen plötzlich – meist ohne Grund – auf einen Klassenkameraden ein und ein Mitschüler filmt es. Nicht zufällig, er hat von den Tätern den Auftrag dazu bekommen, er gehört zu ihnen, ist Mittäter. In einer Gesellschaft, die sich zunehmend medial inszeniert, wollen sich auch die Jugendlichen medial in Szene setzen. Der Kick kommt mit dem Gefühl, dass andere das Anschauen; fasziniert oder empört, beides ist aufregend. Auch

Mobbing in der Schule folgt Gesetzmäßigkeiten, die aus der Zusammenschau von bewältigungs- und gruppendynamischer Perspektive aufschließbar sind. Ausgangspunkt sind in der Regel nichtthematisierte Konflikte in der Schulklasse, die zu einem negativen Schulklima führen, Unsicherheit und Hilflosigkeit erzeugen, nicht ausgesprochen werden können und deshalb abgespalten, auf Schwächere projiziert werden „müssen". In solchen prekären Konstellationen grassiert Verunsicherung und Hilflosigkeit bei den Einzelnen. Die Suche nach Gruppenzusammenhang und Gruppenhalt wächst. Diese sind aber nicht kommunikativ erreichbar, weil eben der diffuse Konflikt nicht thematisierbar ist. So bildet sich die Gruppe meist um einen „negativen Kern" aktionsmotivierter und bewegungsaktiver Mitschüler, welche den Druck des Unbehagens der Gruppe transportieren können. Sie fokussieren das Unbehagen auf einen „Sündenbock", eine(n) Mitschüler*in, der/die meist auch schon vorher als irgendwie „eigenartig" galt und auf den/die jetzt erst recht die eigenen Gefühle der Hilflosigkeit abgespalten und projiziert werden können. Der Mechanismus der Abstraktion wirkt, das Opfer scheint nicht mehr erkennbar; es geht ja um die eigene Hilflosigkeit, zu deren Träger das Opfer wird.

Mobbing am Arbeitsplatz. Betriebe stehen unter Druck. Täglich liest man von möglichen Rationalisierungen und Intensivierungen. Von der Betriebsleitung erfährt man nichts, obwohl schon so viel gemunkelt wird. Irgendwie muss sich doch diese dumpfe Spannung entladen. Auf einmal formiert sich eine Gruppe gegen einen Kollegen. Der war ja schon immer etwas komisch, nun wird er öfters angemacht, man tuschelt über ihn, jeden Tag wird er ein bisschen abgedrängt. Andere schließen sich der Mobbinggruppe an. Eigentlich hat man nichts gegen den Kollegen, aber man muss doch mitmachen, ist auf die Gruppe angewiesen. Und der Kollege verhält sich ja auch immer seltsamer. Da muss doch was dran sein. Natürlich, das Opfer spürt den Druck der anderen, wird unsicher, verhält sich entsprechend. Irgendwann gibt er auf. Die Spannung entlädt sich. Für einige Zeit hält das Gruppengefühl, kann die Angst durch die Dynamik des Mobbing verscheucht werden. Aber das hält nicht lange an.

Auch die Gewalt gegen sich selbst – Selbstverletzungen, Essstörungen oder exzessiver Medikamentenmissbrauch – verbleibt immer noch in einer gesellschaftlichen Grauzone. Hier dreht sich die Bewältigungsdynamik, der Prozess der Abspaltung nach innen. Einer Spaltung – „Dissoziation" – des Selbst folgt meist Selbsthass, der den entsprechenden Projektionsvorgang in Gang setzt. Die Betroffenen sind sich der Selbstverletzung nicht bewusst, für sie zählt, dass sie sich spüren und die Aufmerksamkeit anderer auf sich ziehen können. Gefühlte Anerkennung durch extreme Auffälligkeit. Es sind Betroffene, in der Mehrzahl Mädchen und junge Frauen, die in ihrem bisherigen Leben meist Abwertung erfahren und keine Anerkennung bekommen haben. Dass Selbstverletzung Aufmerksamkeitserregung und darin Entschädigung für entgangene Anerkennung sucht, wird auch in der therapeutischen Praxis bestätigt: „Selbstverletzungen werden in der Regel in offener Weise durchgeführt. Diese Offenlegung lässt selbstverletzende Akte als eine Körper- und Aktionssprache erkennen." (ebd.: 164). Dass man Selbstverletzungen bezüglich der Häufigkeit besonders bei Mädchen in der Pubertät und damit einhergehenden aggressiven Mutter-Tochter-Konflikten antrifft, verweist auf Zustandsbefindlichkeiten von Ohnmacht und Hilflosigkeit, die nicht thematisierbar sind und denen massive Anerkennungsstörungen vorausgehen. Gerade bei der psychogenen Essstörung der Magersucht (Anorexia) spielen massive Selbstwert- und Anerkennungsstörungen eine ausschlaggebende Rolle. Die Anorexia, das aggressive Fasten bis in die Todesnähe, wird in der diagnostischen Grundformel als nach innen gerichteter Bewältigungsmodus interpretiert, mit dem „die in der Pubertät an die junge Frau herangetragenen Erwartungen und Rollenansprüche, aber auch eigene aufkeimende sexuelle Wünsche, […] über die Ablehnung des weiblichen Körpers zurückgewiesen" (Subkowski 2003: 114), durch innere Abspaltung abgetötet werden. Dass die Betroffenen eher aus der Mittelschicht stammen, weist darauf hin, dass es die dort vorfindbaren neurotischen Erziehungskonstellationen sein können, die zur Überforderung der Mädchen führen. Die gesellschaftliche Seite der Autoaggression tritt auch hier wieder hervor: die mangelnde Anerkennung von

Mädchen und jungen Frauen ist dem System der geschlechtshierarchischen Arbeitsteilung immanent. Dieser gesellschaftliche Verweis wird aber meist übergangen, abgespalten, die Autoaggression den Betroffenen angelastet.

Neid

Dass hinter dem Sozialneid oft ein verletztes Gerechtigkeitsempfinden steckt, wird in der Konkurrenzgesellschaft meist übergangen, abgespalten. Neid gilt vielmehr als Ausdruck des Nicht-Mithalten-Könnens. Gern wird bei uns der Mythos kolportiert, es gebe in Amerika keinen Sozialneid. Dort sei eben, in der Tradition der naturrechtlichen Begründung und der Gleichheitsideologie der frühen Pionierzeit ein geistiges Klima entstanden, in dem jeder auf die Erreichbarkeit des Erfolgs für alle – als gleichsam nationales Gut – stolz wäre. Die Erfolgreichen würden von den Erfolglosen nicht beneidet, sondern als Träger und Bestätiger dieser gesellschaftlichen Erreichbarkeitsperspektive betrachtet. Die Gründe für das Scheitern oder die Nichterreichbarkeit werden deshalb folgerichtig bei den Erfolglosen in deren biografischem Zustand – und somit in ihnen selbst – gesehen. Der Arme sei stolz darauf, dass es der Reiche geschafft hat und wärmt sich im Glanz dieser nationalen Erfolgskultur, an der er als Amerikaner – wenn auch nicht von seinem Sozialstatus her – teilhabe. So ist wohl auch der präsidiale Aufstieg Donald Trumps erklärbar.

Ähnliche ideologische Argumente werden in den letzten Jahren auch in Europa als Perspektiven wirtschafts- und sozialphilosophischer Programmatik verkündet. In der in den 2000er Jahren favorisierten Programmatik eines ‚Dritten Wegs' der europäischen Ökonomien wurde dem am Markt erfolgreichen Unternehmer eine gesellschaftliche Pionier- und Vorbildfunktion zugesprochen, die den ‚Sozialneid' als Bremse der Akzeptanz der neuen Ökonomie zurückdrängen sollte. So wie die Bundesligastars (‚über Geld wird nicht gesprochen') zu sozial unbestrittenen Projektionsfiguren der Sehnsüchte und Enttäuschungen der (oft sozial deklassierten) Fans geworden sind, so sollen die neuen Wirtschafts- und Börsenstars die Masse der Menschen an den neuen ökonomisierten Erfolgskulturen teilhaben lassen. Der Sozialstaat bietet nur noch das soziale Auffangnetz, man räumt ihm höchstens noch Aktivierungsfunktionen für die Zurückgebliebenen ein. Dafür hält der Markt für die Benachteiligten eine zynische Empfehlung bereit: „Die geläufige Empfehlung an die Unzufriedenen lautet dann immer, sich bitte selber nach oben zu schießen, statt die Begünstigten nach unten zu ziehen. Die gelbe Gefahr des Neides heißt dann Gleichmacherei" (Neckel 2001: 9 f.).

Freisetzung von Sozialneid hängt von der Art und Weise ab, wie sozial Benachteiligte Gerechtigkeit erleben. Wenn das sozialstaatliche Band der Gerechtigkeit – im Sinne sozialpolitischer Hintergrundsicherheit – reißt, können Haltungen freigesetzt werden, in denen sich das Gerechtigkeitsempfinden aus den sozialstaatlichen Bindungen löst und sich gleichsam verkehrt. Sozialstaatlich vermitteltes Gerechtigkeitsempfinden hält in sozialen Randgruppen an, solange sie sich als sozialpolitisch gesicherte gesellschaftliche Gruppe fühlen und sie deshalb – auch als Randständige – keine Neid generierende Vergleichsgruppe suchen müssen. Für sie gilt das sozialstaatliche Versorgungsprinzip als Gerechtigkeitsprinzip. Ist diese sozialpolitische Hintergrundsicherheit aber bedroht, werden auch von Randständigen soziale Vergleichsgruppen gesucht. Allerdings meist nicht in der innergesellschaftlichen Status- und Einkommenshierarchie, sondern in statusähnlichen Gruppen, denen gegenüber man sich abgrenzen kann. Das sind z. B. und vor allem Migrant*innen und Flüchtlinge, auf die man das nun freigesetzte Empfinden der Ungerechtigkeit abspaltet, indem man die staatlichen Unterstützungsleistungen für diese Gruppen skandalisiert. Sozialneid ist ein Bewältigungsmuster, das auf die eigene prekäre Bewältigungslage verweist.

Widerständigkeit

Auf der Erkenntnis, dass z. B. in abweichendem Verhalten Protest und Widerstand steckt, hat bereits in den 1920er Jahren der Leipziger Sozialpädagoge Walter Hoffmann seine Sozialpädagogik aufgebaut. Aus der Erfahrung heraus, dass sich dissoziale

Jugendliche vor allem aus dem proletarischen Milieu gegenüber anpassungszentrierten mittelschichtsgeprägten Hilfeangeboten sperrten, Widerstand leisteten (weil diese ihnen ja – subjektiv empfunden – ihr letztes Mittel der Selbstbehauptung, das abweichende Verhalten, nehmen wollten), regte er eine *Widerstandspädagogik* an. Die Sozialpädagog*innen sollten an dieser Ablehnung ansetzen, in ihr die Stärken der Jugendlichen suchen und sie als Ausdruck der Selbstbehauptung anerkennen (vgl. Hoffmann 1929). In dieser Zeit entwickelte der Wiener Individualpsychologe Alfred Adler (1924) das Konstrukt des „männlichen Protests", in dem er die verdeckte Widerstandshaltung von Mädchen und Frauen gegen ihre soziale Abwertung thematisierte. Da es für sie keine weiblichen Vorbilder für Dominanz- und Durchsetzungsverhalten in einer patriarchalisch geprägten Gesellschaft gebe, seien sie strukturell gezwungen, gleichsam in einer ‚Umkehrung' zu maskulinen Verhaltensformen zu greifen. Bis heute erleben wir, dass verhaltensauffällige bis gewalttätige Mädchen sich nicht nur maskuliner Muster bedienen, sondern sie auch überziehen, um auf sich aufmerksam zu machen. Auch in der heutigen Gesellschaft der Gleichberechtigung der Geschlechter gibt es kaum tolerierte Muster weiblicher Aggression, die sich Mädchen und Frauen zum Vorbild bei der Durchsetzung ihrer Interessen nehmen könnten. Das System der geschlechtshierarchischen Arbeitsteilung wird auch hier sichtbar.

Bei diesen beiden historischen Beispielen handelt es sich vor allem um latente Widerstandsformen und mithin um Abspaltungen. Sie sind zu unterscheiden von manifesten, intendierten Widerstandsformen, wie sie sich vor allem in den Heimrevolten der 1920er und der 1970er Jahre zeigten. Beiden Protest- und Widerstandsformen ist gemeinsam, dass sie signalisieren, dass die Betroffenen sich in der gegebenen Gesellschaftsordnung oder dem sie betreuenden Hilfesystem nicht zurechtfinden können, dass sie nicht so sind und nicht die sind, die man in den Systemen erwartet und deren Anpassung man fordert. Besonders die Revolten in den Erziehungsheimen und die Bandenkriminalität wilder Cliquen (vgl. Mennicke 1932) galten als periodische Formen der Auflehnung gegen das bürgerliche Machtsystem und seine Normordnung. In den 1970er Jahren in Westdeutschland wurden solche ‚Randgruppen' – erweitert um Gruppen sozial Benachteiligter wie Obdachlose und andere sozial stigmatisierte Außenseiter – von Aktivist*innen der studentischen Opposition in deren sozialrevolutionären Mittelpunkt gerückt. Diese ‚Randgruppenstrategie' legitimierte sich vor allem im Rückgriff auf die damals verbreitete Gesellschaftskritik Herbert Marcuses (1967), der propagierte, dass die Rolle der Arbeiterklasse als revolutionärem Subjekt ausgespielt sei, da die Arbeiter von der kapitalistischen Konsumgesellschaft längst eingefangen worden seien. Ausbeutung und soziale Deklassierung bilde sich nun in den allerdings verstreuten Minderheiten der Stigmatisierten und Deklassierten ab, die ab nun – in der spätkapitalistischen Gesellschaft – als revolutionäres Subjekt zu betrachten seien. Vor allem die Soziale Arbeit bekam dies damals in einer radikalen Heimkritik zu spüren. Studentische Gruppen holten Jugendliche aus den Erziehungsheimen und brachten sie in städtischen ‚Jugendwohnkollektiven' unter. Obdachlose wurden in universitäre Seminare eingeladen und entsprechend politisch hofiert. Diese Randgruppenbewegung scheiterte schließlich bald an den Betroffenen selbst, in deren Lebenswelt der politische Anspruch nicht zünden konnte. Reste und Reminiszenzen finden wir heute immer noch in Projekten sozialpädagogischer Wohnformen für dissoziale Jugendliche und junge Erwachsene. Geblieben aber ist die Erkenntnis, dass der Sozialen Arbeit eine seismografische Funktion darin zukommt, dass sie über solche sozial Randständigen auf die sozialen Ungerechtigkeiten in der Gesellschaft hinzuweisen hat.

Dieses Erkennen von Widerstandsformen in der Zone sozialer Benachteiligung und Verwundbarkeit ist vor allem aus dem Blickwinkel der Zwischenwelten möglich. Dieser andere Blick erlaubt uns ein Reframing, eine Sensibilität für Botschaften, die hinter dem Verhalten stecken. Auch in den obigen Formen der Abspaltung, welche die Zwischenwelten konstituieren, können wir Interpretationen des Widerstands einbringen. Überall dort wo Bindungen nicht aufkommen können oder zerstört sind, verbirgt sich Widerständigkeit. Die soziale Verlegenheit der Schule bringt latente Widerstandsformen und Bindungslosigkeit hervor, genauso wie die Abspaltung von Schuld und Scham bis hin zur Depression widerständige Rückzugsformen erzeugen kann. Es sind Widerstandsformen der Ohnmacht, die auf die Betroffenen selbst zurückfallen. Wenn sie von den pädagogischen Institutionen nicht als solche erkannt und anerkannt werden, verbleiben sie in den Zwischenwelten und erhalten keine Resonanz.

Intermundien und Soziale Arbeit

Im Gegensatz zu den allgemeinen gesellschaftstheoretischen Bezügen, welche nur die gesellschaftlichen Rahmenbedingungen Sozialer Arbeit aufklären können, finden sich in den Dimensionen der Abspaltung in der Gesellschaftstheorie der Zwischenwelten Bezugspunkte und Entsprechungen zum Klientenkreis der Sozialen Arbeit. *Scheitern* finden wir fast durchgängig im Indikationenkatalog der Jugendhilfe. Scheitern im Alltag gehört zu den Grundproblemen, mit denen die Soziale Arbeit konfrontiert ist. Nicht umsonst fangen viele Hilfen damit an, Klient*innen zu befähigen, ihren Alltag zu organisieren. Beeinflusst durch diesen Mithaltedruck werden aber auch die Arbeitsorganisation und die Arbeitsmethoden einer Sozialarbeit, die eigentlich Innehalten praktizieren sollte. Die Familienhilfe und die Frauenhausarbeit haben es mit Frauen zu tun, die damit zu kämpfen haben, dass sie in ihrer Sorgegebundenheit oft nicht in der Lage sind, selbstbestimmt in Konflikte zu gehen und eher Gefühle der *Schuld* entwickeln, die die sozialpädagogische Intervention blockieren können. Ursächlich dafür ist die gesellschaftliche Familienfalle der *‚heilen Familie‘*, die in den Zwischenwelten wirkt, weil sie von der Gesellschaft tabuisiert und damit das Gegenteil davon abgespalten ist. Dass Familien überfordert sind und dass es darüber zu Desintegration, oder gar Destruktion und zu Gewaltverhältnissen kommen kann, ‚darf‘ in einer Gesellschaft nicht sein, die die Familie als ihren Mikrokosmos betrachtet. So ist es auch nicht verwunderlich, dass aus solchen Familien depressive Charaktere erwachsen, genauso wie aus einer Arbeitswelt, in der somatische

Folgeprobleme der neuen Arbeitsorganisation nicht thematisiert werden können. *Depression* ist individualisiert, nicht als Krankheit der Gesellschaft erkannt und anerkannt. So wird auch *Scheitern* im ökonomischen Diskurs nicht skandalisiert, sondern im Gegenteil als funktionale Konsequenz von Konkurrenz eingestuft. Damit wird die hinter dem Scheitern liegende *Verletzlichkeit* der Betroffenen übergangen. Diese Pathologie des Scheiterns ist in der Schule besonders ausgebildet. Insgesamt hat die *soziale Verlegenheit der Schule* zwar die Etablierung der Schulsozialarbeit bewirkt, diese aber eher auf die Funktion eines Reparaturbetriebs verwiesen, als dass sie zum sozialen Gestaltungsraum der Schule werden konnte. Dass in der Gesellschaft *Sozialneid* entsteht, weist nicht nur auf die Struktur sozialer Ungleichheit hin, sondern macht auch der Sozialen Arbeit dahingehend zu schaffen, dass Menschen in prekären Lebensverhältnissen fremdenfeindliche Einstellungen entwickeln können. So kämpft die sozialpädagogische Migrationsarbeit gegen das Wirken einer *rassistischen Dividende,* die zu einem Gift geworden ist, das auch in die Welt der Jugend und vor allem der jungen Erwachsenen eingesickert ist und als *die* Herausforderung für die Jugendarbeit gilt.

Zentrale Hypothese des Abspaltungstheorem ist, dass hinter den Abspaltungen nicht-thematisierte Hilflosigkeit steckt. Das ist eine Grundbotschaft. Allerdings sind solche Botschaften nicht eindeutig, sie können paradox sein und müssen deshalb entschlüsselt werden. Donald Winnicotts (1988) berühmter Satz, dass sich vernachlässigte Kinder und Jugendliche ‚hoffnungsvoll' abweichendem Verhalten zuwenden, um auf sich aufmerksam zu machen, um endlich bemerkt zu werden, kann auch dahingehend verallgemeinert werden, dass sich hinter den Abspaltungsformen Hilferufe verbergen. Die Suche nach Anerkennung ist unüberhörbar. Aber auch, dass dahinter übergangene bzw. zurückgewiesene Befähigungen und Potenziale liegen. Von daher sind die Intermundien auch Zonen ungehörter Hilferufe und übergangener Fähigkeiten.

Komplexer wird es in der gesellschaftlichen Dimension. Die Abspaltung des *Wertes der Sorge* durch die kapitalistische Wirtschaft zeugt von innersystemischer Hilflosigkeit, die aber geleugnet wird. Gerade diese Leugnungen aber führen in die Wirklichkeit von Gesellschaft, wie sie die Soziale Arbeit erlebt. Abspaltungen wie *Externalisierungszwang, Prekarisierung* und *Ethnisierung* durchziehen die Räume der Sozialen Arbeit, und binden sie, verlangen von ihr Befriedung; Wachstumseuphorie leugnet den Externalisierungszwang, der Prekarisierung wird die gesellschaftliche Reichweite, den Migrant*innen ein sozialpolitischer Status abgesprochen. Diese Leugnungen werden in die Zwischenwelten verschoben. Indem die Soziale Arbeit diese Leugnungen hinnehmen und ihre Folgen befrieden soll, gerät sie selbst unter Abspaltungsdruck. Denn sie soll ja daraus eine ‚sekundäre Normalität' bilden und damit der Gesellschaft den Anschein geben, dass die Abspaltungen, die auf die gesellschaftliche Unfähigkeit zur Integration verweisen, doch wieder ‚reintegriert' werden können und so wieder gesellschaftliche Normalität einkehrt. Deshalb braucht sie diese Theorie der Zwischenwelten als kritische Theorie, um ihre eigene gesellschaftliche Reflexivität jenseits dieser Normalitätszumutung entwickeln zu können.

Substrukturelle Konfigurationen

Um über diese Reihe der Abspaltungen zu einem gesellschaftstheoretischen Zusammenhang kommen zu können, müssen sie in eine Struktur gebracht werden. Zu diesem Zweck kann man verschiedene, einander ähnliche Abspaltungen in übergreifende Konfigurationen fügen, die als zwischenweltliche Verdichtungen die Gesellschaft durchziehen und so etwas wie eine ‚unruhige Substruktur' ausbilden. *Hilflosigkeit, Anomie, Verstummung, Entwertung* und *Ausgrenzung* sehe ich als solche substrukturellen Konfigurationen, in denen die Abspaltungen aufeinander bezogen sind und die den Zwischenwelten ihre Struktur geben können. In ihnen liegt eine antonymische Spannung, d. h. sie fordern Gegenbegriffe heraus. Hilflosigkeit ruft nach *Ermächtigung*, Anomie verlangt nach *Verantwortung* als einem sozial aktivierenden und sozial bindenden Rahmen, Soziale Verstummung erfordert *Resonanz*, Entwertung sucht nach *Anerkennung* und

Ausgrenzung fordert zu *sozialer Parteilichkeit* auf. In dieser antonymischen Substruktur bewegt sich die Soziale Arbeit, sie ist ihr gesellschaftliches Spannungsfeld.

Hilflosigkeit und Ermächtigung

Die Hilflosigkeit der Klient*innen, die sich durch viele Abspaltungen zieht, kehrt ihre *Verletzlichkeit* hervor. Verletzlichkeit gehört im Verständnis der Persönlichkeitspsychologie zur leibseelischen Grundschicht, zum „endothymen Grund" (Lersch 1970) der Person. Von ihr gehen die Emotionen und Affekte aus, die zu innerer Hilflosigkeit und ihren Abspaltungen führen können. Verletzlichkeit selbst wird meist nicht erkannt, wird übergangen, wenn Menschen in Schuld, Scham, Hass oder Depression versinken. Vor allem in der kapitalistischen Konkurrenzgesellschaft ist Verletzlichkeit negativ besetzt, geradezu ein Tabu. In einer Gesellschaft hingegen, die auf Sorge ausgerichtet ist (vgl. Teil II), gilt Verletzlichkeit als „eine Bedingung des Menschseins, [...] ein Moment der conditio humana" (Janssen 2018: 9.). Verletzlichkeit geht in einer Konkurrenzgesellschaft unter, wird meist übergangen.

Verletzlichkeit bedeutet Ausgesetztsein. Judith Butler spricht von der „leiblichen Offenheit", Micha Brumlik „vom schmerzlichen Gewahrwerden des Angewiesenseins auf andere" (Brumlik 2002: 78). Erinnert sei an die oben eingeführte These von Arno Gruen, der die Anerkennung von Verletzlichkeit durch den Externalisierungs- und Erfolgszwang der neokapitalistischen Gesellschaft blockiert sieht, Verletzlichkeit also als Strukturierung begreift. Robert Castel (2000) hat ein Zonenmodell des Gesellschaftlichen entwickelt, in dem die Zone der Verwundbarkeit, in der Verletzlichkeit besonders freigesetzt ist, in die Mitte der Gesellschaft gerückt ist. Sie ist gekennzeichnet durch prekäre Arbeitsverhältnisse, mangelnde soziale Unterstützung und verdeckte Gewaltverhältnisse. Verletzlichkeit und soziale Hilflosigkeit gehen ineinander über. Von daher ist Verletzlichkeit mit dem Gefühl verbunden, kritische Lebenssituationen nicht bewältigen zu können. Aus dieser Zone der Verwundbarkeit kommen viele

Klient*innen der Sozialen Arbeit. Verletzlichkeit erzeugt Abspaltungen, wie wir sie als Schuld, Scham aber auch Hass kennengelernt haben. Aber auch hinter den scheinbar ‚starken' Ausdrucksformen wie männliche Dominanz und Gewalt steckt Verletzlichkeit, denn es handelt sich bei ihnen ja auch um Abspaltungen, in denen sich das Streben nach sozialer Anerkennung und Selbstwirksamkeit ausdrückt.

Strategien der Ermächtigung, des Empowerment, können deshalb den Klient*innen nicht einfach ‚aufgesetzt' werden. Es braucht eine Ahnung von dieser Verletzlichkeit. Der im Empowerment-Diskurs verwendete Begriff der „Ressourcenorientierung" ist da viel zu vordergründig. Er suggeriert, dass psychosoziale Antriebe, wie sie sich die Professionellen für die Aktivierung des Hilfeprozesses vorstellen, für die Klient*innen und damit für die helfende Interaktion ‚verfügbar' sind. Aus der Bewältigungstheorie aber wissen wir, dass bei kritischen Lebenssituationen in den Klient*innen eine Bewältigungsdynamik freigesetzt wird, in der sich erst einmal ein regressives Bewältigungsmuster, eine innere Abwehr entwickelt, die man zulassen muss. Einer sozial erweiterten Bewältigungsperspektive muss also die Auseinandersetzung mit dieser Regression notwendig vorausgehen (vgl. Lenz 2002). „In solch stark belastenden Situationen sei es notwendig, Regressionsmöglichkeiten anzubieten und nicht Handlungsautonomie einzufordern" (Seckinger 2018: 311). Gerade die Akzeptanz des Gefühls der Ohnmacht sei eine wichtige Basis für den Beginn von Empowermentprozessen. Das mindert auch den Abspaltungsdruck. Soziale Erweiterung kann nur so gelingen, denn man kann nicht von den Betroffenen verlangen, aus sich selbst heraus entsprechende Antriebe zu aktivieren. Erst nach den Regressionszeiten und -hilfen, die man anbietet, ist eine Hinwendung zu sozialer Ansprache möglich. Dann kann auch die Einbindung in Gruppen- und Milieuzusammenhänge beginnen, in denen die Betroffenen sich sozial spiegeln und sich ihrer selbst neu vergewissern können.

Diese soziale Erweiterung kann man mit dem Konzept *Agency* erfassen. Agency meint die sozial erweiterte Handlungsfähigkeit als Handlungsmächtigkeit in interaktiven Bezügen. Für die Soziale Arbeit bedeutet das, dass sie sowohl den Status ihrer Klient*innen gesellschaftlich bestimmen als auch die Hilfebeziehungen sozial erweitern muss. Voraussetzung ist also auch hier wieder, dass die Soziale Arbeit ihre Klient*innen nicht nur als ‚Adressaten' für Angebote begreifen darf, sondern als Bürger*innen und darin als *Rechtssubjekte* – anerkennen muss. Im Bürgerbegriff ist das Gesellschaftliche ausgedrückt, der Klient*innenbegriff begrenzt den Status auf das Hilfesystem. Das Bild von den Klient*innen, die sich durch ihr abweichendes Verhalten aus der Gesellschaft hinausmanövriert haben und nun – über die sozialarbeiterischen Hilfen – wieder integriert werden sollen, ist bei aller fachlichen Modernisierung das Leitbild der Intervention geblieben. Die *fachliche* Indikation kann aber *politisch* für die Klient*innen zum Bumerang werden, weil sie in eine Abhängigkeit geraten können, die ihnen den Zugang zu Bürgerrechten und darin sozialer Handlungsmächtigkeit verwehrt. Denn sie sind eben nicht nur Subjekte in einer Hilfebeziehung, aus der heraus sie wieder in die Gesellschaft zurückfinden sollen, sondern genauso bürgerliche Rechtssubjekte in dieser Hilfebeziehung und darüber hinaus. Und in diesem Status bleiben sie – solange ihnen keine Bürgerrechte aberkannt sind – Mitglieder der Gesellschaft wie alle anderen, auch wenn sie sich sozial abweichend verhalten oder sozial ausgegrenzt sind.

Die Stärkung der sozialen Handlungsmächtigkeit der Klient*innen im Sinne von Agency bedarf sozialer Kontexte, die nicht nur jeweils institutionell definiert, sondern infrastrukturell ausgerichtet sind. Agency bezeichnet in diesem Sinne ein Konstrukt des Übergangs ins Gesellschaftliche, z. B. von Hilfebeziehungen in Netzwerke. Man könnte sich diese Netzwerke als *fließende Netzwerke* (moving networks) vorstellen, die sich jeweils neu und anders flechten und in die die Organisationen der Sozialen Arbeit eingebunden werden können. Im Falle dieser bewegten Netzwerke geht es nicht um die institutionelle Vervielfachung, sondern um die kommunikative Erschließung von und die Verständigung über Voraussetzungen, die in einer Region vorhanden sein müssen, wenn zivilgesellschaftliche Prozesse ins Laufen kommen sollen. Dabei ist der zivilgesellschaftliche Zielhorizont ein anderer als der institutionelle. Denn hier geht es nicht primär um institutionell-organisatorische Optimierung, sondern um die Perspektive sozialer Gerechtigkeit. „Da soziale Netzwerke ebenso wie ökonomisches Kapital oder politische Macht die Entwicklungsbedingungen, Lebenschancen und Handlungsspielräume der Gesellschaftsmitglieder tiefgreifend beeinflussen, entstehen Gerechtigkeitsfragen" (Rieger 2019: 208). In dieser Perspektive sollen vor allem Gruppen partizipieren und Netzwerkunterstützung erfahren können, die in mittelschichtsdominierten Netzwerken eher ausgegrenzt sind. Deren Förderung kommt die Erkenntnis zugute, dass entsprechende soziale Aktivitäten nicht vorausgesetzt werden müssen bzw. können, sondern erst im Netzwerkprozess angeregt und geformt werden. „Ein Netzwerk ist etwas, das die Akteure dazu bringt, etwas miteinander zu tun" (Früchtel 2017: 24; vgl. auch May 2019). Lokale Netzwerke erhalten ihre soziale Dichte durch *Milieubildung*. Milieustrukturen sind durch gemeinsame zeitliche und räumliche Erfahrungen strukturiert. Die Art und Weise, wie die in ihnen vermittelte Spannung zwischen Individualität und Kollektivität ausbalanciert ist, entscheidet darüber, ob Milieus zu einer sozialen Abgeschlossenheit gegenüber gesellschaftlichen Prozessen oder zur gesellschaftlichen Offenheit tendieren.

Anomie und Verantwortung

Menschen glauben nicht mehr an die Gesellschaft, die ihnen vieles verspricht und es ihnen gleichzeitig verwehrt. Es ist ein *anomisches* Empfinden. Dieses Gefühl, man könne der Gesellschaft nicht mehr vertrauen, hat auch viel mit mangelndem Selbstvertrauen, mit Selbstwertstörungen zu tun, durchzieht die Zwischenwelten und ihre Abspaltungen. Die sozialpädagogische Familienhilfe erlebt Frauen, die am gesellschaftlich vorgegebenen Idealbild der ‚guten Mutter' scheitern. Mit der anomischen Struktur der Schule, wie sie oben beschrieben wurde, geht es weiter. Im Verlauf des Lebens kommen manche in Konstellationen des sozialen Abstiegs oder gar der Armut, die sie an der erfolgstönenden Wohlstandsgesellschaft und ihrem Sozialstaat zweifeln lassen. Schließlich konnte am Beispiel der Depression gezeigt werden, wie Menschen an sich selbst und darin an der Gesellschaft verzweifeln und in die soziale Isolierung absinken. Die Soziale Arbeit ist mit dieser anomischen Welt in vielen ihrer Fälle konfrontiert. Kollektive anomische Tendenzen wiederum entstehen vor allem im Gefolge von ökonomischen und sozialen Entwicklungsschüben und -brüchen, die bei den Gesellschaftsmitgliedern kulturelle und soziale Anpassungskrisen hervorrufen, die bei manchen auch über Abweichendes Verhalten – wie Kriminalität und Gewalt, aber auch selbstdestruktive Erscheinungen, wie Depressionen bis hin zum Suizid – bewältigt werden. Dies infolge einer Diskrepanz zwischen dem, was die Gesellschaft kulturell und sozial neu vorgibt und den Mitteln der Individuen, die gesellschaftlichen Ziele zu erreichen. Manche Menschen verlieren nicht nur die Bindung an Gesellschaft und Staat, sondern auch die soziale Bindung und Gegenseitigkeit untereinander oder sie kapseln sich in sozial isolierten Milieus ab. Anomische Konstellationen sind Kristallisationspunkte von Bewältigungs- und Integrationsdilemmata. Wir befinden uns heute, anfangs des 21. Jahrhunderts, immer noch in jener Epoche der Moderne, die ausgangs des 19. Jahrhunderts – als Emile Durkheim (1893) das Anomiekonzept entwickelte – ihren ersten krisenhaften Kulminationspunkt erreichte. Die heutige „Postmoderne" ist ebenfalls wieder durch einen enorm beschleunigten und von Menschen kaum überschaubaren Strukturwandel der Arbeitsgesellschaft, durch eine sich in immer neuen Rationalisierungsprozessen überschlagende Weiterentwicklung der industriellen Arbeitsteilung gekennzeichnet. Mit der Internationalisierung der Arbeitsorganisation ist neben dem Effekt der Entwertung der menschlichen Arbeitskraft die Gefahr der sozialen Entbettung als neue gesellschaftliche Dimension der Anomie hinzugekommen.

Anomie ist mit der Auflösung sozialer Bindungen verbunden. Als Gegenkraft gilt – gleichsam als sozialer Anker – *soziale Verantwortung*. Soziale Bindungslosigkeit – das zeigen einige der obigen Abspaltungsformen – hat zwei Seiten. Auf der einen Seite Selbstisolierung und Vereinsamung. Auf der anderen Seite aber auch die Suche nach Anschluss an Gruppen oder Milieus, in denen sich ähnlich Betroffene zusammenfinden, sei es in der Gewalt- oder in der Hassszene. Der Bindungslosigkeit im Verhältnis von Individuum und Gesellschaft entspricht die soziale Entbettung auf gesellschaftlicher Ebene. Soziale Bindung und soziale Verantwortung, Bindungslosigkeit, soziale Entbettung und Verantwortungslosigkeit entsprechen einander, bilden Strukturierungen. Soziale Verantwortung erwächst aus dem gesellschaftlichen Aufeinander-Angewiesen-Sein und ist damit ein zentrales Vergesellschaftungsprinzip der Gegenseitigkeit. Die neuere ökonomische Entwicklung verhält sich zunehmend gleichgültig und damit verantwortungslos gegenüber dem Sozialen. Mit der sozialen Entbettung transnationaler Machtstrukturen ist die Frage nach der sozialen Verantwortung wieder virulent geworden. Immer mehr Konzernzusammenschlüsse führen zu Rationalisierungswellen und darin zu Freisetzung von Arbeit und Arbeitslosigkeit. Diese wird nicht nur in Kauf genommen, sondern ist auch zum Seismograph und Medium für unternehmerischen Erfolg und Profit geworden. Soziale Verantwortung ist dieser Systemlogik fremd. So haben sich in unserer Gesellschaft zwei konträre Welten entwickelt, zwischen denen weder kommuniziert werden kann, noch Konflikte ausgetragen werden können. Einem Menschen mit Shareholder-Mentalität kann man nicht vorwerfen, dass die von ihm favorisierten Praktiken soziale Krisen erzeugen. Er wird in seiner Sachlogik, aber auch in einer daran gebundenen ‚Corporate-Identity', diese Entwicklung als Voraussetzung und nicht als negative Folge des ökonomischen Erfolgs verstehen. Sozialkritiker*innen leben für ihn in einer Welt von gestern. Das Kriterium ‚Verantwortung' scheint heute gegenüber dem Kriterium ‚Erfolg' nachrangig. Erst wer Erfolg hat, kann sich so etwas wie Verantwortung leisten. Milliardäre sind über eine brutale Marktkonkurrenz und das darin enthaltene Prinzip der Verantwortungslosigkeit reich geworden; haben dann soziale Stiftungen gegründet und wollen so zeigen, dass sie sich Verantwortung leisten können. Es ist eine Verantwortung, die patrimonial gewährt wird, die nicht aus der Systemlogik entspringt und deshalb auch nicht zur Kritik des Systems gewendet werden kann. Den Nicht-Erfolgreichen wird aber erst gar nicht zugetraut, dass sie soziale Verantwortung übernehmen können. Das bringt gerade die Sozialpädagogik in Verlegenheit, für die Verantwortung ein Medium der Resozialisierung ist. Erfolg und Fortschritt – Ziele, für die vor allem die Schule ja Kompetenzen vermitteln soll – sind schleichend in ein System von Verantwortungslosigkeit eingelassen. „Wachstum und technische Innovation werden zunehmend unkritisch befürwortet, und man erhofft sich den humanen und sozialen Fortschritt als Nebenfolge einer wachstums- und innovationsorientierten Politik. Die erneute Beschäftigung mit dem Begriff der Verantwortung und seinen ethischen und politischen Implikationen scheint daher unzeitgemäß zu sein. Die modische Botschaft lautet aktuell, sich auf neue Risiken einzulassen, die neue Risikogesellschaft anzunehmen, alte Sicherheiten, einschließlich des überholten Modells des europäischen Sozialstaats mit seinen Versprechen, gegen existenzielle Risiken abzusichern, aufzugeben“ (Nida-Rümelin 2011: 143 f.). Risiko statt Verantwortung. Diese ambivalente Botschaft hält sich in den Zwischenwelten, untergräbt das Vertrauen in den Sozialstaat.

Hier kommt die Soziale Arbeit ins Spiel. Wenn sie sich als Ort öffentlicher sozialer Verantwortung begreift, signalisiert sie eine Zuständigkeit für soziale Probleme, die in der Erwerbsarbeitsgesellschaft staatlich-institutionell nicht hinreichend erfasst werden können und somit in die Zwischenwelten abzugleiten drohen. Dafür darf sie aber nicht länger selbst in die Zwischenwelt gedrängt sein. Deshalb bedarf die allseitige Durchsetzung sozialer Verantwortung eines sozial erweiterten Gesellschaftsmodells über die Erwerbsarbeitsgesellschaft hinaus. Es ist auch deutlich geworden, dass soziale Verantwortung in gesellschaftlicher Perspektive einen antikapitalistischen Einschlag hat. Soziale Verantwortung kann sich als gesamtgesellschaftliche Kategorie über den Sozialstaat hinaus angesichts der Globalisierung nur in einem sozial gezähmten Kapitalismus entfalten. Dementsprechend braucht der Verantwortungsdiskurs ein Gesellschaftsmodell, in dem die Angewiesenheit des Kapitalismus auf das Soziale ein konstitutiver Faktor ist. In der Projektstruktur der Sozialen Arbeit kann die Übernahme von Verantwortung soziale Bindung und soziale

Anerkennung ermöglichen. Verantwortung kann damit zu einem Medium von Empowerment werden.

Soziale Verstummung und soziale Resonanz

Durch viele der Abspaltungen und der damit verbundenen prekären Bewältigungslagen zieht sich die Unfähigkeit, innere Hilflosigkeit zu thematisieren, auszusprechen. Diese Stummheit wird immer wieder in Beratungssituationen erlebt. Bei Männern, die unter Externalisierungszwang stehen, ist sie besonders ausgeprägt. Bei Frauen, die zwar wesentlich sprechoffener sind, ist die Sprache im Sorge- und Schuldzwang gefangen, meist auf andere und nicht auf sich selbst bezogen. Das bedeutet nicht, dass die Betroffenen nicht in der Lage sind, über sich und ihre Befindlichkeit zu sprechen. Sie sind verstummt. Deshalb wähle ich den Begriff der Verstummung, weil er darauf hinweist, dass es in der Biografie dieser Klient*innen Erfahrungen gab, die sie hilflos und damit sozial stumm gemacht haben. Aus der sozialethnografischen Forschung ist uns bekannt, dass Menschen sozial stumm werden, wenn sie in andere Milieus und deren Kommunikationsstrukturen versetzt werden, dass sie aber in ihrem eigenen Milieu durchaus über sich erzählen können. Die Beratung hat verschiedene Techniken entwickelt, mit den Betroffenen zusammen positive biografische Erlebnisse zu rekonstruieren, aus deren Erinnerung heraus Erzählen wieder möglich wird. Aus der Sozialpädagogik Abweichenden Verhaltens wissen wir, dass hinter antisozialem oder auch selbstdestruktivem Verhalten Botschaften stecken, die entschlüsselt werden können. Bewältigungstheoretisch interpretiert, handelt es sich bei solchem Verhalten um tiefendynamische Antriebe, mit diesen Verhaltensweisen auf sich aufmerksam zu machen, zu zeigen, dass man wer ist und dass man da ist. Es ist also – um wieder mit Winnicott zu sprechen – ein ‚hoffnungsvolles' Verhalten, ein verdeckter Hilferuf. Es ist die Suche nach Selbstwirksamkeit als Suche nach Resonanz in der sozialen Umwelt.

Wenn wir diese Resonanz sozialpädagogisch erzeugen wollen, wissen wir weiter, dass es keine einfache lineare Reaktion auf das äußere Verhalten sein darf, sondern eine Resonanz eigener pädagogischer Qualität sein muss. Eine bloß lineare Reaktion wäre, wenn man sich nur am abweichenden Verhaltensmuster orientiert und dieses sanktioniert. Eine nicht-lineare Resonanz eigener pädagogischer Qualität ist dagegen zuerst am Menschen und den Botschaften orientiert, die man hinter dem Verhalten vermutet. Ich verwende hier – pragmatisch – den Resonanz-Begriff von Hartmut Rosa, wie er ihn aus der physikalischen Grundform heraus entwickelt. Danach ist Resonanz nicht einfach eine mechanisch-lineare Reaktion. „Resonanz entsteht […] nur, wenn durch die Schwingung des einen Körpers die Eigenfrequenz des anderen angeregt wird" (Rosa 2016: 282). Die Eigenfrequenz wäre in unserem Falle der Reaktion auf Devianz die besondere pädagogische Antwort, die nicht mechanisch-linear das äußere Verhalten sanktioniert, sondern in einer eigenen pädagogischen Interpretation auf den Menschen und seine Botschaft, die hinter dem Verhalten steckt, antwortet.

Die Stummheit der Betroffenen hat ihre Entsprechung und erhält damit ihre Strukturierung in einer gesellschaftlichen Stummheit, die entsteht, wenn die Gesellschaft nicht in der Lage ist, einen solchen eigenfrequenten Resonanzboden zu bilden. Dieser bestünde aus der Ermöglichung einer gesellschaftlichen Kultur der Anerkennung von Hilflosigkeit. Eine solche wird aber durch den ökonomischen Externalisierungszwang und die Abspaltung des Wertes der Sorge abgewiesen. Die gesellschaftliche Resonanzfähigkeit wird letztendlich durch die kapitalistische Marktlogik bestimmt, auch wenn der Sozialstaat versucht, Resonanzlinien der Sorge einzugravieren. Deshalb wäre es notwendig, den gesellschaftlichen Resonanzboden so zu verbreitern, dass die Marktlogik zurücktreten muss und die Logik der Sorge hervortreten kann. Das soll später am Modell der Tätigkeitsgesellschaft diskutiert werden. In der gegenwärtigen Praxis der Sozialen Arbeit kann dies durch die Strategie der *funktionalen Äquivalente*, in denen die Klient*innen erfahren können, dass sie auch ohne antisoziales Verhalten zu sozialer Anerkennung und Selbstwirksamkeit gelangen können und dadurch zur Thematisierung ihrer Befindlichkeit befähigt werden. Die gesellschaftliche Entsprechung bestünde darin, gesellschaftliche Räume der Kritik zu ermöglichen und zu fördern, die als ‚voice areas' gestaltet werden können. Die Gemeinwesenarbeit ist hier genauso aufgefordert wie die Jugendarbeit.

Entwertung und Anerkennung

In den Zwischenwelten lauern überall Entwertungen. Zum Beispiel in der Schule mit ihrer einlinigen Unterrichtskultur, die viele verdeckte Fähigkeiten übergeht und damit entwertet, aber auch in der Jugendhilfe mit ihren Etikettierungen, die zu negativen Selbstbildern führen. Selbstentwertung äußert sich wohl am deutlichsten in der Depression. Aber auch beim Hass, hinter dem der Selbsthass schwelt, handelt es sich um Abwehr einer Selbstentwertung. Der Externalisierungszwang hat ein Konkurrenz- und Verdrängungssystem geschaffen, das Hilflosigkeit zum Störfaktor gemacht hat. Im ‚Armsein in einer reichen Gesellschaft' ist die Entwertung besonders spürbar, weil sie den kalten Hauch der eigenen Überflüssigkeit spüren lässt. Frauen fühlen sich in ihrer Sorgearbeit entwertet. Migrant*innen leiden unter der ethnischen Diskriminierung, die ihre soziale Lage verdeckt. Die Opfer von alltäglicher Gewalt fühlen sich gedemütigt und darin entwertet. Entwertungen stützen Machtverhältnisse und grenzen aus.

Das alles zeigt, dass die Zwischenwelt der Entwertungen eine besonders tückische ist. Auch soziale Hilfe, die wie selbstverständlich als positiv betrachtet wird, kann in sich Entwertung tragen, wenn sie ihre Klient*innen in Abhängigkeit hält. Vor allem die gesellschaftlich zentrale Sozialisationsinstanz Schule, die Chancengleichheit verspricht, kann für manche zum Gehäuse der Entwertung werden. Negative Etikettierungen gehören hier zur schulischen Struktur genauso wie das Übergehen von Fähigkeiten, die nicht in den Leistungs- und Verhaltenskanon der Schule passen. Solange im gesellschaftlichen Bereich der Migration Integration nicht gegenseitige Integration bedeutet, beinhaltet auch die schulische Integration weiter Defizitzuschreibungen und mithin Entwertungen. Auch dass im transnationalen Diskurs die Menschen in den ‚Entwicklungsländern' nicht als Akteure, sondern vor allem als Opfer gesehen und behandelt werden, zeigt postkoloniale Züge der Entwertung. All diese Entwertungen durchziehen die Migrationspolitik und soziale Migrationsarbeit sichtbar bis unsichtbar und erschweren vor allem auch die sozialpädagogischen Zugänge. Auch die Diskussion um die „neue Unterschicht" als Entwertungsdiskussion, in der forsch ein Abbau sozialarbeiterischer Dienste zugunsten leitkultureller Kampagnen gefordert wird, gehört in diese Galerie der Entwertung. So ist die Soziale Arbeit selbst dem Sog der Entwertungen ausgesetzt.

In der gesellschaftlichen Dimension erkennen wir Entwertung als Strukturierung. Dies weitet sich aus in der These, dass der historische Erfolg des Kapitalismus nicht nur auf seine ökonomischen und technologischen Wachstumskräfte zurückzuführen sei, sondern vor allem auch auf seine Strategien der Entwertung (vgl. Patel/Moore 2018). Die Entwertung der Fürsorge gehöre in diese Reihe der Entwertungen, so wie die Entwertung von Natur, die Entwertung von menschlicher Arbeit im Billiglohn-System und von Nahrung durch Dumping in der Kette der Lebensmittelproduktion. Und schließlich die Entwertung von Leben im Zuge der bis heute anhaltenden – postkolonialen – Ausbeutung von Menschen. Entwertung ist also – nach dieser These – der Struktur des Kapitalismus inhärent. Das bedeutet aber, dass die Entwertung der Sorge nicht für sich, sondern im Insgesamt der kapitalistischen Entwertungsstrategien diskutiert werden muss. Dies sehe ich als gesellschaftstheoretische Erweiterung auch für die Soziale Arbeit, nicht nur weil sie ihre spezifische gesellschaftliche Lage trifft, sondern vor allem auch, weil sie ihren gesellschaftlichen Bezug aus einer Randstellung herausholen und in einen allgemeinen gesellschaftstheoretischen Rahmen stellen kann, der aber gleichzeitig ihr Spezifikum aufnimmt.

Entwertung ist Verlust sozialer Anerkennung. Im Anerkennungsverlust zeigt sich nicht nur das Bewältigungsdilemma, sondern auch das Integrationsdilemma. Denn Anerkennung ist konstitutiv für Gesellschaftlichkeit, ist gleichsam ein soziales Band, das die Gesellschaft zusammenhält (vgl. Honneth 1992; vgl. auch Thole/Hunold 2018). Wenn Hilflosigkeit aufgrund fehlender sozialer Anerkennung subjektiv abgespaltet werden muss, entstehen diffuse Zonen der Suche nach Anerkennung, einer Suche, die sich vor allem auch in unterschiedlichen Formen auffälligen bis abweichenden Verhaltens ausdrücken kann. Da keine gesellschaftliche Kultur der Anerkennung von Hilflosigkeit gegeben ist, ist es die Sozialarbeit die hinter dem Verhalten die versteckten Botschaften der Anerkennungssuche aufnehmen und in ihren Projekten Anerkennungsmilieus schaffen muss. Milieu und Milieubildung sind hier die Brückenkonzepte zwischen interaktivem Anerkennungsgeschehen und gesellschaftlicher Anerkennung.

Anerkennung als gesellschaftstheoretisches Konzept verweist auf die Dimensionen der sozialen Gerechtigkeit und der Geschlechtergerechtigkeit. Soziale Ungleichheit kann man als strukturellen Verwehrungszusammenhang von sozialer Anerkennung begreifen. In die geschlechtshierarchische Arbeitsteilung ist die Entwertung von Sorgearbeit eingelassen, ist ihr eine der Erwerbsarbeit gleichberechtigte Anerkennung verweigert. Denn der Anerkennungsdiskurs ist immer noch stark auf die Erwerbsarbeit zentriert. Gerade für die Soziale Arbeit ist es wichtig, dass es einen erweiterten Arbeitsbegriff gibt, in dem auch die Sorgearbeit ihren Platz findet. Das bedeutet aber, dass wir einen anderen Begriff und eine andere Wirklichkeit von Arbeitsgesellschaft brauchen, so wie dies z. B. am Modell der Tätigkeitsgesellschaft (s. u.) bereits verhandelt wird. Das verlangt aber auch, dass man sich in der Sozialarbeit mehr auf die rechtlichen und sozialpolitischen Grundlagen sozialer Anerkennung besinnt und die Klient*innen als Bürger*innen (an)erkennt.

Ausgrenzung und Parteilichkeit

Über dem Geflecht der Abspaltungen hängt das Damoklesschwert der Ausgrenzung. Mithalten und Scheitern in der Folge des Externalisierungszwangs sind soziale Dynamiken, in denen Exklusion lauert. Hinter der Scham des Armseins ist das Erlebnis der sozialen Ausgrenzung oder zumindest die Furcht davor versteckt. Gerade bei der ‚Armut in einer reichen Gesellschaft‘ zeigt sich, dass Exklusion nicht bedeutet, dass man aus der Gesellschaft ausgeschlossen ist, sondern dass man *in* einer prinzipiell offenen Gesellschaft lebt, diese Gesellschaft einem aber Zugänge zu Erreichbarem verwehrt. Die Schule, die nicht schulfähige Begabungen und Fähigkeiten übergeht, legt bei vielen das Fundament für weitere Ausgrenzungsprozesse. Und schließlich ist die Ausgrenzung von Migrant*innen mittels der Etikettierung Einheimische/Ausländer ein ethnisch verbrämter sozialer Distinktionsprozess, der der Status- und Machterhaltung dient.

Je mehr die Wirtschaft Einfluss auf die Gesellschaft hat und je weniger der Sozialstaat in der Lage ist, den Kapitalismus sozialpolitisch zu zähmen, desto stärker wirken die Ein- und Ausschließungsmuster der Ökonomie auf die Sozialstruktur, setzen sich die Sozialformen durch, die die Ökonomie zur Realisierung ihrer Verwertungsperspektive braucht. Das heutige Grundproblem, das darin besteht, dass die kapitalistische Ökonomie in ihrem Magnetfeld von Rationalisierung und Globalisierung nur einen Teil des Humankapitals anzieht, den anderen aber abstößt, ökonomisch überflüssig werden lässt, schlägt sich sozialstrukturell in der Segmentierung der Arbeitsgesellschaft nieder. Große Bevölkerungsteile in den Industriegesellschaften haben keine Aussicht mehr, in die ökonomisch-gesellschaftlichen Kernbereiche der Erwerbsarbeit zu gelangen, viele leben in prekären und flexibilisierten Arbeitsverhältnissen und wiederum viele bleiben in sozialen Randlagen hängen, die, sollen sie zumindest das Überleben sichern, sozialstaatlich gestützt werden müssen.

Ausgrenzung zeigt sich geschlechtsdifferent. Bei Arbeitslosigkeit wird Männern zum Verhängnis, dass sie auf keine familiale Ersatzrolle – wie die Frauen – zurückgreifen können. Die meisten definieren auch ihre familiale Rolle über die Arbeit (als Haupternährer oder Familienvorstand). Männlichkeit und externe, von der Familie losgelöste Arbeit sind für viele Männer immer noch eins. Somit wird der Verlust von Arbeit auch oft als Verlust von männlicher Identität empfunden. Sie fühlen sich in weibliches Gebiet gedrängt, das sie bisher immer halbbewusst abgewertet haben, und das sie nun in den Sog der Abwertung zu ziehen scheint. Nur wenige schaffen es, die Option, Hausmann zu werden, für sich zu realisieren. Da fehlt das gesellschaftlich gestützte

Rollenbild. So geraten arbeitslose Männer von der Hilflosigkeit angesichts der Arbeitslosigkeit oder prekärer Arbeitsverhältnisse in eine für sie peinliche ‚Hilflosigkeit als Mann' und stehen unter einem besonderen Drang, sie abzuspalten.

Die Zone des *Prekariats* ist zur Zone der Ausgrenzung hin durchlässig und umgekehrt. Es handelt sich um Männer und Frauen in flexibilisierten und prekären Beschäftigungsverhältnissen unterhalb der Schwelle des Normalarbeitsverhältnisses. Mit dem Begriff des ‚abgehängten Prekariats' – einer Kombination aus ‚prekärer Lebenssituation' und ‚Proletariat' – wurde anfangs der 2000er Jahre in den deutschen Medien eine neuartige ‚Unterschicht' wiederentdeckt. Diese Menschen haben nicht nur ein geringes Einkommen, ihnen fehlt zudem der soziale Rückhalt, sie leben meist in höchst unsicheren (prekären) Arbeitsverhältnissen und fühlen sich abgehängt, auf die Verliererseite der ökonomisch-gesellschaftlichen Entwicklung gedrängt. Sie sind es meist nicht gewohnt mit diesem Schicksal zurechtzukommen, sich darin einzurichten, wie das bei der traditionellen Randgruppe der Deklassierten der Fall ist. Nicht wenige unter ihnen hatten schon bessere Zeiten gehabt und hoffen auch immer noch auf bessere Zeiten. Ihr Schicksal bleibt nicht am Rande, sondern strahlt in die Gesellschaft hinein: An ihm entzünden sich auch die Ängste jener, die noch gute und qualifizierte Arbeit haben, aber befürchten, ihnen könnte einmal ein ähnlicher Abstieg widerfahren. Wenn also von prekären Lebenslagen die Rede ist, fällt der Schatten auch auf die bedrohte ‚Arbeitnehmermitte'. Das Arbeitsplatzrisiko kann nahezu jeden in der gesellschaftlichen Mitte treffen. Strukturelle Massenarbeitslosigkeit als Folge von Globalisierungs- und Rationalisierungsprozessen hat einen neuen Typ sozialer Exklusion geschaffen, den man auch als *anomische Exklusion* umschreiben könnte: Zahlreiche Menschen werden ausgeschlossen, die selbst alles getan haben, um die Voraussetzungen der Inklusion in die Arbeitsgesellschaft zu erfüllen, denen aber dennoch der Zugang verwehrt ist und die damit an das System insgesamt nicht mehr glauben können. Gleichzeitig – mit dem Brüchigwerden des Normalarbeitsverhältnisses – fühlen sich auch viele Arbeitnehmer*innen der Mitte bedroht. Diese Entwicklung wurde schon Ende der 1980er Jahre als ‚Segmentierung des Arbeitsmarktes' thematisiert. Der entscheidende Unterschied zur fordistisch-sozialstaatlich sozial durchlässigen Gesellschaftsstruktur liegt darin, dass die technologische Substitution von Arbeit und ihre internationale Auslagerung in den Nationalgesellschaften dazu geführt hat, dass sich ein horizontales Inklusion-Exklusion-System sozialstrukturell durchsetzt. Einen Kern von hoch qualifizierter Tätigkeit umgibt eine breite Peripherie qualifizierter bis prekarisierter Arbeit, die aber vom Risiko der Arbeitslosigkeit durchzogen ist. Von ihr ist ein breiter gewordener Rand prekärer Arbeits- und deklassierter Lebensverhältnisse abgesetzt, von dem – bis auf individuelle Gelegenheiten – keine kollektiv gangbaren Wege in die Arbeitsgesellschaft führen. In diesen Randzonen finden wir sozialpädagogische und soziokulturelle Angebote, die den Betroffenen Selbstwert und Anerkennung ‚neben' der Erwerbsarbeit verschaffen sollen, damit sie ihre soziale Handlungsfähigkeit aufrechterhalten können.

Diese prekäre Zone der Beschäftigung, in der es wenig Anerkennung gibt, in der Unsicherheit über die Zukunft des Lebens vorherrscht und Arbeiten verrichtet werden, die wenig Sinn vermitteln können, ist eine Zone diskriminierender und zugleich disziplinierender Prekarität (vgl. Dörre 2006). Ersteres wird zwar thematisiert, letzteres aber in der gesellschaftlichen Diskussion abgespalten, weil es gerade in Wirtschaftskreisen positiv gehandelt wird: Die ‚Prekarier' bilden in der Arbeitsgesellschaft so etwas wie eine rote Linie, die den durchschnittlichen Erwerbstätigen signalisiert, dass ihre Arbeit auch von anderen – z. B. Leiharbeitern – gemacht werden kann. Diese verdeckte Disziplinierung führt dazu, dass sich die fest Beschäftigten noch mehr gegenüber denen in prekären Arbeitsverhältnissen abgrenzen. Gerade für Jugendliche und junge Erwachsene, die in unserer Gesellschaft mehrheitlich ein Normalarbeitsverhältnis anstreben, kann sich das insofern als Zwang auswirken, dass sie andere Kompetenzen, die sie haben, die aber am Erwerbsarbeitsmarkt nicht nachgefragt werden, minder bewerten. Die sozialpädagogische Beschäftigungshilfe, die eben nicht nur auf den ersten Arbeitsmarkt ausgerichtet ist, bekommt dies als Blockade zu spüren. Mit der gesellschaftlichen

Ausgrenzung ist ein Paradox verbunden, das sich besonders in die Theorie der Zwischenwelten fügt. So zeigt sich im Falle der Armut, dass die Armen zwar aus der Gesellschaft ausgeschlossen sind, ihr aber weiterhin zugehören. Ihnen ist die gesellschaftliche Teilhabe verweigert. Der gesellschaftliche Rest, der ihnen bleibt, ist ihre sozialstaatlich gewährleistete Existenz, ansonsten verbleiben sie in der Zwischenwelt der ‚Unproduktiven', wobei diese negative Zuschreibung tabuisiert, abgespalten ist.

Ohne eigene Organisationsmacht sind sie auf soziale Hilfe, nicht nur materiell, sondern auch politisch im Sinne *sozialer Parteilichkeit* angewiesen. Schon Carl Mennicke sah in den 1920er Jahren in der Parteilichkeit eine Haltung, die signalisiert, dass man den gesellschaftlichen Verhältnissen und ihren sozialen Folgen gegenüber als Sozialarbeiter*in nicht neutral bleiben könne. Mennicke hat damals ein vielschichtiges Argumentationstableau aufgemacht, das uns auch heute Anregungen dafür geben kann, wie wir in einer sich professionell und rational verstehenden Berufswelt *Parteilichkeit* thematisieren können. „Hinsichtlich der allgemeinen Einstellung des Fürsorgers zu seiner Berufsarbeit ist […] zweierlei ins Auge zu fassen. Einmal gilt es, sich allgemein frei zu machen für die Einsicht, daß der Fürsorger so wenig wie der Pädagoge überhaupt aus den politischen Spannungen der Gegenwart heraustreten kann, ja, daß er selbst diese Spannungen in seinen Beruf hineintragen wird und daß das pädagogisch sinnvoll sein kann. Ganz gewiß hat er besonders neutral zu sein in dem Sinne, dass er […] jedem mit der gleichen Gewissenhaftigkeit und Hingabe in seiner speziellen Not hilft. Aber da die Lösung der pädagogischen Aufgabe nun einmal von der Lebendigkeit des pädagogischen Bezuges abhängt, kann es gar nicht ausbleiben, daß die besondere politische und weltanschauliche Einstellung des Fürsorgers in einem Fall eine Erschwerung, im anderen Fall eine wesentliche Erleichterung für die Lösung der pädagogischen Aufgabe bedeutet. Und da die Fürsorgearbeit zum großen Teil Arbeit an der proletarischen Bevölkerung ist, und da es in der Lage der proletarischen Bevölkerung begründet ist, daß sie bestimmten gesellschaftlichen Gestaltungstendenzen zuneigt, wird, wo es sich nicht um ausgesprochen konfessionell bestimmte

Bezirke handelt, eine entsprechende politische Einseitigkeit des Fürsorgers besonders leicht eine wirkliche Hilfe für seine Arbeit bedeuten. […] Und es wäre vollkommen töricht, diese Dinge kaschieren zu wollen zugunsten eines Prinzips der Neutralität, dem die heutige gesellschaftliche Wirklichkeit an keiner Stelle entspricht" (Mennicke 1930: 319 f.).

Am Abhängigkeitsstatus der Betroffenen hat sich ja auch heute in der Grundstruktur nichts geändert. Soziale Parteilichkeit hat ihre Wurzeln im Klassenkampf-Dispositiv der Arbeiterbewegung und wurde von den Frauenbewegungen mit neuer Zielrichtung aufgenommen. So wendet sich die moderne feministisch inspirierte Sozialarbeit seit den 1990er Jahren gegen die defizitären Zuschreibungen, wie sie auf Frauen und Mädchen angewendet werden. Vielmehr gehe es darum, Abhängigkeitsstrukturen, in denen die Frauen stehen, zu benennen. Feministische Parteilichkeit entzündet sich deshalb immer wieder an der Selbstverständlichkeit patriarchaler Macht- und Gewaltstrukturen. Der strukturellen Resistenz von Gewalt gegen Frauen werden der Anspruch und das Recht auf Schutz, Gegenwehr und Überwindung von Opfererfahrungen entgegengesetzt. Parteilichkeit ist hier gleichsam zum Symbol einer Gegenwelt geworden. In ihr manifestiert sich eine Haltung, Mädchen und Frauen Raum zu jener Selbstentwicklung zu geben, die ihnen in ganz unterschiedlichen Formen von Entwertung, Nichtachtung und Missdeutung ihrer Erfahrungen verweigert wird. Parteilichkeit kann in diesem Zusammenhang auch als gesellschaftlicher Tabubruch wirken. Das gelang im Falle der gesellschaftlichen Enttabuisierung sexueller Gewalt. Die Thematik sexueller Gewalt war hermetisch im Privatbereich der persönlichen Beziehungen und in der Familie eingeschlossen. Das öffentliche parteiliche Eintreten zum Schutz der Opfer hat dazu geführt, dass die gesellschaftliche Wand dieses Tabus durchbrochen und damit ein immer noch wirkender patriarchaler Verdeckungszusammenhang aufgerissen wurde. Diese Parteilichkeit hat vor allem auch dazu beigetragen, eine neue Norm im Geschlechterverhältnis durchzusetzen.

Im feministischen Parteilichkeitsanspruch in der Sozialen Arbeit ist der Übergang von der politischen zur fachlich begründeten Parteilichkeit fließend. Von der Struktur her war das auch bei Mennicke der Fall. Wir finden diese, ich nenne sie *balancierende Parteilichkeit* auch heute bei Sozialarbeiter*innen vor allem in den Bereichen von Streetwork und Gemeinwesenarbeit. Schwieriger wird es, wenn – nur fachlich begründet – von der „Vertretung der Interessen der Klient*innen" die Rede ist. Hier geht es nicht um Parteilichkeit, sondern um anwaltliches Handeln, in dem das „Interesse" der Betroffenen fachlich, aus dem professionellen Fallverstehen heraus, vertreten wird. Parteilichkeit bedeutet aber nicht nur Anwaltschaft, sondern auch die Ermutigung und Befähigung der Klient*innen, Widerspruch zu üben. Ley/Ziegler bezeichnen das als „capability for voice" (2012: 269). Das setzt natürlich die Demokratisierung sozialpädagogischer Organisationen voraus. Erst dann werde es möglich, dass die Klient*innen spüren und erfahren können, dass sich auch aus der Widerständigkeit heraus Selbstwirksamkeit und soziale Anerkennung entwickeln kann.

Die Übergangshypothese: Das Leiden an der Bedürftigkeit und die ‚bedürftige Gesellschaft'

In der neoliberalen Gesellschaft wächst die Sehnsucht nach anderen Lebensformen im Verhältnis von Arbeit und Familie, jenseits der Fixierung nur auf die Erwerbsarbeit. Auch wenn es die meisten Menschen nicht aussprechen, sondern im Gegenteil Zufriedenheit mit ihrem jetzigen Leben im Wohlstand ausstrahlen. Unter der Decke summieren sich aber die Ängste und Wünsche gleichermaßen. Man möchte manches anders, aber dabei das Jetzige nicht aufgeben. Die Corona-Krise 2020/21 hat einiges aufgedeckt. So die totale Abhängigkeit von der Erwerbsarbeit und das Fehlen von anerkannten Alternativen oder zumindest Substituten zu dieser. Die Gleichstellung der Geschlechter hat sich als trügerisch erwiesen. Männer spüren, wie sehr sie sich von der Familie entfernt haben. Sehnsucht, Leiden und trotzige Beharrung gehen in eins. Die Zukunft scheint nicht mehr verfügbar, die Risiken steigen unmittelbar auf. Das wird in der Krise plötzlich diskutiert, aufgedeckt, weil es bislang in die Zwischenwelten verdrängt war. Bedürftige Menschen in einer bedürftigen Gesellschaft, in deren Inneren vieles offen bleibt, was nach außen so geschlossen und fertig erschien. Bedürftigkeit zeigt sich hier als Ausdruck von nicht eingestandener Hilflosigkeit, als eine Blockade, die psychosozial aber auch gesellschaftlich wirkt.

Bedürftigkeit als besondere Form der Hilflosigkeit und darin Abhängigkeit entsteht, wenn existenzielle Wünsche zur Durchsetzung drängen, aber gleichzeitig verwehrt werden. Es ist diese Gleichzeitigkeit, die diese Hilflosigkeit erzeugt und mit ihr den Zwang zur Abspaltung. Bedürftigkeit als Gleichzeitigkeit von Wunsch und Verwehrung, die sprachlos gärt, abgespalten werden muss, sich so ihre Opfer sucht. Verwehrung speist Gewalt und antisoziales Verhalten, aber auch Gewalt gegen sich selbst. Bisher war es vor allem der Diskurs zur häuslichen und sexuellen Gewalt, der auf die verdeckte Dynamik und Wucht von Bedürftigkeit hingewiesen hat. Männer, die sich unter dem Druck intensivierter Arbeit ihren emotionalen Ausgleich bei der Partnerin holen wollen, in das Recht darauf hineinsteigern, die männliche Dividende einzulösen suchen und dann erfahren müssen, dass Frauen das eben nicht mehr so selbstverständlich mit sich machen lassen, sich dagegen zur Wehr setzen. Der männliche Wunsch wird in der nun einsetzenden Dynamik der Verwehrung zum Machtdrang, ein Machtgefühl allerdings, das – so die Logik der Bedürftigkeit – gleichzeitig mit Hilflosigkeit gepaart ist. Es ist eine komplexe Form der Abhängigkeit, die schwer thematisierbar ist.

Das Leiden an der Bedürftigkeit wird sich ausbreiten, ist längst nicht mehr auf die Zone häuslicher Gewalt begrenzbar. Die Gleichzeitigkeit von Wunsch und Verwehrung, der aus ihr erwachsene Durchsetzungsdrang wirkt in vielen Lebensbereichen. Der digitale Kapitalismus – und das macht ja seine eigene Qualität aus – wird diese Leiden, die er freisetzt, integrieren, vermarkten können. Die Pharmaindustrie wird so weiter in den Mittelpunkt der ökonomisch-gesellschaftlichen Entwicklung rücken, medizinisch-technologische Modelle sozialer Gesundheit drohen die sozialstaatlich gewordene Soziale Arbeit an die Wand zu drücken. Denn sozialtechnologische Modelle sind auf eine Gesellschaft hin ausgelegt, in der Konflikte nicht ausgetragen, soziale Brüche und Spaltungen nicht mehr gesellschaftlich thematisiert, sondern eher pathologisiert und damit klinischen Interventionsstrategien zugänglich gemacht werden. Eine solche konflikt- und sprachlose Gesellschaft ist eine ‚bedürftige Gesellschaft'. Sie ist der Feind jeder Sozialen Arbeit, die sich eben nicht sozialtechnologisch versteht, sondern Konfliktöffentlichkeiten braucht, damit die Menschen ihre Lebensschwierigkeiten zur Sprache bringen können, nicht verstecken oder abspalten müssen. Die interaktiven elektronischen Medien zaubern zudem eine virtuelle Welt des ‚second life', die allseits zugänglich ist und Erfüllungs- und Erfolgsillusionen Tür und Tor öffnet. Und dann die schöne, allerdings nicht mehr so neue Arbeitswelt: Man arbeitet nun in Projekten, für die man selbst verantwortlich ist und die einen deshalb zum Projekterfolg zwingen und dabei immer das dumpfe Gefühl erzeugen, das Risiko selbst tragen zu müssen, wenn man abstürzt. Wunsch und Verwehrung geben sich auch dort die Klinke in die Hand, wo Jugendliche immer noch Normalarbeitsverhältnisse für ihr Leben anstreben und zwanghaft übergehen, dass ihnen Brüche und Risiken bevorstehen, die dieses Wunschbild zerstören.

Männer jungen und mittleren Alters, arbeitslos oder in prekären Arbeitsverhältnissen, sind zur Problem- und Risikogruppe Nummer Eins in unserer Gesellschaft deklariert worden. Auch die Soziale Arbeit wird es zunehmend mit jungen Männern zu tun bekommen, die nicht mehr mithalten können und von Verlassensängsten geplagt sind. Doch die ‚Intensivierung der (Erwerbs-)Arbeit', das Gift, dass vor allem die Männer auffrisst, ihnen keine Zeit zum Innehalten lässt, wird weiter wirken. In diesen Sog werden auch die Frauen immer wieder hineingezogen. Zudem erweist sich die soziale Errungenschaft der Vereinbarkeit von Beruf und Familie gerade in Krisen als trügerisch. Denn die Doppelbelastung bleibt vielen Frauen erhalten, die geschlechtshierarchische Arbeitsteilung wirkt weiter. Hier ist eine weibliche Bedürftigkeit entstanden. Diese Bedürftigkeit, die gespürt, aber nicht erfasst werden kann, weil sie in den Zwischenwelten gärt, ist der Antrieb für die Hoffnung auf eine Gesellschaft der Sorge, die – jenseits der Abspaltungen – eine Klärung bis Auflösung solcher Hilflosigkeit verspricht. Die Soziale Arbeit kann zur Institution werden, die diesen Transformationsprozess mit vorantreibt.

Teil II: Jenseits der Abspaltungen – Eine Gesellschaftstheorie der Sorge

Soziale Arbeit als Sorgearbeit kann sich in einer Gesellschaft entwickeln und aus den Zwischenwelten der Abspaltung herauskommen, wenn *Sorge (Care)* zu einer Schlüsselkategorie der Vergesellschaftung wird. Der zur Zeit und auf Zukunft diskutierte notwendige *sozialökologische Transformationsprozess* kann den Weg zu dieser Gesellschaft ebnen und den Hintergrund für eine entsprechende gesellschaftstheoretische Konzeption der Sozialen Arbeit bilden. Der Gesellschaftsentwurf für diese Perspektive ist der der *Tätigkeitsgesellschaft,* die zwar weiterhin kapitalistisch grundiert sein wird, aber sozial wirksame Gestaltungswelten außerhalb der Ökonomie verheißt. Die Soziale Arbeit kann in dieser Tätigkeitsgesellschaft eine Brückenfunktion in der neuen *Triade der Arbeit* einnehmen. Der demokratisch legitimierte Sozialstaat wird als *gestaltender Staat* eine aktive Vermittlungsrolle zwischen den Sphären der Tätigkeitsgesellschaft spielen können. In der Dialektik zwischen Globalem und Lokalem werden sich lokale *Milieus* und regionale *Netzwerke* der Tätigkeitsgesellschaft herausbilden. Im Konstrukt der *Sozialbürgerschaft* können alle sozialen Schichten in die bürgerschaftliche Sphäre integriert werden. Die Mitwirkung beim Ausbau *sozialer Freiheit,* bei der *Sozialintegration* und der *sozialen Gestaltung* sowie der Aufbau einer *sozialen Seismographie* und die Bildung *sozialen Vertrauens* werden zu zentralen gesellschaftlichen Funktionen einer Sozialen Arbeit in einer sorgesensiblen Tätigkeitsgesellschaft. Sie wird es weiter mit biografischen Bewältigungsproblemen zu tun haben, der gesellschaftliche Abspaltungsdruck wird aber in einer Gesellschaft der Sorge nachlassen. Das bedeutet, dass sich die gesellschaftliche Stellung und Funktion der Sozialen Arbeit wandeln werden. Sie kann von einer gesellschaftlich sekundären zu einer gesellschaftlich tragenden Institution werden.

Dies sind im Wesentlichen die Bausteine einer Gesellschaftstheorie der Sorge.

Die ‚Ausstiegsformel'

Die Gesellschaftstheorie der Zwischenwelten gilt für die Epoche des wachstumsfixierten Kapitalismus, in der wir im ersten Drittel des 21. Jahrhunderts (immer noch) leben. Gesellschaftliche Gegenentwürfe, in denen der fatale Abspaltungsdruck aufgelöst oder gemindert werden kann, werden – vor allem in sozialökologischer Perspektive – seit längerem diskutiert. Es geht um eine zukünftige Gesellschaft, in der eine Balance zwischen Ökonomischem, Ökologischem und Sozialem erreicht ist. Aus den Sozialwissenschaften – vor allem ihren feministischen ‚Flügeln' – kommen in diesem Zusammenhang seit längerem immer wieder Entwurfsskizzen, in denen Sorge (Care) nicht nur zur gesellschaftlichen Integrationskraft, sondern auch zum Produktivfaktor neben der Erwerbsarbeit werden kann. Meine Grundformel für diese Transformation, die auch der Sozialen Arbeit einen höheren gesellschaftlichen Stellenwert und eine entsprechende gesellschaftliche Anerkennung geben wird, umschreibe ich mit dem Begriff der *Dialektik der Angewiesenheit.* Es ist die Angewiesenheit des Kapitalismus auf das Soziale in dreifacher Hinsicht: zum einen ist die kapitalistische Ökonomie zu ihrer Modernisierung auf grundlegende soziale Reformen angewiesen, zum zweiten ist sie ohne die soziale Reproduktionstätigkeit nicht denkbar und schließlich ist das ökonomische Wachstum sozialökologisch begrenzt.

Die sozialökologische Transformation des Kapitalismus soll also in eine ökonomisch-sozial ausbalancierte Gesellschaft führen, in der die Abspaltungszwänge des gegenwärtigen Kapitalismus wesentlich gemildert sind. Vor allem der Externalisierungszwang, der einer humanen Wachstumsformel weichen soll, damit verbunden auch der Ausgrenzungsdruck und schließlich der Abbau der geschlechtshierarchischen Arbeitsteilung, die genug Entwertung in die Gesellschaft gebracht hat. So können die Zwischenwelten der Abspaltung ausgetrocknet und die Soziale Arbeit kann aus dem Bann dieser Zwischenwelten herausgeholt werden. Die Soziale Arbeit wird über die weiterhin notwendigen biografischen Hilfen hinaus eine gesellschaftliche Gestaltungsaufgabe erhalten; sie kann dabei helfen, soziale Milieus und Infrastrukturen auszubilden und so einen neuen Beitrag zur Entwicklung der neuen Tätigkeitsgesellschaft leisten können.

Die Ausstiegsformel aus einer Gesellschaft unter Abspaltungszwang können wir bewältigungstheoretisch fassen: So wie Abspaltungen vermieden werden können, wenn die Betroffenen in der Lage sind, ihre innere Hilflosigkeit zu thematisieren, verhält es sich auch im gesellschaftlichen Bereich. Chance zur Thematisierung heißt hier vor allem: eine Kultur der Anerkennung von Hilflosigkeit ermöglichen. Thematisierung bedeutet weiter: Anerkennung und Ermöglichung der Austragung von sozialen Konflikten. Und schließlich: So wie in der Bewältigungstheorie das Konzept der ‚funktionalen Äquivalente' für die Praxis der Sozialen Arbeit empfohlen wird (vgl. Böhnisch 2016), kann es auch gesellschaftlich funktionieren: gesellschaftliche Räume schaffen, in denen die Menschen erfahren können, dass sie nicht unbedingt marktfähig sein müssen, um Selbstwert und Anerkennung zu erreichen. Dafür braucht es eine demokratische Öffentlichkeit, die allen Bürger*innen zugänglich ist. Und schließlich ist ein gestaltender Sozialstaat nötig, der die Räume für eine Care-Transformation ermöglichen und Hintergrundsicherheit bei der Austragung von Konflikten schaffen kann.

Das bedeutet nicht, dass es in einer Gesellschaft der Sorge keine Abspaltungen gibt. Es wird weiterhin eine kapitalistisch grundierte Gesellschaft sein, aber mit der Entwicklung zur Tätigkeitsgesellschaft (s. u.) wird die damit verbundene gesellschaftliche Anerkennung von Hilflosigkeit und Sorge die Abspaltungszwänge erheblich mildern. Die Soziale Arbeit wird mehr Raum und Anerkennung für soziale Gestaltung erhalten. Sie wird dabei ihre Kernziele neu formulieren können. In der Tätigkeitsgesellschaft stehen ihre Klient*innen nicht mehr unter dem Diktat des Mithaltens oder Scheiterns, sondern ihre Verletzlichkeit kann in den Blick geraten. Auch ist sie nicht mehr an die normabweichenden Symptome des Verhaltens gebunden, sondern wird nun in der Lage sein, das Übergangene, die verdeckten Potenziale bei ihren Klient*innen aufzuschließen. Und sie wird nicht mehr die randständige Institution der Abwehr sozialer Desintegration sein, sondern kann aus diesem Ghetto heraustreten und zur Agentur sozialer Integration und sozialer Gestaltung werden.

Das theoretische Modell: Die Dialektik der Angewiesenheit

Ich habe die Dialektik der Angewiesenheit des Kapitalismus auf das Soziale und darin auf die Soziale Arbeit bereits ausführlich in dem Argumentationsband ‚Die Verteidigung des Sozialen' beschrieben (vgl. Böhnisch 2018). Die Erweiterung hin zur Angewiesenheit auf das Ökologische findet man in dem Buch zur ‚Sozialpädagogik der Nachhaltigkeit' (Böhnisch 2019). Deshalb will ich diese mehrfache Angewiesenheit nur noch einmal kurz darstellen:

Dass das Ökonomische und das Soziale trotz einer unüberbrückbaren Widersprüchlichkeit historisch so zusammenspielen mussten, liegt vor allem darin begründet, dass der Kapitalismus auf den *Einbau des Sozialen* angewiesen war, wollte er historisch überleben, sein immanentes Ziel der Wachstums- und Profitsteigerung weiter verfolgen und sich zu diesem Zwecke modernisieren. Und umgekehrt konnte sich das Soziale über die Produktiv- und Wachstumskräfte des Kapitalismus bis in die gesellschaftliche Gegenwart entfalten und zum gesellschaftlichen Strukturprinzip werden. Mit der Modernisierung der kapitalistischen Ökonomie geht die Freisetzung und Bildung sozialer und darin auch antikapitalistischer Interessen der Menschen einher. Man kann diesen historischen Prozess in den Begriff der *Dialektik der Erweiterung* fassen .

Die *Reproduktionsarbeit* – Hausarbeit, Beziehungs- und Familienarbeit –, die historisch ganz den Frauen zugeschrieben war und in der Tendenz bis heute in dieser Selbstverständlichkeit angenommen wird, bleibt unsichtbar, obwohl sie zwingende

Voraussetzung für die Reproduktion der Arbeitskraft ist. Sowohl das Kapital als auch die (Erwerbs-)Arbeit sind auf diese Reproduktionssphäre angewiesen. Auch wenn sich die kapitalistische Ökonomie auf die (äußere) Produktionslogik zurückführt, wird sie immer wieder durch die (innere) Reproduktionstätigkeit, mit *hergestellt*. Der Aspekt der *Herstellung* ist dabei zu betonen, denn dieser beinhaltet seinem Sinn nach mehr als nur die Vorstellung, der Industriekapitalismus ‚funktioniere' nur, weil diese Reproduktionstätigkeit selbstverständlich und alltäglich ausgeführt werde. Dieser reproduktive Bereich vornehmlich weiblich konnotierter Beziehungsarbeit bleibt also verdeckt, sein Wert abgespalten.

Die ökonomisch-soziale Hypothese erweitert sich heute zur *sozialökologischen Hypothese* von der Bewahrung der Existenz des Menschen *überhaupt* im Einklang mit der Bewahrung der Natur. Wenn der Kapitalismus über den Menschen und die Natur weiter als Ware verfügen will, ist er selbst bedroht. Die sozialpolitische Grundkonstellation scheint in ihrer Direktheit neu auf, hat sich aber signifikant erweitert. Im Vordergrund steht heute nicht nur das antisoziale Wesen des Kapitalismus, sondern darüber hinaus seine globale Schrankenlosigkeit. Dagegen steht die weltweite Sorge um das Überleben der Menschheit. So ergeben sich für die nun erweiterte sozialökologische Idee zwei Begründungen: Zum einen die Erkenntnis, dass zwischen der Ausbeutung der Natur und der Ausbeutung des Menschen eine Entsprechung besteht, der Kapitalismus den Menschen wie die Natur gleichermaßen als Ware behandelt. Zum Zweiten die daraus erwachsende Verpflichtung, die menschliche Existenz vor allem auch in ihrer Abhängigkeit von der Natur und deshalb auch die Natur zu bewahren. Damit hat die Care-Perspektive eine universale gesellschaftliche Bedeutung erhalten. Die gesellschaftliche Verwirklichung der sozialökologischen Perspektive bietet den theoretischen Windschatten, in dem die Sozialpolitik und mit ihr die Soziale Arbeit eine Leitperspektive der Sorge entfalten können.

Die Angewiesenheit des Kapitalismus auf das sozialökologische Programm

Damit Sorge zur allgemeinen Kategorie der Vergesellschaftung werden kann, braucht es – über die feministische Perspektive hinaus – einen Krisen- und Transformationsdiskurs, in dem die Angewiesenheit des Kapitalismus auf die Sorgeperspektive allgemein hervortritt: vom profitgetriebenen Risiko zur nachhaltigkeitssensiblen Sorge. Dies geschieht zur Zeit in der Auseinandersetzung um eine ökologische Transformation des Kapitalismus. Indem aber soziale Frage und ökologische Frage miteinander verbunden sind, sollte man von einer *sozialökologischen Transformation* sprechen. Reinhard Bütikofer und Sven Giegold sehen drei Krisenkonstellationen als ausschlaggebend für die globale Krise des Kapitalismus. Zum einen eine Wirtschafts- und Finanzkrise als Ergebnis einer Politik der Deregulierung der Finanzmärkte. Zum Zweiten eine Klima- und Ressourcenkrise und schließlich eine Gerechtigkeitskrise. „Auch wenn die Gründe für diese Entwicklung komplex und vielschichtig sind, das Wirken der Finanzmärkte in den letzten Jahren war auch in den nicht krisenhaften Zeiten hoch problematisch. Die entfesselten Finanzmärkte haben die soziale Spaltung und die Konzentration von Vermögen enorm beschleunigt. Der Druck zur Rationalisierung hat immer mehr Menschen von Arbeit und Einkommen ausgeschlossen“ (Bütikofer/Giegold 2010: 7). Sie schlagen einen grünen „New Deal“ vor, der auf drei Säulen ruht. „Die erste Säule ist die Neugliederung der entfesselten Finanzmärkte, damit diese nicht weiter eine Spekulationsblase nach der anderen erzeugen, sondern die Finanzierung einer nachhaltigen wirtschaftlichen Entwicklung sichern. Die zweite Säule ist der ökologisch-soziale Umbau unserer Gesellschaft, der durch massive Investitionen in Klimaschutz, Bildung und Gerechtigkeit aber auch durch eine ökologische Industriepolitik vorangetrieben wird. Damit werden neue Arbeitsplätze geschaffen und eine neue wirtschaftliche Dynamik in Gang gesetzt. Die dritte Säule ist die Erneuerung des sozialen Ausgleichs – zwischen Nord und Süd ebenso wie zwischen Arm und Reich hier im Lande“ (ebd.: 9).

In diesen Interdependenzen werden die ökologischen, sozialen, aber auch ökonomischen Risiken und Grenzen des wachstumsfixierten Kapitalismus thematisierbar. Da ist zuerst die *produktionspolitische Notwendigkeit* der Transformation. Denn „bei einem langfristig fortgesetzten Wachstum auf dem Pfad der vergangenen zehn oder zwanzig Jahre müsste die Energie und Ressourceneffizienz in einem Maße steigen, dass alle physikalischen Zusammenhänge sprengt. Folglich gerät die Gesellschaft unter einen Veränderungsdruck, für den sie bislang kein demokratisches Lösungsangebot hat und – ohne grundlegende Selbstveränderung – auch nicht haben kann. Ihrem bisherigen Versprechen – mit Wachstum sind alle Probleme lösbar – wird dann der Boden entzogen“ (Thie 2013: 22). Jetzt kann man die Formel von der Dialektik der gegenseitigen Angewiesenheit sozialökologisch erweitern: Der Kapitalismus muss um seiner erneuten Modernisierung, ja um seines Überlebens willen, das sozialökologische Programm integrieren, der Markt muss in eine entsprechende Richtung gelenkt werden. Es bleibt aber der kapitalistische Widerstand, der wohl solange anhält, als Profite aus dem bisherigen Wirtschaften zu erwarten sind. Naomi Klein (2019: 92) hat diesen Widerstand so beschrieben: „Die Leugner konnten punkten, indem sie die Klima- mit der Wirtschaftsfrage verknüpften: der Klimaschutz werde den Kapitalismus zerstören, behaupteten sie, Arbeitsplätze vernichten und die Preise in die Höhe treiben.“ Deshalb muss der Ansatzpunkt der sozialökologischen Gegenbewegung sein, den kapitalistischen Beharrungsblock „auf dem Terrain der Wirtschaft zu schlagen. Dazu müssen wir überzeugend darlegen, dass mit den wahren Klimalösungen zugleich auch die besten Aussichten für den Aufbau eines fairen und sehr viel klüger konzipierten Wirtschaftssystems verbunden sind“. Und dies muss radikal produktionspolitisch dahingehend untermauert werden, dass es – wie oben aufgezeigt wurde –, das weitere schrankenlose Wachstum des Kapitalismus ist, der ihn zerstören wird, und nicht seine Begrenzung. Diese erfordert den schrittweisen Einbau des sozialökologischen Prinzips in den Kapitalismus und dadurch dessen Umbau.

Die Synthese wäre dann ein „Ökokapitalismus“ in antikapitalistischer Perspektive. „Ökokapitalismus: ein Widerspruch in sich? Von Karl Marx stammt der berühmte Satz: ‚der Kapitalismus ruiniert die Springquellen des Reichtums, auf denen er beruht: den Arbeiter und die Natur'. Heute, nach eineinhalb Jahrhunderten Erfahrung mit dem Kapitalismus muss man hinzufügen: der Kapitalismus ist ein hochgradig lernfähiges, evolutionäres System, das bisher noch jede Krise in einen Innovationsschub verwandelt hat. Zwar ist die soziale Einhegung des Kapitalismus ein stetes umkämpfter, von Rückschlägen bedrohter Prozess, aber sie ist auch im Zeitalter der Globalisierung nicht außer Kraft gesetzt" (Fücks 2007: 34). Eduard Heimann (1929) hat in diesem Sinne vom Einbau des Sozialpolitischen *gegen den Kapitalismus im Kapitalismus* gesprochen, denn die Arbeiterbewegung als Auslöser des Sozialpolitischen ist ja aus dem Kapitalismus – bzw. seiner Kritik – hervorgegangen. Gleiches gilt für die sozialökologisch-antikapitalistische Bewegung und den Einbau des Ökologischen in den Kapitalismus. Auch das Sozialökologische ist im Kapitalismus Bestandteil und Fremdkörper zugleich.

„Auf Sicht der nächsten Jahrzehnte hängt alles davon ab, dass eine Entkoppelung von ökonomischer Wertschöpfung und Naturverbrauch gelingt. Das bedeutet nichts weniger als eine neue industrielle Revolution, eine völlig neue Generation umweltfreundlicher Technologien, eine Umstellung der Energiebasis von fossilen auf erneuerbare Energien und einen grundlegenden Umbau des Verkehrssystems. Diese kopernikanische Wende von der bisherigen, auf dem Raubbau an den natürlichen Lebensgrundlagen basierenden Produktionsweise zu einer nachhaltigen Ökonomie erfordert zwei grundlegende Operationen. Erstens geht es darum, aus weniger Ressourcen ein Mehr an Wohlstand zu erwirtschaften. […] In einer zweiten parallelen Kraftanstrengung geht es darum, fossile Energieträger durch erneuerbare Energien und knappe Ressourcen durch nachwachsende Rohstoffe zu ersetzen" (Fücks 2014: 560). Und mit Jeremy Rifkin, der in einer gewandelten Infrastruktur den Schlüssel zum Green New Deal sieht, kann weiter differenziert werden: „Infrastrukturen sind wie lebende Organismen. Sie werden geboren, wachsen, kommen zur Reife und schwenken ein in eine lange Verfallsperiode, die schließlich mit ihrem Ableben endet, und genau das ist es, was im Augenblick mit der auf Kohlenstoff gebauten zweiten industriellen Revolution passiert. Glücklicherweise ist im Herzen eines Green News Deal eine digital unterstützte kohlenstofffreie Infrastruktur der dritten industriellen Revolution im Wachsen begriffen, zusammen mit erhöhten Gesamteffizienzen, höherer Produktivität und einer drastischen Verbesserung der Klimabilanz. Der Ausbau der Infrastruktur dieser dritten industriellen Revolution und ihre Verwaltung im 21. Jahrhundert bedürfen jedoch sowohl neuer Unternehmungen als auch einer neuen Arbeiterschaft" (Rifkin 2019: 194).

Das Soziale kann im Globalisierungsmaßstab ökonomisch ausgehebelt werden, die Natur aber nicht, sie kann nur endgültig zerstört werden. Das Soziale ist nun über die Dimension der Natur und der natürlichen Grenzen des Wachstums neu definiert. Im Prozess der sozialökologischen Transformation vereinigen sich die sozialen und ökologischen Gegenkräfte des digitalen Kapitalismus. So kann die sozialpolitische Dialektik der Angewiesenheit erweitert werden. Denn während die ökonomische Globalisierung die sozialstaatliche und darin sozialpolitische Kraft schwächt, entwickelt sich im aufkommenden sozialökologischen Katastrophendiskurs zu Klimawandel und weltweiter Arm-Reich-Spaltung eine Gegenströmung, die dieser Dialektik der Angewiesenheit wieder Kraft verleihen kann. Der große Unterschied zur Ersten Moderne besteht aber darin, dass die sozialökologischen Bewegungen bisher nicht die sozialpolitische Kraft entfalten können, wie dies die nationalstaatlich gebundenen sozialen Bewegungen früherer Zeit – Arbeiterbewegung, Frauenbewegungen – konnten. Im digitalen, ortlosen Kapitalismus hängen sie gleichsam in der Luft und können immer nur wieder einzelne sozialpolitische Punkte setzen. Dennoch können sie auf regionale und nationalstaatliche Entwicklungen einwirken und zur Schaffung eines sozialökologischen Bewusstseins beitragen. „Die Soziale Ökonomie strebt nicht an, industriegesellschaftlich mit den multinationalen Konzernen Schritt zu halten, wohl aber sich zwecks Existenzsicherung aus ihrem Griff zu lösen" (Wallimann 1998: 61). Auch wenn die aktuelle politische Durchsetzungsmacht solcher sozialökologisch begründeter antikapitalistischer Projekte noch gering ist, so ist die Gesellschaft längst auf ihre Pilotfunktion angewiesen. Letztlich auch das kapitalistische System, denn es lauert ja ständig darauf, Erkenntnisse und Ergebnisse solcher gemeinwohlorientierten Projekte aufzunehmen und zu integrieren, marktfähig zu machen – im Sinne der Profitsteigerung und nicht des Gemeinwohls. Aber die Angewiesenheit steht im Raum.

Mit der Globalisierung ist zwar die Grundhypothese der Angewiesenheit des Kapitalismus auf das Soziale brüchig geworden, da er nun über die Sozialstaaten hinweg agiert. Dafür tritt die sozialökologische Dimension der Angewiesenheit global und zwingend hervor. Es braucht deshalb die global agierenden antikapitalistischen Bewegungen, welche die Zusammenhänge zwischen ökonomischen, sozialen und ökologischen Risikofaktoren thematisieren und die nun erweiterte Dialektik der Angewiesenheit in Bewegung halten können. Diese sozialökologische Erweiterung, in der die Grenzen des ökonomischen Wachstums längst an der Natur und darüber auch an immer mehr Menschen sichtbar werden, legitimiert die antikapitalistische Gegenwehr neu und stärker denn je. Die Trennung der Natur von der Gesellschaft und damit die Selbstverständlichkeit der Ausbeutung der natürlichen Ressourcen war lange Zeit ein Entwicklungsprinzip der Industriegesellschaften. Erst im Prozess der reflexiven Modernisierung bringt die Kommunikation über die Natur als Lebensgrundlage menschlicher Tätigkeit als Konflikt zwischen der Perspektive des menschlichen Überlebens und der ‚ökologischen Selbstzerstörung' des Menschen das sozialökologische Thema als öffentliche Konfliktthematik in Bewegung (s. u.). Es wurde deutlich, dass mit der technologischen Umgestaltung der Natur diese nicht mehr von der Gesellschaft abtrennbar, sondern zu einer „in den Zivilisationsprozess hineingeholte(n) Zweitnatur" geworden ist (Beck 1986: 107). Damit erhielt das ökologische Problem seine soziale Transformation: „Die Verwandlung der ungesehenen Nebenfolgen industrieller Produktion in globale, ökologische Krisenherde ist gerade kein Problem der uns umgebenden Welt – kein sogenanntes ‚Umweltproblem', – sondern eine tiefgreifende

Institutionenkrise der ersten, nationalstaatlichen Industriemoderne selbst" (ebd.: 131). In dieser Spannung sind die ökologischen Bewegungen in den 1980er Jahren – und ist damit der sozialökologische Konflikt – freigesetzt worden. Sie richteten sich – wie z. B. Greenpeace – mit immer wieder spektakulären Aktionen an die mediale Weltöffentlichkeit, gleichzeitig erfuhren sie – wie eben die grünen Gruppierungen und später Parteien – ihre Politisierung in der nationalstaatlichen Szenerie. Der nationale Sozialstaat, der im Spagat zwischen ökonomischer Standortpolitik und Massenloyalität suchender Konsumentenpolitik stand und steht, wurde durch diese Freisetzung des ökologischen Konflikts gleichsam auf dem falschen Bein erwischt. Deshalb galten die grünen Bewegungen, die zudem identitätspolitisch mit der Nach-68er-Generation und ihrem Lebensstil verbunden waren, in der ersten Zeit als Bedrohung dieser sozialstaatlichen Balance, die von ihrer Grundstruktur eben nur auf das Verhältnis von Ökonomie und Mensch fixiert war. Mit der Austragung und Institutionalisierung des Konflikts im Kontext integrativ wirkender und gouvernemental anerkannter Gesellschaftsziele konnte dann aber auch die ökologische Perspektive einbezogen und in der Dynamik von Konflikt und Wandel gesellschaftlich wirksam werden.

Die Gesellschaft der Moderne, wie wir sie kennen, lebte von der Zuversicht, dass das persönliche Betroffensein von ökonomisch-gesellschaftlichen Verhältnissen auf gesellschaftliche Konflikte rückgebunden und sozial sichtbar sowie darstellbar werden könne. Die Macht der Herrschenden und die Abhängigkeit wie der Widerstand der Beherrschten stehen in diesem Verständnis in einer Relation zueinander, die deshalb erfahrbar gemacht werden kann, weil beide Seiten eingebettet sind in dieselbe soziale Welt. Diese Relation ist in der Geschichte immer wieder in mehr oder minder radikaler Praxis aktiviert worden: in den Aufständen, Revolutionen und Reformbewegungen. Mit dem politischen Aufkommen des digitalen Kapitalismus scheint diese Grundvoraussetzung sozialer Relationalität nicht mehr gegeben. Es haben sich zwei auseinanderdriftende Welten gebildet. Neben der uns gewohnten raum-zeitlich begrenzten und über soziale Beziehungen fassbaren sozialen Welt ist eine virtuelle parasoziale Welt der globalen Kapitalzirkulation und -akkumulation entstanden, die ihrer eigenen, kapitalgebundenen Logik folgt. Sie bildet eine Moral aus, die den sozial gebundenen Normen nicht nur entgegensteht, sondern auch nicht mehr sozial kommunizierbar und vermittelbar ist. Damit wird es nahezu unmöglich, jene Beziehungen zwischen diesen beiden Welten herzustellen, in denen sich Konflikt und Legitimität als Funktionserfordernisse demokratischer Gesellschaften konstituieren können. Mit der Nachhaltigkeitsfrage ist aber ein weltumspannendes Problem sichtbar geworden, das alle angeht: die Bedrohung der Existenz des Menschen überhaupt. Diese Relation ist nicht aushebelbar.

In den Programmatiken zur sozialökologischen Transformation des Kapitalismus tritt die Dialektik der Angewiesenheit wieder deutlich hervor. Der Kapitalismus braucht die sozialökologische Intervention, um sich nicht selbst zu gefährden, die Menschen brauchen einen gewandelten, sozialökologisch begrenzten und dennoch ökonomisch-technologisch produktiven Kapitalismus, um bei weltweit steigender Bevölkerungsentwicklung Wohlfahrtsniveaus einigermaßen zu halten oder entwickeln zu können. Aber dies ist vorerst ein Programm, das sich nur langsam durchsetzt und von der Bevölkerung in den meisten Ländern bisher kaum getragen wird. Von einem zunehmenden Teil der Bevölkerung wird zwar die Notwendigkeit einer sozialökologischen Umkehr zumindest geahnt, das Wissen darüber ist längst vorhanden, aber es fällt schwer dies in Handeln umzusetzen. Auch in der kapitalistischen Ökonomie gibt es inzwischen Kreise, die vor dem stofflichen Wachstumszwang warnen, dennoch wirkt der Wachstumshype nahezu ungebrochen weiter.

Die sozialökologische Transformation bildet sich in der Bevölkerung und im sozialpolitischen Diskurs in der *Nachhaltigkeitsfrage* ab. Und hier wird auch der Konflikt deutlich, der diese Transformation blockieren kann. Denn der wachstumsfixierte Externalisierungszwang wirkt weiter in nahezu allen gesellschaftlichen Bereichen und gleichzeitig wächst die Sorge, dass eine sozialökologische Umkehr nicht gelingen kann. Es ist der Konflikt zwischen Externalisierung und Sorge, zwischen dem Wissen um die brisanten Folgen dieser Externalisierung und dem Selbstzwang, dieser Externalisierung wider besseres Wissen zu folgen. Der Begriff der Nachhaltigkeit als Gebot der Bewahrung der ökologischen, ökonomischen und sozialen Ressourcen für die nächsten Generationen muss deshalb diesen inneren Bruch als Konflikt ausdrücken können. Es reicht nicht, ihn linear-programmatisch zu fassen, er muss *dialektisch* gefasst werden. Dabei wird die Mehrdimensionalität deutlich, in der sich Nachhaltigkeit konstituiert, die inneren Widersprüchlichkeiten und Entsprechungen werden sichtbar. Nachhaltigkeit ist also als Konfliktkategorie zu begreifen, die aus dem Widerspruch zwischen Externalisierung und Sorge hervorgeht (vgl. ausf. Böhnisch 2019).

Klaus Dörre sieht die Chancen einer antikapitalistischen Option heute vor allem deshalb gegeben, weil „die historisch einmalige ökonomisch-ökologische Zangenkrise eine gesellschaftliche Transformation in Gang gesetzt hat, die sich nicht mehr aufhalten, sondern nur noch in ihrer Richtung beeinflussen lässt. [...] Die historische Einmaligkeit der ökonomisch-ökologischen Zangenkrise ergibt sich daraus, dass das bis dato wichtigste Mittel zur Überwindung ökonomischer Krisen, die Generierung von Wirtschaftswachstum, mehr und mehr sowohl in ökologischer Zerstörung als auch in sozial destruktives Wachstum umschlägt" (Dörre 2019: 22). Wenn wir hier das Modell der Dialektik der Angewiesenheit einführen, kann die von Dörre so genannte ‚Zwangsläufigkeit' auch als notwendige Angewiesenheit erkannt und formuliert werden. Dann tritt eine neue Dimension der Dialektik der Angewiesenheit hervor: Die sozialökologische Krise setzt die Erkenntnis frei, dass die Gesellschaft um ihrer Zukunft willen auf den Sorgediskurs angewiesen ist, den sie gleichzeitig immer wieder abzuwehren versucht. Wenn Sorge so zu einer zentralen Kategorie der Vergesellschaftung wird, kann auch ihre innergesellschaftliche Bedeutung als Reproduktionskategorie neu gewichtet werden.

Care[1] als Schlüsselkategorie der Vergesellschaftung

Indem der Wert der Sorge in einer kapitalistischen Wachstums- und Konkurrenzgesellschaft abgespalten wird, bleibt Sorgearbeit als Beziehungsarbeit im Schatten der Erwerbsarbeit. Dieser Minderbewertung ist sowohl die privat-familiale wie die professionelle Beziehungsarbeit ausgesetzt. Ihre immer noch tendenziell weibliche Konnotation verweist auf das gesellschaftliche System der geschlechtshierarchischen Arbeitsteilung. Gesellschaftstheoretisch tiefer als der Abspaltungsaspekt ist die Erkenntnis, dass Care Voraussetzung nicht nur der individuellen Arbeitskraft, sondern darüber hinaus des gesellschaftlichen Wertschöpfungsprozesses überhaupt ist. Care in diesem Sinne als gesellschaftliche Praxis ist somit ein gesellschaftstheoretischer Schlüsselbegriff. Allerdings kommt diese gesellschaftliche Wirksamkeit nur zum Zuge, wenn Sorge nicht dem Markt ausgesetzt, sondern sich eine gesellschaftliche Kultur der Anerkennung von Hilflosigkeit entwickeln kann.

Sorge als Voraussetzung gesellschaftlicher Reproduktion ist in einer marktzentrierten Gesellschaft in ihrem Wert zwar abgespalten, in einer wohlfahrtsorientierten Tätigkeitsgesellschaft (s. u.) aber als Produktivkraft eingestuft. In diese Richtung argumentieren die Vertreterinnen einer Care-Ökonomie, die Sorgetätigkeit als Voraussetzung und darin integralen Bestandteil einer Wohlfahrtsökonomie begreifen (vgl. Knobloch 2019). Diese versteht sich nicht nur als Kritik an den herrschenden wirtschaftstheoretischen Modellen, die Sorgearbeit prinzipiell voraussetzen, sondern als eigenständige Wirtschaftstheorie, die systematisch unbezahlte und bezahlte Sorgearbeit einbezieht. Sorge als unbezahlte Lebensarbeit gilt hier als ökonomisches Gut und damit genauso als

1 Care meint eine sozial und ökonomisch erweiterte Praxis der Sorge: „Damit wird vor allem auf die stark veränderten Organisationsbedingungen der Sorge-Arbeit reagiert, in denen sich Sorge nicht mehr nur auf den Bereich der Hausarbeit reduziert, sondern eine Bandbreite aufweist, die von un/bezahlter Sorge in den privaten Haushalten über bezahlte Sorge-Arbeit im öffentlichen und gemeinnützigen Non-Profit-Bereich bis zu bezahlter profitorientierter, über den Markt organisierter Sorge-Arbeit reicht" (Hartmann 2020: 66).

knappe Ressource wie Kapital, Boden oder Rohstoffe. Ihr Beitrag zum Wirtschaftswachstum wird herausgestellt. Im Gegensatz zum symmetrischen Tauschprinzip des Marktes gilt in der Sorgeökonomie die Asymmetrie der Abhängigkeit, welche die Sorgetätigkeit vor allem in Familie und Pflege kennzeichnet.

Diese eigene sorgeökonomische Diskussion zu führen, ist in der gegenwärtigen neoliberalen Phase des Kapitalismus schwieriger geworden, weil der Markt auf Care-Tätigkeiten zugegriffen hat. So ist Care zur Ware geworden, ohne dass sie mit der sonstigen Warenproduktion und Lohneinstufung im Wert gleichgezogen hätte. Dabei ist vor allem das Problem entstanden, dass am Markt nur die messbaren Ergebnisse der Sorgetätigkeit bewertet werden, die dahinter und dazwischen liegende Beziehungsarbeit aber weiter als selbstverständlich erbracht vorausgesetzt wird. Das bekräftigt noch einmal die Hypothese, dass die Sorgearbeit aus der kapitalistischen Warenlogik herausgehalten und einer Wohlfahrtsberechnung zugeführt werden muss. Der aktuelle Ansatzpunkt dafür ist der Diskurs um die Bewertung der sozialökonomischen Entwicklung, also um die Indikatoren, nach denen Entwicklung, Wachstum und Wohlstand bemessen werden sollen. So ist das Bruttoinlandsprodukt als bisherige Leitgröße für die Messung des Wohlstands einer modernen Gesellschaft angesichts der steigenden sozialen und ökologischen Kosten eines einlinig ökonomisch definierten Wachstums vor allem deshalb in die Kritik geraten, weil offenkundig wurde, dass fortschreitendes und beschleunigtes wirtschaftliches Wachstum das Leben der Menschen nicht automatisch verbessert. Ab einem bestimmten Wohlfahrtsniveau führe die Erhöhung des Pro-Kopf-Einkommens nicht mehr selbstverständlich zur Steigerung des Wohlbefindens der Menschen. Denn es beziehe sich nur auf die Menge der Güter und Dienstleistungen und ihre Maximierung, so wie sie auf den Märkten erscheinen. Nicht berücksichtigt seien neben den ökologischen Kosten des Ressourcenverbrauchs vor allem auch die sozialen Kosten wie Armuts- und andere Sozialrisiken. Vernachlässigt werden neben den Leistungen, die im familial-häuslichen Bereich der Erziehungs- und Sorgearbeit erbracht werden, auch die infrastrukturellen Effekte sozialer Integration, wie sie von der Bürgerarbeit und der Sozialen Arbeit ausgehen. Insgesamt geht es also nicht mehr dominant um das Marktniveau von Lebensqualität, sondern um ihre soziale und kulturelle Gestaltung. Das heißt, dass neben die ökonomisch notwendige auch die gesellschaftlich notwendige Arbeit gleichberechtigt – und entsprechend zivilgesellschaftlich legitimiert – treten soll. Dafür aber ist eine sozialethische Leitvorstellung zu entwickeln, die zur sozial entbetteten ökonomistischen Logik des Sachzwangs in Spannung gesetzt werden kann. Hier lohnt es sich – gerade auch für die Soziale Arbeit – an der Care-Diskussion anzuknüpfen und diese nicht länger als feministische Sonderveranstaltung abzutun. Margit Brückner (2001) hat in diesem Sinne formuliert, dass über die Dimension „Care die sozialökonomischen Zukunftsprobleme unserer Gesellschaft – Neudefinition des Arbeitsbegriffs, Gegenstrategien zur sozialen Entbettung und Aufbau einer Perspektive des ‚social citizenship' – differenzierter thematisierbar werden.

Brückner versteht Care als „gesellschaftliche Praxis", deren Aktivierung „in öffentlicher (statt bisher privater) Verantwortung – unter Beibehaltung privater Aspekte des Sorgens – liegt, ohne als Teil weiblicher Identität und Verpflichtung festgeschrieben zu werden" (Brückner 2001: 133). Wichtig ist hier also die gesellschaftliche und sozialpolitische Lösung der Care-Perspektive von der (weiblichen) Geschlechtsdefinition, denn sonst könne sich die Wirtschafts- und Sozialpolitik immer wieder auf diese Bindung berufen und Frauen auffordern, sich aus dem gesellschaftlichen Arbeitsprozess und spaltet sie in die Zwischenwelten ab. Dort ist ihr der antikapitalistische Zahn gezogen. Dies verstärke sich in der Selbstbindung von Care, die Frauen selbst vornehmen. Deshalb sei Care nicht länger nur als weibliche Eigenschaft zu etikettieren, sondern als eine im sozialpolitischen Rahen definierte Kompetenz und Verantwortung, die geschlechtsübergreifend zu verwirklichen und zu gestalten wäre: „Die feministische Kritik an einer nur für Frauen geltenden Gleichsetzung von Arbeit und Liebe (ob zur Familie oder zum Nächsten) gilt deren gesellschaftlicher Funktion, nicht Sorgetätigkeiten als solchen. Denn Care bekommt eine zentrale Bedeutung angesichts menschlicher Bedürftigkeit, die entwertet und unsichtbar bleibt, so lange diese als weibliche Geschlechtseigenschaft gilt und nicht als allgemeine, gesellschaftliche Aufgabe verstanden wird" (ebd.: 173). Angesichts der Erosion des (männlich konnotierten) Normalarbeitsverhältnisses und der zunehmenden Notwendigkeit von gesellschaftlichen Aktivitäten des Rebetting in der Folge der Globalisierung bietet es sich als soziale Restrukturierungsperspektive für die Gesellschaft geradezu an. Deshalb ist es wichtig, diese Kompetenzen gleichwertig zur Erwerbsarbeit und ihre Herausbildung als Zukunftsinvestition anzuerkennen und ökonomisch zu integrieren.

Die Transformation von Sorge zur Schlüsselkategorie der Vergesellschaftung wird neuerdings auch als „Care Revolution" bezeichnet. Care Revolution ist eine politische Strategie, die „einen radikalen Wechsel des Ausgangspunkts politischer Argumentation vornimmt. Es geht um ein politisches Eingreifen, das Politik und Wirtschaft nicht von Wachstumsraten, Profitsicherung und Gewinnmaximierung aus denkt, sondern konsequent die Verwirklichung menschlicher Lebensbedürfnisse ins Zentrum stellt. Es geht darum, alle gesellschaftlich für die Daseinsvorsorge notwendigen Arbeiten von der Warenproduktion und damit vom Verwertungsprimat auszuschließen"(Winker 2015a: 88). „Damit wird Care-Arbeit, die in den meisten politischen Strategien ebenso wie in den ökonomischen Theorien keine Rolle spielt, als Bezugspunkt der Gesellschaftsveränderung gewählt" (Winker 2015: 143). Margit Brückner hat in diesem Zusammenhang auch die demokratietheoretische Bedeutung von Care hervorgehoben. „Durch die Care-Debatte (soll) ein gegenhegemoniales Demokratiekonzept [...] entwickelt werden, in dessen Gerechtigkeitsverständnis Situationen der Abhängigkeit und asymmetrische Handlungsformen ebenso einzubeziehen sind wie angemessene Formen staatsbürgerlicher Repräsentanz von Sorgenden und Umsorgten" (Brückner 2018: 214). Das zielt auf den Abbau von bisherigen Abhängigkeiten von Frauen im System der geschlechtshierarchischen Arbeitsteilung und von Klientinnen in den Sozialhilfesystemen. Der Sorgediskurs impliziert daher die Perspektive einer geschlechtergerechten Arbeitsteilung. In der gesellschaftlichen Care-Debatte bleibt dabei immer noch die

Frage offen, wie eine interaktiv begrenzte Kategorie gesellschaftlich transformiert werden kann. Zum Zweiten das Problem, ob und wie die geschlechtsspezifische Konnotation von Care, die vor allem familial begründet ist, gesamtgesellschaftlich aufgelöst werden kann. Für die Beantwortung dieser Fragen ist wichtig, dass wir Care auf die geschlechtshierarchische Arbeitsteilung zurückführen, die sowohl die familiale als auch die gesellschaftliche Ordnung bestimmt. Wenn deren Auflösung gelingt, wird deutlich werden, dass die Dichotomie männlich/weiblich eine soziale Konstruktion ist und dass auch in der männlichen Geschlechtersphäre Elemente der Sorge vorhanden waren und sind, die von dieser Dichotomie überdeckt waren.

Auch die Gesellschaft der Sorge wird eine individualistische Gesellschaft sein. Zwar nicht so radikal individualistisch wie dies der Neoliberalismus vorangetrieben hat. Dennoch wird das Problem bestehen bleiben, ob und wie es gelingt, auf sich selbst bezogene Individuen zu Gemeinschaft und Gemeinwohl zu motivieren. Auch hier wird man auf Milieubildung und den Faktor der ‚gegenseitigen Anerkennung im Milieu' setzen. Sicher wird auch die Tätigkeitsgesellschaft (s. u.) genug Gelegenheiten bieten, Selbstwirksamkeit zu erfahren. Trotzdem bleibt die Frage offen, ob man sich um andere sorgen kann, wenn man selbst nicht in der Lage ist, sich um sich selbst zu sorgen, d. h. seine eigenen Lebensprobleme zu begreifen und thematisieren zu können. Diese Frage steht im Mittelpunkt des Konzepts der *Selbstsorge.* Mit diesem Begriff ist nicht eine egoistische oder narzisstische Haltung gemeint, sondern die Hypothese verbunden, dass Sorge um andere, der Zugang zu anderen nur möglich ist, wenn ich zu mir selbst Zugang finde. Auch das macht den Menschen als soziales Wesen aus. Selbstsorge ist von daher durchaus ein gesellschaftlicher Begriff, oder zumindest ein Brückenbegriff zwischen Individuum und Gesellschaft. So hat ihn Michel Foucault (1989) verstanden, als er den Begriff der Sorge um sich selbst aus der sokratischen Ethik heraus interpretierte. Er versteht Selbstsorge als selbstreflexive Kategorie, der damit verbundene Begriff der „Selbstenthüllung" verweist auf eine innere Kultur des Selbst, das seiner Thematisierung mächtig ist. Damit erweist sich die Externalisierung als Feind der Selbstsorge. In unserer gegenwärtigen industriekapitalistischen Gesellschaft ist es vor allem der männliche Externalisierungszwang, der gegen die Selbstsorge steht (s. o.). Männliches Dominanzstreben verwehrt den Zugang zu sich selbst. Wir finden das Wirken der männlichen Dividende gesellschaftsstrukturell wieder in der Abwertung der reproduktiven Arbeit, soziodynamisch in den männlichen Komplizenschaften und psychodynamisch in den Projektionen und Abspaltungen innerer Hilflosigkeit. Dies ist das Spannungsfeld, in dem männliche Selbstsorge gebannt ist. Aber auch Frauen, die doch zur Sorge für andere besonders befähigt sein sollen, haben nicht immer einen entsprechenden Zugang zu sich selbst. Frauen leben ihre Konflikte oft in Überfürsorglichkeit aus. Der Konflikt wird damit zugedeckt und schafft neue Konflikte, die dann als solche überhaupt nicht mehr erkennbar sind. Aus der Familienhilfe und der Frauenberatung wissen wir, dass Frauen oft zu spät in Konflikte gehen, nachdem sie sich selbst die Schuld zugeschoben haben. Im Abschnitt zur Schuld wurde dies ausführlich beschrieben. Der wichtigste Beratungsschritt ist hier das *Ordnen* mit dem Ziel, dass die Frau selbst lernt, die unübersichtliche Konfliktsituation zu überblicken und neu zu bewerten. Der Ordnungspunkt ist sie selbst, der Ordnungsprozess ein Weg in die Selbstsorge.

Exkurs: Zur Ambivalenz von Care

Wie sich Fürsorglichkeit im neokapitalistischen Rationalisierungsdenken darstellt, hat schon Katharina Gröning (1995) am Beispiel der Rationalisierungsdebatte zum Krankenhaus dargestellt: Je stärker rationalisiert wird, desto mehr wird weibliche Fürsorgetätigkeit als „Puffer“ aus den Zuwendungsbereichen, die den Patient*innen zugutekommen, abgezogen: Rationalisierungsprozesse können daher die Care-Problematik noch verschärfen. Sie engen nicht nur öffentlichen Raum und öffentliche Zeit für Care-Tätigkeit ein, sondern setzen neue Care-Tätigkeiten in den Zwischenzonen der Rationalisierung voraus, die von der Rationalisierungslogik aber erst recht übergangen werden. Vor allem wenn es von Frauen eingeklagt wird, meint man es einfach überhören zu können, denn auch hier geht man davon aus, dass die ‚naturgegebene', weil gesellschaftlich vorausgesetzte Care-Moral der Frauen wirkt: Bevor sie den Betrieb, die Organisation oder die Familie hängenlassen, bringt sie ihr Sorge-Schuldgefühl doch wieder dazu, so weiter zu machen wie zuvor.

Von daher stellt sich die Frage gerade unter Frauen immer wieder neu, ob Care für sie eine autonome Kompetenz oder im Gegenteil nicht eher eine soziale Falle darstellt. Unbezahlte Fürsorge ist ja in unserer Gesellschaft eng mit der Tatsache der geschlechtshierarchischen Arbeitsteilung und der Abhängigkeit von Frauen verbunden. Gerade deshalb wäre es wichtig, dass die Frauen nicht immer die Care-Thematik für sich beanspruchen und idealisieren, sondern in Distanz dazu gehen und eigene Interessen reklamieren, dass sie Care als gesellschaftliche Notwendigkeit, die der Erwerbsarbeit gleichgestellt ist und von Männern und Frauen gleichermaßen getätigt wird, einfordern. Die feministische Sozialpolitik hat dies seit der ‚Open-Door-Bewegung' der 1920er Jahre bis hin zur zeitgenössischen Forderung nach einer ‚Exit-Option' für Frauen in der Familie begriffen: Frauen können nur dann unabhängig und autonom mit Beziehungs- und Fürsorgearbeit in der Familie umgehen, wenn sie die materielle und soziale Chance haben, jederzeit die Familie zu verlassen. Die „Exit-Option" schwäche somit nicht, sondern stärke die Familie, da nun der Abhängigkeitsstatus der Frau nicht mehr bestehe. Das bedeutet auch – psychoanalytisch gesehen – , dass die ‚Subjektlosigkeit' der Mutterrolle der ‚Subjekthaftigkeit' des selbstbestimmten Frauseins weichen muss (vgl. Chodorov 1990), die Mütter sich also gleichsam gegenüber ihrem Mutterstatus emanzipieren müssen, genauso wie die externalisierten Väter erst einmal zu sich selbst kommen müssen, um darüber einen neuen Integrationsmodus in die Familie finden zu können.

Die gesellschaftliche Verallgemeinerung der Fürsorglichkeit und ihre Ablösung von der Zuweisung zu einem Geschlecht würde nicht nur die Fürsorgefalle für die Frauen entschärfen, sondern auch ein durchgängiges Rollen- und Vereinbarkeitsangebot für die Männer bedeuten. Manche Männer fürchten nichts mehr als die ‚Feminisierung' ihrer Tätigkeit und ihres Status. Gleichzeitig fehlen aber in den gesellschaftlichen Care-Bereichen, wo es um interaktive Fürsorge geht, die männlichen Rollenvorbilder. Deshalb geht es den Männern oft ähnlich wie den Frauen: So wie diese trotz aller Auflehnung den Care-Bereich dennoch für sich reklamieren, sind die Männer froh, wenn es die Frauen letztlich machen, auch wenn sie eine wachsende Bereitschaft dafür erklären. Dass die Frauen das doch ‚besser können' ist immer noch ein geflügeltes Wort. Aber wehe, eine Frau kommt in eine Führungsposition und ‚mischt' dann männliches Hierarchie- und Machtbewusstsein mit weiblicher Beziehungsmacht. Wenn man dieses Argument ernst nimmt, so bedeutet das: Weibliche, mütterliche Fürsorglichkeit kann grenzenlos sein, sie entstammt der Intimsphäre der familialen Beziehungen, basiert auf Liebe und Hass, Vertrauen und Schuld und ist deshalb nicht rational kalkulierbar. Machtausübung im Sog dieser Fürsorglichkeit kann damit unberechenbar werden.

Aus dieser Sicht lässt sich auch die Notwendigkeit einer „reflexiven Fürsorglichkeit" besonders bei Frauen, die an verantwortlichen Stellen in Organisationen und Projekten arbeiten, begründen. Gerade von Frauen getragene Projekte in der Sozialen Arbeit setzen nicht selten eine „gute Mütterlichkeit" oder „gute Schwesterlichkeit" gleichsam als Naturressource voraus und glauben, es damit nicht nötig zu haben, über Macht- und Konkurrenzprobleme, die von ihnen ausgehen oder zwischen Frauen wirken, zu reden. Dass Beziehungsfähigkeit auch Beziehungsmacht sein kann, dass Frauen auch gegen Frauen sein und in Konkurrenz zueinander sein können, wird in der Fürsorgeideologie oft ausgeblendet. Die feministische Parole der „Schwesterlichkeit", welche die Familiengebundenheit der Mütterlichkeitsdefinition überschreiten soll, verschiebt das Problem der feministischen Fürsorgeillusion nur auf eine andere Ebene. „Frauen sind in vieler Hinsicht verschieden [...], aber es gibt eine gegenseitige Verpflichtung zur Hilfe unter Schwestern, die diese Unterschiede mildern oder gar ausgleichen kann" (Brückner 2001: 159). Diese in Anlehnung an die amerikanische feministische Diskussion entwickelte Care-Definition schließt doch wieder

– nicht anders als die Mütterlichkeitsdefinition – von der Welt der Intimbeziehungen auf die öffentliche Arbeits- und Organisationssphäre. Wird diese strukturell erst einmal unzulässige Transformation nicht reflektiert, dann kann es zu Verschmelzungen zwischen versteckter Hierarchie und weiblicher Beziehungsmacht kommen, die dann diejenigen ausgrenzen, die eine solche Reflexivität unter Frauen einklagen.

Deshalb ist es in der sozialpädagogischen Mädchenarbeit und in Frauenprojekten wichtig, die Seiten der Hierarchien, der Verfahren und die Interessenkonflikte nicht einfach in die Männerwelt abzuschieben und diese dann entsprechend für ungelöste Probleme unter Frauen verantwortlich zu machen, sondern hierin eigene Kompetenzen – auch im Sinne des Erwerbs reflexiver Distanz zur Fürsorglichkeit – zu erwerben. Mädchen und Frauen müssen in solch ambivalente Strukturen eindringen und entsprechende Verfahren lernen können, wollen sie nicht immer wieder Puffer und Vermittlerinnen in Macht- und Verfahrenskonflikten sein, die letztlich dann doch von Männern dominiert werden. Dies ist dann auch der Zugang, über den auch Männern Fürsorglichkeit abverlangt werden kann. Frauen waren und sind die „stille Ressource“ (Beck-Gernsheim 1980) der geschlechtshierarchisch strukturierten Arbeitsgesellschaft, aber auch der derzeitigen Übergangsgesellschaft, in der sie die Masse der Teilzeitbeschäftigten stellen. So hält sich jenes Paradox weiter, welches die gesellschaftspolitische Transformation von Fürsorgetätigkeit grundsätzlich erschwert: in dem Maße, in dem Fürsorglichkeit in der Grundstruktur der geschlechtshierarchischen Arbeitsteilung abgewertet wird, wird sie gesellschaftlich idealisiert.

Der Abbau der geschlechtshierarchischen Arbeitsteilung

Als Konsequenz der bisherigen Argumentation ist die Kritik des Systems der geschlechtshierarchischen Arbeitsteilung zentral für eine Gesellschaftstheorie der Sorge. Care kann nur in einer Gesellschaft zur Schlüsselkategorie werden, in der die gesellschaftliche Arbeitsteilung eine geschlechtergerechte ist. Nur so kann sich ein Geschlechterverhältnis der Gegenseitigkeit entwickeln. Letzteres ist in der Thematik der Vereinbarkeit, vor allem in der Vereinbarkeit von Sorgearbeit und Erwerbsarbeit, aufgehoben. Da es sich hier um ein gesellschaftliches Strukturproblem handelt, haben bisher alle Versuche, in einer erwerbsarbeitszentrierten kapitalistischen Gesellschaft eine solche Vereinbarkeit durchzusetzen, nur Teilerfolge gebracht. Die Barrieren liegen eben in der Struktur. „Die neoliberale Flexibilisierung der Arbeitsverhältnisse bedeutet zwar eine Flexibilisierung der Familienverhältnisse, verändert aber nicht unbedingt die hierarchisch organisierte geschlechtliche Arbeitsteilung. [...] Dort wo soziale Reproduktion nicht monetarisiert ist, wird sie ‚reprivatisiert' und ist teilweise durch traditionell heterosexuelle Re-Familialisierung gekennzeichnet" (Auth u. a. 2015: 34).

Die Grenzen zwischen Familie und Berufsarbeit haben sich in den letzten Jahrzehnten vor allem für die Frauen geöffnet. Das fordert diesen zwar oft alles an Vereinbarkeitsarbeit ab, gibt ihnen aber gleichzeitig auch die Möglichkeit, in zwei gesellschaftlich anerkannten Rollen zuhause sein zu können. Vielen Männern hingegen bleibt der Alltag der Familie weiter verschlossen, obwohl sie gerne mehr am Aufwachsen ihrer Kinder teilhaben möchten. Wunsch und Verwehrung liegen bei ihnen dicht nebeneinander, erzeugen Bedürftigkeit als Kennzeichen des Problems männlicher Vereinbarkeit. Dieses wird sich grundsätzlich aber erst verbessern können oder gar lösen lassen, wenn die geschlechtshierarchische Arbeitsteilung sich in Richtung Gleichstellung ändert. Denn Gleichstellung betrifft nicht nur die Geschlechter als Personen, sondern auch die Gleichstellung von Erwerbs- und Reproduktionstätigkeit. Die Tätigkeitsgesellschaft kann hier einen Strukturwandel bringen. Eine Neugestaltung der geschlechtsspezifischen Arbeitsteilung bedeutet vor allem auch „Umverteilung der verschiedenen Arbeitsformen. Nötig ist dafür vor allem eine verstärkte Übernahme der Versorgungsarbeit durch Männer und entsprechendes Überlassen gut bezahlter Erwerbsarbeit für Frauen" (Biesenecker 2000: 14). Dafür müssen aber auch Formen der Arbeitsorganisation – familienfreundliche Arbeitszeitmodelle, Teilzeitarbeit, Sabbatjahre – nicht nur ermöglicht, sondern auch arbeitsrechtlich gesichert werden. Es ist das Modell der ‚Caregiver Parity'.

Rationalisierungs- und Prekarisierungsprozesse in der Arbeitswelt haben inzwischen vor allem die Sicherheit des *Normalarbeitsverhältnisses* aufgelöst, an dem sich das männliche Selbstverständnis in den Industriegesellschaften lange orientiert hat. Damit einher ging der Wandel des Geschlechterverhältnisses in der Erwerbsarbeit. Nicht länger die nur ‚gleichgestellte Frau', die komplementär und ergänzend wirkte, gilt als alleiniges Leitbild. Statt dem traditionellen männlichen Ernährermodell wird inzwischen ein gleichberechtigtes *adult worker model* (Zwei-Erwerbstätigen-Modell) gefordert, in dem beide Geschlechter ihre eigene Option auf Berufsarbeit bei Gleichbelastung in der Familienarbeit realisieren können. Dieses auf den ersten Blick frauenemanzipatorische Modell hat – so die feministische Kritik – einen grundsätzlichen Haken. Zwar wurde „für Männer wie für Frauen […] die Sicherung der eigenen Existenz über Erwerbsarbeit […] zum zentralen sozialpolitischen Leitbild erhoben. Diese Ablösung des männlichen Familienernährermodells durch das AWM (adult worker model; LB) wurde vor allem aus ökonomischen Gründen initiiert. Es ging und geht um die Ausschöpfung des weiblichen Humankapitals, das angesichts des antizipierten demographisch bedingten Fachkräftemangels nicht durch Kindererziehung und Angehörigenpflege blockiert werden soll, es geht um die Selbstverantwortlichkeit jedes und jeder Einzelnen, um den Sozialstaat schlanker halten zu können" (ebd.: 44). Allerdings orientiere sich dieses Modell immer noch an der Figur des herkömmlichen männlichen Normalverdieners und übergehe dabei die faktische Schlechterstellung von Frauen in der Erwerbsarbeit. Vor allem aber ignoriere es die Doppelbelastung vieler Frauen in der Praxis der Vereinbarkeit. Aus dem Vereinbarkeitskonflikt sei ein Sorgekonflikt geworden.

Mit diesem Modell ist aber auch der Vereinbarkeitsdiskurs Beruf/Familie für den Mann eröffnet. Allerdings wird schnell eine Barriere sichtbar: Während die Frauen im Zuge der sozialstaatlichen Transformation der Frauenfrage und insbesondere der Vereinbarkeitsproblematik in der Mehrzahl längst gelernt haben, zwischen Produktions- und Reproduktionssphäre zu changieren, sind die meisten Männer so gut wie nicht darauf vorbereitet. Die innerfamiliale Rolle war ihnen aus verschiedensten Gründen bisher verwehrt, ihnen fehlt die entsprechende Erfahrung und die öffentliche Anerkennung einer solchen zweiten Rollenexistenz. Zwar möchten viele Männer, vor allem junge Väter – das zeigen Umfragen – mit mehr Zeit und in aktiver Vaterschaft in der Familie und bei der Kindererziehung präsent sein. Vielen ist dies aber aufgrund ihrer heute oft noch stärkeren Einbindung in die Erwerbsarbeit verwehrt. Dabei muss man allerdings einschränken, dass die männliche Suche nach tendenziell gleichberechtigter Beteiligung an der Familienarbeit vor allem in Mittelschichtmilieus zu beobachten ist. „In den ‚traditionalen' Milieus vor allem der unteren Schichten sind die überkommenen Geschlechterrollen noch weitgehend selbstverständlich" (Lenz/Adler 2011: 131). Und daraus rekrutiert sich ja meist die Klientel der Sozialen Arbeit.

Gleichstellung der Geschlechter und Vereinbarkeit von Familie und Beruf reiben sich also am immer noch ungelösten Problem der männlichen Vereinbarkeit. Einen interessanten Kontrast, gleichsam als ‚Kontrollprojekt', bietet hier die Forschung zu alleinerziehenden Vätern. Das sind Männer in alltäglicher Sorgetätigkeit und unter Vereinbarungsdruck. Sie können nicht einfach zu Müttern mutieren, sie bleiben Männer mit aller männlicher Geschlechtstypik und müssen sich deshalb besonders durchkämpfen. Viele sind in die neue Konstellation hineingeworfen worden und hatten auch in der eigenen Herkunftsfamilie kein Modell für diese neue Elternform. Also bleibt ihnen nichts anderes übrig, als zu den üblichen männlichen Bewältigungsmustern zu greifen: sich nicht zu lange bei den Gefühlen der Hilflosigkeit aufzuhalten. Die Väter wollen zeigen, dass sie männliches Arbeitsengagement und Haus- und Erziehungsarbeit miteinander verbinden können. Weniger im Sinne der Vereinbarkeit, wie es Frauen beanspruchen, sondern als Doppeljob. Sich ja keine Blöße geben, denn die so demonstrativ staunende und lobende Umwelt lauert ja im Grunde nur darauf. Insofern sind die alleinerziehenden Väter „anderen Männergruppen in ihrem Bewältigungshandeln ähnlicher als beispielsweise alleinerziehenden Frauen" (Stiehler 2000: 155). Denn der Beruf bleibt weiter im Zentrum. „Berufliche Tätigkeit bekommt einen noch höheren Stellenwert, damit die von Haus- und Kinderarbeit gezeichneten Männer nicht als ‚Versager' dastehen und trotz der allein erziehenden Vaterschaft ‚richtiger' Mann" sind. [...] Für die Garantie der Anerkennung ihrer Lebensform von außen ist den Männern wichtig, dass ihre Kinder in der Schule gute Leistungen bringen und nicht das Bild entsteht, mangelnder Schulerfolg läge an der fehlenden Mutter." (ebd.: 150). Hier scheint das männliche Bewältigungsmuster des Funktionieren-Müssens deutlich durch. Trotz gelungenen Engagements einiger Männer in der alleinerziehenden Vaterrolle bleibt das strukturelle Problem der mangelnden Anerkennung und der gefährdeten männlichen Identität vor dem Hintergrund der geschlechtshierarchischen Arbeitsteilung. Von daher ist es nicht verwunderlich, dass bezweifelt wird, ob Männer, die gegenwärtig durch Prekarisierung der Arbeitsverhältnisse aus dem Modell des Familienernährers herausfallen, weiblich konnotierte Beziehungsarbeit in der Familie für sich annehmen, oder sie auch männlich umzudefinieren versuchen. Es scheint fraglich, „ob mit diesem Wandel auch im Geschlechterverhältnis in Familie und Paarbeziehung grundsätzliche Veränderungen angestoßen werden" (Koppetsch/Speck 2015: 235). Das liegt oft nicht an den Männern selbst, sondern an der Frage der Anerkennung männlicher Hausarbeit seitens der sozialen Umwelt. Entsprechend finden wir männliche Kindergärtner (vgl. Aigner/Rohrmann 2012) oder auch Hausmänner eher in großstädtischen Milieus als in ländlich-kleinstädtischen Regionen (vgl. Bernhard/Böhnisch 2015). Hier sind wir in der zweiten Sphäre der Vereinbarkeit, nämlich der Vereinbarkeit von Männlichkeit und professioneller Sorgearbeit. Indem Männlichkeit und männliche Identität so eng an die Erwerbsarbeitsrolle gebunden sind und gleichzeitig das System der geschlechtshierarchischen Arbeitsteilung die Sorgearbeit gegenüber der Erwerbsarbeit minder bewertet, ist offensichtlich, dass es eines doppelten Strukturwandels bedarf, um Sorge-Tätigkeit auch zur männlichen Tätigkeit werden zu lassen. In der Tätigkeitsgesellschaft kann sich beides entwickeln: die Anerkennung der Sorgearbeit als gleichwertig neben der Erwerbsarbeit und der Bürgerarbeit und die Anerkennung von Männern in Sorgeberufen. Die männliche Dividende, die immer noch in den Zwischenwelten geistert (s. o.) hätte an Wert verloren. Der Abbau der geschlechtshierarchischen Arbeitsteilung kann aber noch tiefer wirken, indem sich die männliche Sozialisation grundlegend verändern kann. Denn im herkömmlichen männlichen Sozialisationsmodell in unserer Kultur erleben Jungen früh eine Ideologisierung des ‚männlich Starken' und Abwertung des ‚weiblich Schwachen' (vgl. Böhnisch 2013). Die männliche Dividende wird früh beansprucht. Das Hidden Curriculum des ‚Sich durchsetzen Müssen' durchzieht den ganzen männlichen Sozialisationsprozess.

Hier liegt der zentrale Bildungsauftrag der sorgesensiblen Tätigkeitsgesellschaft. Das bisherige Bildungssystem steht stark unter dem Verwertungsdruck des Marktes, so wie es im Abschnitt zur ‚sozialen Verlegenheit der Bildung' beschrieben ist. Das hat auch Einfluss auf das innerschulische Geschlechterverhalten: „Bemerkenswert ist, dass sich Jungen wie Mädchen in der unfreiwilligen Situation der Schule geschlechtsstereotyper verhalten als im privaten Rahmen. Viele Jungen und Mädchen erlernen u. a. in der Schule, wie man sich geschlechterkonform verhält. [...]. Der verpflichtende Charakter scheint also nicht zum Abbau von Geschlechterdifferenzen und -hierarchien beizutragen, sondern kann diese sogar verschärfen – entgegen dem Anspruch des Abbaus der Ungleichheit in der Schule" (Budde/Venth 2010: 70). Zum einen ist anzunehmen, dass das Leistungs-, Konkurrenz- und Vergleichsprinzip der Schule verdeckt als Geschlechtervergleich und Geschlechterkonkurrenz wirkt. Zum Zweiten verstärkt die Schule in dem Maße geschlechtstypisches Verhalten, in dem sie glaubt, es koedukativ übergehen zu können. Deshalb muss der Abbau der geschlechtshierarchischen Arbeitsteilung als sorgegesellschaftliches Prinzip in die Schule hineinwirken. Die Jugendlichen sollen erfahren und damit experimentieren können, dass Sorgearbeit eine ‚richtige Arbeit' ist. Die Schule der Tätigkeitsgesellschaft ist somit eine Schule, die die tätigkeitgesellschaftliche Triade der Arbeit – Erwerbsarbeit, Bürgerarbeit und Sorgearbeit

– in ihrer Gleichwertigkeit im curricularen Blick hat, eine Schule, die sozial-experimentelles Lernen in der Perspektive der Gestaltung fördert. Es ist auch eine Schule, die bisher unter dem Verwertungsdruck übergangene Fähigkeiten aufspüren und damit nicht nur eine einseitige Auslese verhindern, sondern auch auf die pluralen Möglichkeiten der Tätigkeitsgesellschaft vorbereiten kann. Es ist eine Schule, in der die Schulsozialarbeit eine sozial gestaltende Funktion statt der bisher nur kompensatorischen Funktion erhält und so zum sozialen Korsett der Schule werden kann.

Mit dem Abbau der geschlechtshierarchischen Arbeitsteilung und der Auflösung der geschlechtstypischen Konnotationen wäre der Weg offen, die Angewiesenheit der Gesellschaft auf Care *allgemein gesellschaftlich* zu definieren. Allerdings gibt es da einen neuen Stolperstein: Care ist inzwischen auch einer breiten Professionalisierung und, als bezahlte Tätigkeit, dem Markt unterworfen. Anna Hartmann (2020/2020a) sieht darin die eigentliche Gefahr für eine anhaltende Abwertung der Sorge und einen Grund für ihre weitere Abspaltung und Entwertung. „Die Ökonomisierung der Sorge im Kontext neoliberaler Wirtschaftspolitik führt zu einer zunehmenden Entsorgung der Sorge. In einer nach marktwirtschaftlichen Bedingungen organisierten Sorge droht das, was Sorge im Kern auszeichnet – die Beziehungen – zu verschwinden. Rückt der Anspruch nach Profitabilität ins Zentrum, schwindet das, was für Sorge-Arbeit ausschlaggebend ist: die Zeit, die für die Ausgestaltung von einer auf Dauer angelegten Beziehung, in der sich die Beteiligten aufeinander einlassen können, vorausgesetzt ist. Standardisierte Sorge-Beziehungen verunmöglichen individuell gestaltete Sorge-Beziehungen“ (Hartmann 2020a). Es wurde oben bereits darauf hingewiesen, dass das ökonomische Rationalisierungsprinzip der bezahlten Sorgearbeit an den Resultaten und nicht an den personalen Beziehungsprozessen interessiert ist, die weiter einfach vorausgesetzt werden. Deshalb ist in unserem gesellschaftstheoretischen Zusammenhang die Frage zu klären, welche Rolle Beziehungen bei der Konstitution von Gesellschaftlichkeit in der Tätigkeitsgesellschaft spielen. Diese Frage zu klären ist notwendig, da es sich ja um eine

Gesellschaft der Sorge handeln soll und Sorge eben vornehmlich eine Beziehungskategorie ist.

In den Diskussionen um die Corona-Pandemie wurden plötzlich Sorge und Pflege als „systemrelevant" eingestuft. Die Gesellschaft sei auf Sorge angewiesen. Parallel dazu wurde auch immer wieder die Befürchtung geäußert, die Wirtschaft könne Einbußen bis hin zur Rezession erleiden, wenn die Sorge nachließe und die Sorge- und Pflegetätigkeiten nicht ausreichend gefördert würden. Unschwer ist hier zu erkennen, dass es sich um einen Begriff der Angewiesenheit handelt, der Care als Voraussetzung der Aufrechterhaltung der nationalen Wirtschaftsleistung definiert. Dieser Begriff der Angewiesenheit greift aber für die Tätigkeitsgesellschaft zu kurz. Denn Sorge soll hier eben nicht mehr nur eine Funktion der Ökonomie sein, sondern ein Agens der Vergesellschaftung. Das bedeutet, dass wir einen anderen Begriff der Angewiesenheit brauchen als den der Reproduktion der Arbeitskraft in der Marktgesellschaft. Zum einen müssen wir die Dimension der Gegenseitigkeit in den Sorgebegriff einführen. Zivilisationstheoretisch wurde ja mit der gegenseitigen Angewiesenheit der Menschen im Prozess der ökonomisch-gesellschaftlichen Arbeitsteilung argumentiert. Diese gegenseitige Angewiesenheit ist nun als Sorgeverhältnis zu thematisieren. Das bedeutet in der Tätigkeitsgesellschaft, im Gegensatz zur Marktgesellschaft, dass die Menschen nicht nur über Tauschverhältnisse, sondern über das *Sich Einbringen*, also über Beziehungs- und Verantwortungsverhältnisse, Gesellschaft (mit)konstituieren. Dies ermöglicht ihnen wiederum die Struktur der Tätigkeitsgesellschaft, die dieses Sich Einbringen verlangt. Da – zum Zweiten – in der Tätigkeitsgesellschaft die geschlechtshierarchische Arbeitsteilung weitgehend abgebaut sein soll, müsste auch die traditionell einseitige Übertragung der Sorgetätigkeiten auf die Frauen und Mütter verschwinden. Nun aber – so Hartmann – bleibt noch das Problem mit der Vermarktung der Sorgearbeit: „Wurde die Angewiesenheit von Seiten des männlichen Subjekts in der fordistischen, patriarchalen Kleinfamilie geleugnet, indem sie der Frau als Hausfrau und Mutter einseitig übertragen wurde, wird sie gegenwärtig in der Tendenz, Sorgebeziehungen als standardisierte

Dienstleistungen auszugestalten, in veränderter, radikalisierter Form geleugnet und ausgeschlossen“ (Hartmann 2020a). Im Modell der Tätigkeitsgesellschaft wäre dieses Problem erst einmal dahingehend (tendenziell) gelöst, dass Sorge in der Triade der Arbeit mit einem erweiterten Arbeitsbegriff und in der Gemeinwohlbilanz gleichwertig zu anderen Arbeiten geworden ist. Da nun auch der Marktsektor in einen Gemeinwohl-Rahmen eingebunden ist, kann auch die professionelle Sorgearbeit als Dienstleistung von ihrer Beziehungslogik her entsprechend neu bewertet werden.

Sorge, Natur und Gesellschaft

Sorge als gesellschaftliche Kategorie erweitert sich in der sozialökologischen Nachhaltigkeitsperspektive um ihren Bezug zur Natur. Seit Hans Jonas (1975) in seinem „Prinzip Verantwortung“ propagiert hat, dass die Zukunft der Erhaltung der menschlichen Existenz von der Bewahrung der Natur abhängt, ist die Bedeutung von Natur als ein Konstitutiv der Gesellschaft auch in der Soziologie erkannt worden. „Gesellschaft kann nicht mehr *ohne* Natur, Natur nicht mehr *ohne* Gesellschaft verstanden werden“. In der Ersten Moderne wurde Natur immer als etwas „Nichtgesellschaftliches“ gedacht. „Damit aber immer als etwas Gegenüberstehendes. Diese Unterstellungen hat der Industrialisierungsprozess selbst aufgehoben. […] Am Ende des 20. Jahrhunderts ist Natur […] geschichtliches Produkt geworden, in den natürlichen Bedingungen ihrer Reproduktion zerstörte oder gefährdete Innenausstattung der zivilisatorischen Welt. Das aber heißt: Naturzerstörungen, integriert in die universelle Welt der Industrieproduktion, hören auf, bloße Naturzerstörungen zu sein und werden integraler Bestandteil der gesellschaftlichen, ökonomischen und politischen Dynamik“. Naturzerstörungen verwandeln sich in ökonomisch-gesellschaftliche Konflikte (Beck 1986: 107). Diese Erkenntnis hat aber auch ihre Geschichte: „Bis zu den heutigen Diskussionen über eine biopolitische Wende in der gesellschaftlichen Selbstthematisierung erscheint es eher so, dass die kritische Auseinandersetzung mit dem Gegenüber erst Voraussetzung für neue Konzepte ist" (Groß 2006: 111). In seinem letzten Buch ‚Metamorphosen' (2015) treibt Ulrich Beck diese Integrationsperspektive Gesellschaft/Natur weiter und spricht davon, dass der Klimawandel Kultur und Gesellschaft vereint habe. Das einigende Band heißt Nachhaltigkeit und hier erweitert sich der Sorgebegriff über den Menschen hinaus und fällt doch wieder auf ihn zurück. Im Krisendiskurs zur sozialökologischen Transformation des Kapitalismus (s. o.) steht diese gegenseitige Abhängigkeit im Mittelpunkt der Analyse. Mit der Einbindung in die menschliche Existenz verliert die Natur ihre Objekthaftigkeit und wird zum Subjekt ähnlich der – wenn auch nicht bewussten – Subjekthaftigkeit des Menschen. Das geht so weit, dass die Natur als Rechtssubjekt gedacht werden kann (vgl. Kersten 2020). Care erhält damit eine universale Dimension der Selbstsorge. Wenn die Natur den Menschen anklagt, wie dies alltagssprachlich heißt, so ist das nun nicht mehr nur metaphorisch, sondern materiell zu verstehen. Der Mensch klagt sich selbst an. Care erweitert sich von der gesellschaftlichen Reproduktion zur universalen Reproduktion. Die koevolutionäre Entwicklung von Mensch und Natur tritt in den Vordergrund (vgl. Kirchhoff 2020).

Jetzt sind wir an dem Punkt, an dem wir die These von der Sorge als Kategorie der Vergesellschaftung über diesen Naturbezug weiter bestimmen können. Sorge als Care konstituiert Gesellschaft, weil sie ihr den Weg in ihre sozialökologische Zukunft weisen kann. Wenn man Gesellschaft gemäß der Akteur-Netzwerk-Theorie (vgl. Kneer 2013) als netzwerkdynamisches Makro-Gebilde versteht, in dem unterschiedliche Entitäten – soziale, ökonomische, technologische und eben auch naturhafte – aufeinander bezogen sind, dann erscheint Natur als kritische Größe im Vergesellschaftungsprozess. Sie setzt Handlungsaufforderungen, ja Handlungszwänge frei, die einen gesellschaftlichen Aufforderungsraum Care abstecken. Insofern ‚handelt' die Natur zwar nicht im Sinne sozialen Handelns, sondern als ‚Aktant' in diesem gesellschaftsübergreifenden Netzwerk. Wenn man allgemein Handeln als Fähigkeit begreift, Prozesse in Gang zu setzen,

Kausalitäten zu schaffen und Grenzen zu verändern (vgl. auch Giddens 1995: 66), dann ist die Natur zweifellos ein zentraler Aktant der Gesellschaftsentwicklung (vgl. Laux 2014: 119 ff.). Gleichzeitig wird in dieser gesellschaftlichen Spannung zur Natur die Erkenntnis von der ‚Natur des Menschen', seiner natürlichen Begrenzung und darin seiner Verletzlichkeit freigesetzt.

Die Soziale Arbeit als Sorgearbeit erhält in dieser Spannung Mensch/Gesellschaft/Natur eine wesentliche Erweiterung. Man kann sie sich jetzt im Bild eines konzentrischen Kreises vorstellen, in dessen Innenkreis die psychosoziale Hilfetätigkeit von der *Verletzlichkeit des Menschen* ausgeht, in dessen Außenkreis die *Verletzlichkeit des Menschseins* im Mittelpunkt steht. Aus dieser konzentrischen Sicht ergibt sich ein doppelter gesellschaftlicher Auftrag. Zum einen der traditionelle, nun netzwerkerweiterte Hilfeauftrag, zum Zweiten aber auch ein universaler Bildungsauftrag der Sorge, der angesichts des sozialökologischen Krisen- und Reformdrucks ins Zentrum der Bildung in der Tätigkeitsgesellschaft rückt. Diese Perspektiven vor dem Hintergrund eines gewandelten Gesellschaft/Natur-Verhältnisses zielen nicht mehr auf ein Fest- und Fortschreiben der bestehenden gesellschaftlichen Verhältnisse ab, sondern – um mit Ulrich Beck (2015) zu sprechen – auf eine *Metamorphose,* eine ökonomisch-soziale Verwandlung der Gesellschaft und mit ihr der Sozialen Arbeit. Die Modelle der Gesellschaft der Sorge und der Tätigkeitsgesellschaft brechen mit den etablierten Modellen der Erwerbsarbeits- und Externalisierungsgesellschaft. Auch wenn ihre Realisierung vorerst ungewiss ist, geraten mit ihrer Modellierung neue Zusammenhänge und ihre Potenziale in den Blick. Sorge im Spannungsverhältnis von Mensch und Natur wird so zum Antriebsmoment reflexiver Modernisierung.

Trotz dieser gesellschaftlichen Einbeziehung der Natur „ist es erforderlich, auch die Differenz zwischen Natur und Gesellschaft zu reflektieren. […] Wie lässt sich eine […] Soziologie erfinden, welche das Soziale nicht als Ausgangspunkt, sondern als Resultat einer Ko-Produktion von Gesellschaft und Natur begreift" (Lemke 2008: 4175). In der relationalen Kategorie der Sorge ist diese Differenz gewahrt und wird gleichzeitig diese Ko-Produktion gefordert. Sorge beinhaltet Verantwortung, Respekt und Empathie. Respekt bedeutet, die Würde und Eigenheit der Natur anzuerkennen und diese Anerkennung in das eigene Gesellschaftsverständnis selbstkritisch zu integrieren. Respekt meint Gegenseitigkeit. Die Erkenntnis der Notwendigkeit einer solchen Ko-Produktion bei Achtung der Differenz ist im Prozess der reflexiven Modernisierung freigesetzt worden. So kann das zyklische Prinzip der Natur sich hemmend wie korrigierend auf den Beschleunigungsdruck der Externalisierungsgesellschaft auswirken und zum Innehalten auffordern, während seitens der Gesellschaft das Nachhaltigkeitsprinzip der Natur ihre evolutionäre Autonomie sichert.

Hier kommt auch die Soziale Arbeit wieder ins Spiel. Ich habe in meiner „Sozialpädagogik der Nachhaltigkeit“ (2019) versucht, darzustellen, wie wichtig Entschleunigung, Innehalten und pädagogische Umwege für eine reflexive Soziale Arbeit sind. Dies sind Resonanzen auf die zyklischen Signale der Natur. Vor allem aber verweist sie auf die Natur des Menschen in seiner Verletzlichkeit. Oben wurde Verletzlichkeit als endothymer Grund menschlicher Hilflosigkeit und zentraler innerer Bezugspunkt sozialpädagogischer Hilfen ausgemacht und eine Gesellschaft gefordert, in der Hilflosigkeit Anerkennung erfahren, eine Kultur der Hilflosigkeit sich entfalten kann. Im Modell der sorgesensiblen und damit naturbewussten Tätigkeitsgesellschaft erscheint dies möglich.

Die Tätigkeitsgesellschaft

Sorge (Care) kann nur in einer Gesellschaft zur Schlüsselkategorie reüssieren, in der neben der ökonomischen Sphäre auch andere Sphären als gesellschaftlich konstitutiv gelten. In diesem Sinne erleben wir seit einiger Zeit die Auseinandersetzung um eine andere volkswirtschaftliche Gesamtrechnung, in der eine neue Balance zwischen dem Ökonomischen, dem Ökologischen und dem Sozialen gesucht wird. Im Abschnitt zur sozialökologischen Transformation des Kapitalismus wurde dafür schon die Argumentationsbasis geschaffen. Nun kann weiter argumentiert werden, dass die dort avisierte Post-Wachstums-Gesellschaft vor allem auch der Erweiterung sozialen Kapitals bedarf. Die Industriegesellschaften der 2030er Jahre und danach werden „zunehmend soziales Kapital erarbeiten [müssen], während intelligente Technologien in der gewerblichen Arena den großen Teil – nicht alle[r] – menschlicher Arbeit ersetzen werden" (Rifkin 2011: 281). Diesem massenhaften Verlust an herkömmlicher Erwerbsarbeit wird man mit einem gewandelten Verständnis von Arbeit und Beschäftigung begegnen und dabei die Menschen mit einem Grundeinkommen versehen müssen, wenn der ökonomisch notwendige Konsum und die soziale Integration für die ökonomische und soziale Stabilität erhalten bleiben sollen. Von neuen sozialen Tätigkeitsfeldern in einer die herkömmliche Arbeitsgesellschaft übergreifenden *Tätigkeitsgesellschaft* oder *Gesellschaft der pluralen Tätigkeiten* wird gesprochen und darin von neuen sozialen und kulturellen Entfaltungsmöglichkeiten für die Bürger*innen. Nicht oder wenig gesprochen wird davon, dass auch in dreißig Jahren der Kapitalismus – eben seinem Wesen nach – profitorientiert sein wird, egal ob er nun in seiner dann noch mehr digitalisierten Struktur monopolartig oder dezentral organisiert sein wird. Grundeinkommen und neue, kulturell und sozial eigenwertige Tätigkeitsformen werden deshalb auch weiter gegen das Kapitalinteresse durchgesetzt werden müssen. Die Grundstruktur des sozialpolitischen Konflikts bleibt auch in der Tätigkeitsgesellschaft erhalten, denn es bleibt eine kapitalistisch grundierte Gesellschaft.

Durch alle Modelle der Tätigkeitsgesellschaft ziehen sich die Vorstellungen von einer ‚Triade der Arbeit'. Erwerbsarbeit, Bürgerarbeit und Sorgearbeit sollen im Bewertungsrahmen menschlicher Wohlfahrt gleichberechtigt nebeneinanderstehen und in fließenden Übergängen den Menschen im Laufe ihrer Biografie zugänglich sein. Sorgearbeit, sei sie privat oder professionell geleistet, ist integrativer Teil dieses tätigkeitsgesellschaftlichen Modells. Die Tätigkeitsgesellschaft steht damit in der Tradition einer dualen Wirtschaft, in der marktwirtschaftliche und gemeinwirtschaftliche Elemente zusammenspielen. „Die politische und gesellschaftliche Anerkennung einer pluralen Ökonomie und eine institutionalisierte Unterstützung zur Kombination verschiedener Tätigkeiten impliziert […] die Überwindung des alten Modells der Lohnarbeitsgesellschaft. Sie ist geeignet, die bürgerschaftliche Integration zu befördern, zur psychosozialen Stabilität beizutragen und für alle ein Anrecht auf soziale Sicherung sowie auf ein persönlich erwirtschaftetes Geldeinkommen zu gewährleisten“ (Senghaas-Knobloch 1998: 26). Für die Erwerbsarbeit bedeutet das neue Modelle der Arbeits- und Arbeitszeitorganisation, die ihre Öffnung gegenüber den bürgerschaftlichen und sorgearbeitlichen Bereichen ermöglichen. Es wird aber nicht mehr den klassischen Block der Erwerbsarbeit mit dem Normalarbeitsverhältnis als Korsett geben, sondern eine Pluralisierung und Diversifizierung der Unternehmens- und Erwerbsarbeitsformen (vgl. Mutz 2001). „Das Unternehmen des späten 20. Jahrhunderts […] war nur eine Übergangsform. Es überdauerte zwar mehr als 100 Jahre, aber nur wenige Unternehmen dieser Art sind heute übrig geblieben. Heute wird nahezu jede Aufgabe von Teams mit bis zu zehn Mitgliedern ausgeführt, die aus unabhängigen und selbstständigen Vertragspartnern oder kleinen Firmen zusammengesetzt sind, verbunden durch Netzwerke, die nur für vorübergehende Zeiträume zusammenkommen, um die unterschiedlichsten Projekte zu bearbeiten und sich wieder auflösen, sobald das Projekt erledigt ist“ (Sikora 2000: 23). Auch wird es neben solchen Unternehmungen unterschiedliche Arbeitsprojekte geben, die von den Arbeitenden selbst gestaltet werden und die von der Zone der Erwerbsarbeit in die Zone der Bürgerarbeit hineinreichen können. Ein Grundeinkommen soll die Hintergrundsicherheit für solche neuen „Arbeitsgestalter“ (Mutz 2001) bilden. Damit geht eine Erweiterung des Arbeitsbegriffs in Richtung des Tätigkeitsbegriffs einher, die auch der Sozialarbeit zugute kommen wird. Der Tätigkeitsgesellschaft liegt somit ein „pluralistisches Arbeitsmodell“ zu Grunde, „in dem es viele verschiedene Arten des Arbeitens gibt, die alle gesellschaftlich gleichermaßen anerkannt sind. Arbeiten wird so zum Handeln, zur Mitgestaltung von Gesellschaft, […] ein andauernder Prozess. Er ist ergebnisoffen. Und: Er spielt sich zwischen Menschen ab, sowie zwischen Menschen und der natürlichen Mitwelt. In diesem Prozess ist jede und jeder gleich wichtig“ (Biesenecker/von Winterfeld 2000: 285). Das erfordert ein relationales Denken. In diesem relational erweiterten Arbeitsbegriff ist Arbeit als „gesellschaftliche Arbeit“ definiert, aus der „Perspektive des Ganzen“; die Sorge- und Versorgungsarbeit ist dabei Teil des „gesellschaftlichen Leistungsaustauschs“ (Biesenecker 2000: 7). Allerdings können die Sorgetätigkeiten nun nicht mehr mit dem Arbeitsbegriff der kapitalistischen Warenökonomie erfasst werden. Denn es sind Tätigkeiten, „denen das Zwischenmenschliche zu Grunde liegt“, und die sich deshalb „mit und aufgrund ihrer anderen Logik der ‚betriebswirtschaftlichen Rationalität‘ der abstrakten Arbeit“ widersetzen (Hartmann 2020: 58). Deshalb bedarf es, statt der herkömmlichen ökonomischen Messgrößen des Bruttoinlandsprodukts, einer *Gemeinwohlbilanz* (vgl. Ferber 2018), in der die ökonomischen Faktoren zu ethischen, sozialen und ökologischen Größen in Beziehung gesetzt sind.

Wenn Sorge die basale Schlüsselkategorie in der Gestaltung der Tätigkeitsgesellschaft ist, so ist *Gemeinwohl* die finale Schlüsselkategorie. Gemeinwohl gilt als normativ verpflichtend in einer demokratischen Gesellschaft, Gemeinwohlverpflichtungen finden sich in Deutschland in einigen Länderverfassungen. In der gesellschaftlichen Wirklichkeit aber erschöpft sich Gemeinwohl oft in moralischen Beschwörungen oder Harmonievorstellungen. Der gesellschaftliche Zusammenhalt und der gemeinsame Nutzen werden in diesem Zusammenhang oft hervorgehoben. Dabei wird meist übergangen, dass Gemeinwohl eine Konfliktkategorie ist. Erst über die Anerkennung und Austragung sozialer Konflikte wird soziale Integration möglich. Es ist die Dialektik des demokratischen Konflikts, plurale bis widerstreitende Interessen auf ein gemeinsames Niveau des Gemeinwohl-Kompromisses zu heben. Das bedeutet auch, dass die Gesellschaft einen hohen sozialen und politischen Beteiligungsgrad durch alle soziale Schichten hindurch aufweisen muss. Vor allem aber entscheidet sich die Verwirklichung von Gemeinwohl in der gesellschaftlich-ökonomischen Konfliktzone. Es ist der kapitalistischen Gesellschaften innewohnende Konflikt zwischen Ökonomie und Sozialem, zwischen individuellem Profitinteresse und Gemeinwohlverpflichtung. Deshalb ist es sinnvoll, die Verwirklichung des Gemeinwohls dort zu suchen, wo diese Spannung zwischen Sozialem und Ökonomie abgebaut ist, also in den gemeinwirtschaftlichen Projekten der Gemeinwohlökonomie oder auch Gemeinwesenökonomie (vgl. ausf. Böhnisch 2019: 68 ff.). Hinzu kommt, dass wir hier auch jene Milieus finden, in denen eine ‚Tätigkeitsgesellschaft im Kleinen' verwirklicht werden kann. Die kapitalistische Ökonomie scheint erst einmal nicht auf die gemeinwesenökonomischen Aktivitäten angewiesen. Dann aber doch wieder, denn sie kann sie für ihren sozialökologischen Transformationsprozess nutzen. Das bedeutet aber auch, dass sie sich gegenüber den anderen tätigkeitsgesellschaftlichen Sphären öffnen muss, in denen andere Prinzipien des Wirtschaftens gelten als die des Markt- und Profitkapitalismus. Damit eröffnen sich Möglichkeiten der Etablierung einer „dualen Wirtschaft" als einer möglichen Wirtschaftsform der Tätigkeitsgesellschaft, in der kapitalistische Marktwirtschaft, öffentliche Unternehmen und regionale Gemeinwohlökonomien zueinander in Beziehung gesetzt werden können. Gemeinwirtschaft ist in diesem Verständnis nicht nur ein ökonomisches System, sondern ein sozialer und kultureller Lebenszusammenhang, eine Lebensform. Viele Menschen sehen sich heute wieder mit elementaren Ansprüchen, existenziellen Lebensthemen konfrontiert, die nicht länger in der sozialstaatlichen Zone der Befriedung sozialer Probleme gehalten werden können. In dieser Erfahrung des Betroffen-Seins wird das Gemeinsame, das Aufeinander-angewiesen-Sein als Substanz des Gemeinwohls erkannt. Das „Gemeine Eigene" wird damit zur Schlüsselkategorie für die Formierung sozialer Interessen und die Gestaltung einer Kultur der gegenseitigen Angewiesenheit als Basis der Suche nach einer Balance zwischen dem Ökonomischen und dem Sozialen.

Vor diesem Hintergrund braucht die Tätigkeitsgesellschaft auch einen neuen Gesellschaftsvertrag, in dem die Teilhabe und die Anerkennung der Bürger*innen eben nicht mehr ausschließlich über Erwerbsarbeit und Lohneinkommen definiert sind. „Der alte Gesellschaftsvertrag wird obsolet, er ist unzureichend für diese kooperative Vielfalt im Ganzen. Er bestand in der Konstruktion Erwerbsarbeitskraft gegen Lohn, Lohn gegen Konsumgüter. Sein Kern war also der individuelle Erwerbsarbeitsvertrag“ (Biesenecker 2000: 18). Bei der Vielfalt des Ganzen der Tätigkeitsgesellschaft braucht es verschiedene regionale Gesellschaftsverträge, die ich als *Sozialverträge* bezeichne. Ich denke an regionale und kommunale Sozialverträge, die von den Bürger*innen gestaltet werden und die sich auf die Konkretisierung des Gemeinwohlpostulats in den verschiedenen Arbeits- und Lebensbereichen beziehen. Die Soziale Arbeit spielt in diesen sozialvertraglichen Diskursen eher die indirekte Rolle der Vermittlerin. Sie versucht dazu beizutragen, Fachlichkeit und Bürgerinteresse zusammenzubringen. Angesichts der sozialen und räumlichen Entbettung durch die globalisierten Wirtschaftsbeziehungen bedarf es des Aufbaus sozialräumlich gebundener Netzwerke, in denen die Menschen ihre soziale Angewiesenheit aufeinander als Miteinander spüren und praktizieren können. Diese Sozialzusammenhänge als Korsett der Tätigkeitsgesellschaft müssen aber weiterhin sozialstaatlich rückgebunden werden, um ein lokales Gegengewicht zur globalisierten Entwicklung bilden können.

Die Triade der Arbeit braucht auch neue Formen der sozialen Sicherung, die – wie das Grundeinkommen – allen zugute kommen und so eine soziale Spaltung der Gesellschaft verhindern. Der Markt, der auch weiterhin für das ökonomische Funktionieren notwendig ist, soll von der kapitalistischen Marktlogik befreit werden und einen sozialökologischen Rahmen erhalten. In der Tätigkeitsgesellschaft sollen Institutionen demokratischer Kontrolle eingerichtet werden, sie sollen dezentralisiert und regionalisiert sein. Zukunftsinvestitionen wird – so Tim Jackson (2017: 309 ff.) – vor allem der Staat tätigen müssen, da das private Kapital eher am kurzfristig agierenden Markt orientiert ist (s. u.). Damit kann der Staat seine Gestaltungskraft stärken und eben auch antikapitalistische Projekte fördern. Auch wenn das Privateigentum an Produktionsmitteln als wesentliches Bestimmungselement der kapitalistischen Wirtschaft bleiben wird, so werden doch die vielen Mikrounternehmungen dazu beitragen können, der Konzentration des Privatkapitals entgegenzuwirken. Gleichzeitig ist davon auszugehen, dass in einer Tätigkeitsgesellschaft alle – auch die sozialen und kulturellen – Tätigkeiten in die Wertschöpfungskette integriert werden und die Berechnung des Bruttoinlandsprodukts entsprechend neu justiert wird. Das ist damit gemeint, wenn ich davon spreche, dass in einer Postwachstums-Gesellschaft der marktkapitalistische Zwang wesentlich gemindert, die Gesellschaft aber weiterhin kapitalistisch grundiert ist. Gleichzeitig ist die Erwerbsarbeit in der Tätigkeitsgesellschaft so verbunden mit anderen Tätigkeiten, dass sie nicht mehr abstrakte Arbeit in totaler betrieblicher Abhängigkeit sein kann. Vielmehr – so das Modell von Ulrich Beck – wäre die Erwerbsarbeit so verteilt, „dass jeder, jede ein Bein in der Erwerbsarbeit haben kann und zugleich das andere in der Familien- oder Bürgertätigkeit. Zum anderen kommt es darauf an, Bürgertätigkeit mit einem finanziellen Unterbau auszustatten, um aus eigener Kraft und mit Selbstbewusstsein Partner und Kritiker des Staates sein zu können. Dafür stehen prinzipiell zwei Wege offen: keine Almosen, sondern gesetzlich fixierte Basisfinanzierung – Bürgergeld – oder Eigenfinanzierung der Bürgertätigkeit durch private Stiftungen“ (Beck 2000: 145 f.). „Von zentraler Bedeutung ist eine gleichmäßige Arbeitszeitverkürzung und eine neue und andere – vor allem auch geschlechtsneutrale – Verteilung aller Tätigkeiten in der Gesellschaft, einschließlich der Hausarbeit. Bürgerarbeit ist kein Ersatz für Erwerbsarbeit, aber eine wichtige Ergänzung, die eine Identität aus selbsttätiger Praxis für Dritte eröffnet“ (ebd.: 187).

Allerdings: „In der hauptsächlich von Männern geführten Debatte zur Belebung von Ehrenamt und bürgergesellschaftlichem Engagement bleibt völlig außer acht, dass die meisten der vermehrt aufzunehmenden vorgeschlagenen gemeinnützigen Tätigkeiten bereits jetzt – großenteils gesellschaftlich kaum anerkannt und vor allem unentlohnt – in Frauenhänden liegen. Es geht also um typisch weibliche Tätigkeiten“ (Rudolph 2001: 24). Deswegen ist die Frage zu stellen, ob Frauen in der Tätigkeitsgesellschaft wirklich eine neue Chance der Selbstverwirklichung erhalten oder ob ihre Reproduktionstätigkeit wie bisher weiter nur der Entlastung des Sozialstaats dienen wird. Brigitte Rudolph fragt deshalb, ob die Tätigkeitsgesellschaft eine Chance oder eine

Falle für die Frauen ist. Teilzeitarbeit hat für Männer in Deutschland das schlechte Image des ‚Nicht Vollwertigen' und wird als für die Karriere schädlich gewertet, sodass zu erwarten ist, dass die Frauen wiederum Statusnachteile in Kauf nehmen müssen. Außerdem zeige sich im Bereich des freiwilligen Engagements, wie z. B. in Vereinen, Kirchen und sozialen Einrichtungen, dass auch hier die geschlechtshierarchische Arbeitsteilung wirkt und die Männer eher Leitungsfunktionen übernehmen, den Frauen aber wieder die reproduktive Alltagsarbeit bleibt. Gerade das soziale Ehrenamt ist wegen seiner Nähe zur Haus- und Familienarbeit meist weiblich konnotiert.

Auch die Lebensphase Alter erhält in der Tätigkeitsgesellschaft einen anderen gesellschaftlichen Stellenwert. Die demografische Entwicklung wird eine neue gesellschaftliche Verortung des Alters im Sinne der Erweiterung der sozialen Spielräume älterer Menschen verlangen. Dies steht konträr zu dem linearen Fortschrittsmodell, in dem das Alte das Verbrauchte und das jeweils Junge, Neue das Innovative ist. Es wird sich – ähnlich dem Sozialstaatskompromiss – ein neuer Generationenkompromiss entwickeln, der in die Ökonomie hineinwirken kann, weil diese, zumindest in den europäischen Ländern, das Humankapital der Älteren brauchen wird, genauso wie eine zukünftige, nun an Nachhaltigkeit orientierte Gesellschaft der zyklischen Zeitsensibilität der alten Menschen bedarf. Angesichts dieser Entwicklungsaussichten kann man davon ausgehen, dass soziale Muster des Alterns freigesetzt werden, die wir heute noch gar nicht absehen können. So wie das Normalarbeitsverhältnis heute bereits erodiert, wird das Modell „Ruhestand" sich für viele zunehmend auflösen und einem Modell der „Ruhetätigkeit" weichen, das keinesfalls mit dem heutigen Modell der Verlängerung der Erwerbsarbeitszeit in das Rentenalter hinein gleichzusetzen ist. „Das bisherige Ruhestandsmodell war ja gerade in seiner Ordnungsfunktion auch Verursacher von Alterszwängen, von verordneten Anpassungen, insbesondere aber einem labeling der Alten als „unproduktivem" Teil der Bevölkerung" (Fürstenberg 2002: 80 ff.).

In der bisherigen Argumentation zur Tätigkeitsgesellschaft

habe ich immer wieder darauf hingewiesen, dass die Forderung nach einem *bedingungslosen Grundeinkommen* eine zentrale Position einnimmt. Die Gründe dafür und dagegen sind inzwischen hinreichend bekannt: Die Befürworter sehen darin eine Barriere gegen die Armut und weisen darauf hin, dass die gegenwärtige Bekämpfung der Armut einschließlich ihrer Folgekosten fast genauso viel finanziellen Aufwand erfordert wie beim Grundeinkommen. Außerdem sei es in altersgradierten Stufungen denkbar. Angesichts des technologischen Strukturwandels der Arbeitsgesellschaft, in dem die einfachen industriellen Tätigkeiten deutlich abnehmen werden, brauche es eine gesicherte finanzielle Basis für die längerfristige Aufnahme von Tätigkeiten in den anderen tätigkeitsgesellschaftlichen Bereichen. Gleichzeitig können sich neue Arbeitsprojekte und alternative Arbeitsformen entwickeln. Und schließlich sei das Recht auf ein Grundeinkommen ein Freiheitsrecht, dass die Bürger*innen zur Selbstbestimmung und Selbstentfaltung führen könne. Die Gegner des bedingungslosen Grundeinkommens bezweifeln seine Finanzierbarkeit. Die Befürworter verweisen dagegen darauf, dass große Teile der Bevölkerung in Deutschland schon jetzt mit der Sozialhilfe und ihren Zuschlägen eine Art Grundsicherung erhalten. Es komme nicht auf die Finanzierbarkeit, sondern auf die Bedingungslosigkeit an, die den Schlüssel zur Öffnung des Käfigs der Bevormundung und Kontrolle bedeutet. Weiter fragen die Ablehner, wer denn bei einem existenzsichernden Grundeinkommen überhaupt noch arbeiten will. Dem wird entgegengehalten, dass Arbeit – auch in den neuen Arbeitsformen – auch in Zukunft das Korsett der Lebensgestaltung sein wird. Auch geben die Ablehner zu bedenken, dass derzeitige Experimente zum Grundeinkommen nur kurzfristig laufen und die Teilnehmer*innen sich in ihrem weiteren Lebensplan an der Wiederaufnahme der vorangegangenen Lebensführung ausrichteten (vgl. Kovce/ Priddat 2019).

Gerade bei letzterem Argument zeigt sich, dass die Einführung eines Grundeinkommens meist aus erwerbsarbeitlicher Sicht diskutiert und kritisiert wird, das Grundeinkommen also mit Lohneinkünften verglichen wird. Aber bei der Tätigkeitsgesellschaft handelt es sich um ein neues System, das nicht mehr Marktgesetzen, sondern Wohlfahrtsgesetzlichkeiten unterliegt. Der Aspekt der Existenzsicherung im Kontext der Armutsbekämpfung ist dabei nur ein Aspekt. Die weiteren Möglichkeiten liegen in den verschiedenen tätigkeitsgesellschaftlichen Bereichen. Für die Sorgearbeit und die Bürgerarbeit gilt das Grundeinkommen als Fundament für soziale Gestaltung. Vor allem biete das Grundeinkommen die Hintergrundsicherheit dafür, dass sich die Bürger*innen selbstbestimmt zwischen den verschiedenen Sphären der Tätigkeitsgesellschaft bewegen können. Das ist auch die entscheidende Erkenntnis der Auseinandersetzung, wie immer sie auch ausgehen wird: eine menschenwürdige Grundsicherung sollte über die materielle Existenzsicherung hinaus auch die soziale und kulturelle Entfaltung aller Bürger*innen ermöglichen können.

Aus der Sicht der Sozialen Arbeit fallen als erstes die Effekte der Entstigmatisierung ins Gewicht, die man sich von einem bedingungslosen Grundeinkommen erhofft. Die Probleme des Armseins in einer reichen Gesellschaft, die Beschämung und Scham, wie sie in die Zwischenwelt verbannt sind, wurden beschrieben. Die Sozialpädagogische Familienhilfe hätte es weniger mit abhängigen und co-abhängigen Müttern in der Familie zu tun. Das Grundeinkommen würde die finanzielle und soziale Selbstständigkeit der Frauen fördern und damit das Prinzip der exit-option (s. o.) fundieren, das ja besagt, dass eine Partnerschaft umso stabiler und dauerhafter ist, wenn die Frauen finanziell und sozial so selbstständig sind, dass sie jederzeit die Partnerschaft ohne eigene Nachteile verlassen könnten. Für die Männer wiederum wäre der Ernährerstatus, der gerade in Unterschichtfamilien ihre Dominanz festigt und das Pochen auf die männliche Dividende begünstigt, aufgelöst. Für die sozialpädagogische Berufsförderung mit Jugendlichen und jungen Erwachsenen käme das Grundeinkommen einem Befreiungsschlag gleich. Sie wäre aus dem Zwang des ersten Arbeitsmarktes erlöst und könnte mit den bislang übergangenen Fähigkeiten der Jugendlichen im Blick auf den Pluralismus der Tätigkeitsgesellschaft arbeiten. Aber auch für den Bildungsbereich und die Schule ergeben sich überraschende

Aussichten. Nicht nur dass der ökonomische Verwertungsdruck zugunsten einer multifunktionalen Ausrichtung des Curriculums wesentlich gemindert wäre, vor allem auch das Berufsbild des Lehrers und der Lehrerin könnten sich in diesem Zusammenhang tätigkeitsgesellschaftlich wandeln. Lehrer*innen, die sich in unterschiedlichen Tätigkeitsbereichen engagieren, können hier mehr außerschulische Kompetenzen einbringen, als wenn sie nur unterrichtlich-stofflich ausgebildet sind. Ähnliches gilt für die Sozialarbeiter*innen. Wenn wir von der Brückenfunktion der Sozialen Arbeit in der Tätigkeitsgesellschaft ausgehen, dann wird auch die sozialarbeiterische Tätigkeit ein multipler Beruf zwischen Erwerbsarbeit, Bürgerarbeit und Sorgearbeit sein und sich damit mitten in der Gesellschaft und nicht an ihrem Rande bewegen.

All diese Prozesse der sozialökologischen Transformation und der Modellierung einer Tätigkeitsgesellschaft setzen eine Wiedereinbettung, ein *Rebetting* der entbetteten und darin ökonomisierten Strukturen und Beziehungen, ihre „Rückaneignung oder Umformung“ (Giddens 1995: 102 f.) voraus. In den Projekten der Gemeinwesenökonomie ist das in der Tendenz angelegt. Die Entbettungsmechanismen (s. o.) sind hier weitgehend – wenn auch ‚nur‘ lokal – außer Kraft gesetzt. Geld ist sozial interaktiv wiederangeeignet, seien es nun regionale Währungen oder Zeitbanken. Der Expertenstatus ist enthierarchisiert, die Projektmitglieder sind als Stakeholder in die Bewertungs- und Entscheidungsprozesse eingebunden. Auch hier ist die Soziale Arbeit mit ihren Erfahrungen der sozialen Rehabilitation als Agentur der sozialen Entwicklung und Mediation gefragt.

Der gestaltende Sozialstaat

Liegt nicht mit dem Konzept der Bürgergesellschaft schon ein Modell vor, aus dem heraus sich eine sorgesensible Tätigkeitsgesellschaft entwickeln könnte? Bürgergesellschaftliche Argumentationen sind in Deutschland seit den 1980er Jahren populär geworden, als das Vertrauen in die Integrationskraft des Sozialstaates zu schwinden schien und neue Modelle der sozialen Verständigung und Verantwortung jenseits sozialstaatlicher Regulation gesucht wurden. Gerechtigkeit, Freiheit und Gestaltung des Sozialen sollen demnach nicht mehr im Gebäude sozialstaatlicher Reglementierung und Bürokratisierung dressiert sein, sondern sich im selbstbestimmten Zusammenspiel der bürgerlichen Kräfte entfalten können. Denn das sozialstaatliche Sicherungsmodell, so die grundlegende Sozialstaatskritik dieser Jahre, stehe in einem Widerspruch zu den sozialen und emanzipatorischen Ansprüchen des Individuums am Ende des 20. Jahrhunderts. Mit seinen rationalisierenden Verfahrensweisen und Gleichheitsansprüchen werde der Sozialstaat nicht nur dem Eigensinn der Menschen nicht gerecht, sondern auch nicht den pluralisierten Lebensformen in der postindustriellen Gesellschaft. Vor diesem Hintergrund wird seither eine bürgernahe Öffnung des Sozialstaates gefordert, der sich als Dienstleistungsstaat für die individualisierten Menschen begreifen soll, da der Einzelne das Gemeinwohl am effizientesten stärke, wenn er sein biografisches Lebensprojekt selbstverantwortlich übernehme. Denn der für sich verantwortliche Bürger fühle sich aus dieser Selbstverantwortlichkeit heraus auch für andere verantwortlich. Nach der Epoche der Regulation durch den Staat soll die Zeit der Entfaltung der bürgerlichen Individualkräfte aus sich heraus zu einem neuen, von den einzelnen Menschen selbst gespeisten Gemeinwohl beginnen.

Das verlangt aber immer noch einen Sozialstaat, der Räume für zivilgesellschaftliches Engagement öffnet und zugleich sozialpolitische Hintergrundsicherheit bietet. Der gesellschaftspolitische Irrtum des bürgergesellschaftlichen Konzepts besteht wohl darin, dass geglaubt wird, man könne neben der kapitalistischen Ökonomie und ohne diese zu verändern, gesellschaftlichen Wandel herbeiführen. Auch die Tätigkeitsgesellschaft ist immer noch eine kapitalistisch grundierte Gesellschaft, es ist davon auszugehen, dass die kapitalistische Ökonomie, vor dem Hintergrund des neuen Gewichts der Sorge als gesellschaftliche Schlüsselkategorie, weiter sozial gezähmt werden muss. Das ist der antikapitalistische Einschlag der Tätigkeitsgesellschaft, die sich ja vor dem Hintergrund der sozialökologischen Transformation des Kapitalismus entwickeln soll, und den die bürgergesellschaftlichen Konzepte nicht haben. Stichhaltig ist schließlich auch der Einwand, dass das bürgergesellschaftliche Modell mittelschichtszentriert ist und damit sozial benachteiligte Bevölkerungsgruppen, die meist die Zielgruppen der Sozialen Arbeit sind, ausschließt. Vor allem aber zählt der Einwand, dass es der Sozialstaat in seiner sozialpolitischen Kraft war (und ist), der die soziale Zähmung des Kapitalismus vorangetrieben hat.

Die Dialektik der Angewiesenheit, die dem Verhältnis von Sozialstaat und kapitalistischer Ökonomie innewohnt, hat Stephan Lessenich in ein starkes Bild gebracht: „Das peinliche Geheimnis“ des modernen Kapitalismus bestehe darin, „dass dieser nicht *ohne* den Wohlfahrtsstaat leben kann – aber im Grunde genommen eben auch nicht *mit* ihm“ (Lessenich 2009: 141). Der Sozialstaat als zugleich Fremdkörper und Bestandteil des kapitalistischen Systems. Der demokratische Sozialstaat ist auf der einen Seite auf mündige Bürger*innen mit sozialen Rechten und Ansprüchen angewiesen, diese Mündigkeit ist aber immer wieder durch kapitalistische Verwertungsinteressen blockiert. Er ist auf der anderen Seite auf diesen Kapitalismus angewiesen, da er die Basis für jenen Wohlstand schaffen kann, der Hintergrundsicherheit für eine aktive demokratische Lebensform garantiert. Die Synthese ist ein Sozialstaat, den der Kapitalismus als Stabilitätsfaktor produktionspolitisch wie legitimatorisch als Regulierungssystem braucht und deshalb hinnehmen muss, der aber gleichzeitig demokratische (auch antikapitalistische) Experimentierräume als Sphären der Einübung von Mündigkeit ermöglichen muss.

Diese sozialstaatliche Dialektik der Angewiesenheit wird heute sogar in der Wirtschaftspublizistik erkannt. Natürlich nicht im antikapitalistischen Sinne: „Zwei weitverbreitete Grundirrtümer hat die Wirtschaftskrise erbarmungslos entlarvt. Der erste Irrtum war zu glauben, Sozialstaat und Kapitalismus seien Gegensätze. In Wahrheit sind sie aufeinander angewiesen. Der zweite Irrtum war zu glauben, Staat und Markt seien Gegensätze. In Wahrheit sind auch sie aufeinander angewiesen“ (Handelsblatt vom 24.3. 2009). Der Sozialstaat wird zum „Stabilitätsanker“ des Marktkapitalismus. Gleichzeitig muss der Sozialstaat eine politische Eigenkraft entwickeln können, wenn er den marktkapitalistischen Zangengriff lockern will. Das kann er über seine allgemeine Sozialbindung erreichen. Angesichts der steigenden Tendenz, dass eine Mehrheit der Bevölkerung den Sozialstaat für die Sicherung ihres Lebensniveaus existenziell braucht, ist die These nicht abwegig, dass die sozial Schwächeren zur Stärke des Sozialstaats werden können. Lessenich/Möhring-Hesse (2004) fordern dementsprechend in ihrem „neuen Leitbild für den Sozialstaat" einen Sozialstaat, der zukünftig dem Markt eine erweiterte Staatsdefinition entgegenhält: „Die politische Aufgabe der Korrektur von Marktversagen kann nicht die einzige Quelle sozialstaatlicher Rechtfertigung und Legitimation bleiben – allein deswegen, weil einer an Marktexternalitäten sich abarbeitenden Sozialpolitik immer auch die Verursachung neuer Funktionsstörungen des Marktmechanismus nachgesagt und vorgehalten werden kann. Aus dieser Selbstbegründungsfalle gibt es einen Ausweg, nämlich den Sozialstaat grundsätzlich vom Prinzip der Demokratie her zu begründen. […] Der demokratische Sozialstaat findet seine Bestimmung nicht als Ausfallbürge des Kapitalismus sondern als Katalysator und Garant der demokratischen Gesellschaft" (ebd.: 41). Das bedeutet vor allem auch, dass der Sozialstaat in seinen Leistungsklassifikationen nicht mehr länger der Sphäre der Erwerbsarbeit allein verhaftet bleibt, sondern – wie eben in der Tätigkeitsgesellschaft – auf der Grundlage des nun erweiterten Arbeitsbegriffs alle Bürger*innen in ein gemeinsames System der sozialen Sicherung aufnimmt. „Der individuelle Sozialversicherungsstatus ist […] systemlogisch – direkt oder indirekt – an den Arbeitnehmerstatus und dessen Differenzierung gebunden. Im Gegensatz dazu muss der demokratische Sozialstaat in dem Maße, in dem er seine Adressaten als Bürger statt als Arbeitnehmer definiert, in seinem operativen Geschäft stärker auf Leistungen zur Sicherung des allgemeinen und gleichen Bürgerstatus denn auf Leistungen zur Reproduktion der relativen Vorteile des Arbeitnehmerstatus setzen. Er wird dementsprechend nicht nur die Systeme monetärer Transfers umgestalten, sondern sie zugleich durch ausdifferenzierte und hochwertige Systeme sozialer Dienstleistungen ergänzen müssen" (ebd.: 45). Es braucht also eine Infrastruktur von Bildung, Beratung und sozialer Unterstützung, wie wir sie auch für die Soziale Arbeit angemahnt haben. Es geht nun nicht mehr um Chancengleichheit im Sinne der Gleichheit der Marktchancen, sondern um die gleiche Chance, an der im Sozialstaat verfassten gesellschaftlichen Solidarität als „verallgemeinerte(r) Gegenseitigkeit" teilzuhaben (vgl. ebd.: 45 ff). Dafür muss sich der Staat in seinen Leistungen von der Erwerbsarbeit abkoppeln und darf sich dementsprechend nicht mehr nur auf die Arbeitnehmer*innen konzentrieren, sondern soll die Gesamtheit der Bürger*innen und die Förderung der bürgerschaftlichen Teilhabe und Solidarität in den Mittelpunkt rücken. Diese Sozialbürgerschaft muss aber nicht neu konstruiert werden, denn sie ist in der Geschichte des Sozialstaats begründet und muss nur wieder neu aufgerufen werden (s. u.). Es ist nun ein Staat, der sich auf eine erweiterte Arbeitsgesellschaft als Tätigkeitsgesellschaft bezieht und infrastrukturelle Räume für soziale und politische Teilhabe ermöglicht und fördert, also ein gestaltender Sozialstaat. Diese Gestaltungsmacht bezieht er aber weiterhin aus seiner antikapitalistischen Konfliktgeschichte, die es zu repolitisieren gilt; aber auch aus seiner eigenen Produktivkraft.

Der Staat ist auch immer als eigenständiger Investor aufgetreten, wenn es darum ging, technologische Entwicklungen in Gang zu setzen, deren Ertrag nicht kalkulierbar war und deshalb der Markt und seine Unternehmen nicht in solche Risikoinvestitionen einsteigen wollten (vgl. Mazzucato 2014). Ohne diese staatlichen Risikoinvestitionen wären viele der neueren technologischen Entwicklungen gar nicht denkbar. Die kapitalistische Wirtschaft ist also zweifach auf den Staat angewiesen, wenn sie sich stabilisieren und modernisieren will: sowohl produktionspolitisch als auch um der notwendigen sozialen Stabilität willen. Aus dieser Angewiesenheit müsste der Staat auch als Sozialstaat mehr Souveränität gegenüber den kapitalistischen Konzernen entwickeln. Denn wenn man diese Argumentation auf den sozialen Bereich überträgt, dann bedeutet das, dass sich der Staat aus dieser Souveränität heraus auch sozialinvestiv in die Förderung und Absicherung von Risikoprojekten engagiert, deren Risiko vor allem darin besteht, dass sie auch antikapitalistisch agieren. Das ist eine Sozialpolitik, die nicht am Markt, sondern am Fortgang des demokratischen Prozesses und am sozialen Rebetting des Wirtschaftens orientiert ist. So können z. B. gemeinwesenökonomische Projekte (s. u.) als exemplarische Beispiele für die Aneignung und Strukturierung sozialpolitischer Möglichkeitsräume im Spannungsfeld von aktiver Zivilgesellschaft, ermöglichendem Sozialstaat und konfliktstarken sozialen Bewegungen gelten. Hier kann sich eine neue Sozialpolitik aus der Dialektik der Angewiesenheit entwickeln. Der Staat ist zwar auf der einen Seite der kapitalistischen Ökonomie verpflichtet, gleichzeitig brauchte er die antikapitalistische Kraft der Bewegungen für seine Demokratisierung. Aus dieser Dialektik der Angewiesenheit erwächst die Gestaltungsmacht des Sozialstaats.

Die Soziale Arbeit in der Tätigkeitsgesellschaft

Die Soziale Arbeit kann nicht von heute auf morgen in die Tätigkeitsgesellschaft überführt werden. Sie braucht ein Übergangskonzept, von dem aus sie sich in die Pluralität der Tätigkeitsgesellschaft einfädeln kann. Hier bietet sich das Konzept des Wohlfahrtspluralismus an, das seit den 1990er Jahren in der wissenschaftlichen Sozialpolitik diskutiert wird. „Das Augenmerk wird sich zukünftig stärker auf vernetzte Versorgungsarrangements richten, deren Attraktivität sich gerade durch das hybride Verhältnis zwischen staatlichen, verbandlichen und marktlichen Elementen sowie dem bürgerschaftlichen Sozialkapital auszeichnet“ (Heinze 2011: 184). Jenseits von Markt und Staat werden nun die wohlfahrtsrelevanten Ressourcen und Leistungspotentiale intermediärer Organisationen einbezogen. Wohlfahrtsverbände, gemeinnützige Vereine, Stiftungen und informelle Unterstützungssysteme wie Selbsthilfeinitiativen, soziale Netzwerke von Familien, Nachbarschaften und Freundeskreisen gehören nun dazu. Solche Organisationen können als besonderer (intermediärer) Organisationstypus zwischen „öffentlichen Sozialbürokratien, gewerblichen Unternehmungen und privaten Selbstversorgungsgemeinschaften“ (Olk 1995: 101) verstanden werden. Von privatgewerblichen Dienstleistungsanbietern im Marktsektor heben sich intermediäre Organisationen durch ihre Non-profit-Orientierung ab, im Unterschied zum öffentlichen Sektor haben sie keine hoheitlich-kontrollierenden Aufgaben wahrzunehmen und können entsprechend ihrer weltanschaulichen und normativen Prämissen selektiv und flexibel agieren. Von informeller Selbstversorgung unterscheiden sie sich schließlich dadurch, dass sie in organisierter und zumeist professioneller Form Leistungen für Dritte erbringen. In einem vergleichenden Sektorenmodell lassen sich in diesem Sinne die unterschiedlichen Wohlfahrtsbeiträge bestimmen und netzwerkförmig aufeinander beziehen (vgl. dazu Evers/Olk 1996). Es werden vier Sektoren unterschieden. Im *Staatssektor* vollzieht sich die Handlungskoordination nach hierarchischen Prinzipien der öffentlichen Verwaltung, der Zugang zu Leistungen entscheidet sich über gesetzlich verbürgte Anspruchsrechte. Orientiert sich der *Marktsektor* an ökonomischer Freiheit, so ist der zentrale Bezugswert des Staates die Gleichheit bei der Versorgung mit sozialen Gütern. Im *informellen Sektor* wird auf der Basis gegenseitiger persönlicher Verpflichtung und Vertrauen agiert. Unterstützungsleistungen werden von Familien im Rahmen ihrer Haushaltsgemeinschaft erbracht und darüber hinaus durch verwandtschaftliche und nachbarschaftliche Netzwerke und Freundschaftsbeziehungen getragen. Im *Non-profit-Sektor* beruhen Aktivitäten auf Freiwilligkeit und werden von bürgergesellschaftlichen Organisationen des intermediären Bereiches getragen. Diese wohlfahrtspluralistische Struktur kann man durchaus als sozialpolitische Ausgangslage der Sozialen Arbeit in einer Tätigkeitsgesellschaft ansehen.

Gerade in der Tätigkeitsgesellschaft kann man sich diversifizierte und plurale Organisations- und Arbeitsformen vorstellen, die von den (dezentral agierenden) öffentlichen und verbandlichen Trägern bis hin zu einer Vielzahl freier aber vernetzter Sozialprojekte reichen. Dabei muss natürlich die übergreifende öffentliche Verantwortung und sozialstaatliche Gewährleistung gesichert sein. Soll die Soziale Arbeit mit ihrer Sorgetätigkeit so zum integralen Bestandteil der Tätigkeitsgesellschaft werden, bedarf sie einer grundlegenden Strukturreform hin zu offenen und lernenden Organisationen. Die gegenwärtig sich verbreitenden manageriellen Konzepte in der Sozialadministration und den großen Trägern verhindern dies eher. Diese zielen auf Marktkonkurrenz und ökonomische Produktivität ab und entfernen sich damit vom Gemeinwohl. Soziale Arbeit wird als kommerzialisierbare Dienstleistung nach ihren Resultaten definiert, wobei die Zwischenzonen der Sorgearbeit zwangsläufig übergangen werden. Die früher wohlfahrtspolitische Ausrichtung der großen Träger in Deutschland ist zugunsten der Wirtschaftlichkeit und Konkurrenzfähigkeit in den Hintergrund getreten, betriebswirtschaftliche Profile dominieren (vgl. Jüster 2017). Kommunale und regionale Autonomie wurde abgebaut, die Organisationsprinzipien der zentralen Dachorganisationen bestimmen die Verbandspolitik. Es entwickelt sich eine eigene systemische Selbstreferenzialität, die zunehmend immun geworden ist gegenüber Forderungen nach sozialethischer Rückbesinnung und Demokratisierung von unten. Zentralisierung und Digitalisierung wirken problematisch zusammen, indem Daten von den Sozialarbeiter*innen abgefordert werden, die die Organisationen dann nach ihren Evaluationsprinzipien bearbeiten, sodass die Mitarbeiter*innen keinen Zugang mehr zu ihren Daten finden können. Damit droht die Gefahr der fachlichen Enteignung der Sozialarbeiter*innen. Die Tätigkeitsgesellschaft verlangt aber – so wurde oben dargestellt – souveräne Arbeitsgestalter, die aus ihren Erfahrungen heraus Projekte entwickeln und *vernetzen* können. Netzwerke sind der Kitt der Tätigkeitsgesellschaft. Ich habe oben zwischen *institutionellen* und *fließenden* Netzwerken unterschieden. Institutionelle Netzwerke verbinden sozialpädagogische Einrichtungen und Projekte miteinander in der Perspektive der Erweiterung der Hilfekonstellation. Wenn z. B. funktionale Äquivalente organisiert werden sollen, braucht es Verbindungen zu anderen Arbeitsfeldern. Sozialpädagogische Beschäftigungsprojekte müssen kommunal und regional vernetzt sein, um sozialökonomisch anschlussfähig zu bleiben. Familienhilfen suchen Verbindungen zu Mütterzentren und Beratungseinrichtungen, um die soziale Isolierung der Familie aufzubrechen. Jugendhäuser arbeiten mit Informationszentren, Sporteinrichtungen und Schulen (vor allem Ganztagsschulen) zusammen, um sich in den Jugendalltag hinein erweitern zu können.

Fließende Netzwerke flechten sich jeweils neu und anders und entfalten sich von den Bürger*innen her. Hier geht es nicht um die institutionelle Vervielfachung, sondern um die kommunikative Erschließung von und die Verständigung über Voraussetzungen, die in einer Region vorhanden sein müssen, wenn sozial nachhaltige Prozesse ins Laufen kommen sollen. In den 1970er Jahren – im Kontext der sozialstaatlichen Modellbewegung – wurden Schulen, Jugendhäuser, Bildungsstätten bis hin zu lokalen Unternehmen als regionale Orte gedacht, durch die Netzwerklinien liefen. In der Zeit der Entgrenzung und der Ortlosigkeit, in der Unternehmen mehr denn je am abstrakten Gewinn, Schulen an der abstrakten Leistung orientiert sind und Jugendhäuser wieder in segmentierte Zonen gedrängt werden, ist diese Konzeption nahezu vergessen. Heute sind es eher zivilgesellschaftliche Projekte, die unterschiedliche Magnetfelder von Agency schaffen können. Solche Magnetfelder sollen immer wieder – wenn auch in ihren Streubereichen wechselnd – neu aufgeladen werden können. So können auch die sozialpädagogischen Einrichtungen als *lernende Organisationen* herausgefordert werden, wenn sie merken, dass das institutionelle Wissen nicht mehr ausreicht oder sogar dysfunktional ist, um sich in einer Region voranzubringen. „Obwohl die Pole von Netzwerken und Verwaltung mit ihrer Spezialisierung, der Hierarchie und der Aktenmäßigkeit sich eigentlich diametral entgegenstehen, lassen sich durch Vernetzung eine Anpassung an veränderte Kontexte und Problemkonstellationen in der Verwaltung vornehmen“ (Fischer/ Kosellek 2019: 13). In den Bereichen der Sozialen Arbeit finden wir heute schon ein Zusammenwirken von institutionellen und zivilgesellschaftlichen Netzwerken. Denn während die institutionellen Netzwerke sich um den ‚Fall‘ bilden, reichen fließende Netzwerke in den lokalen Alltag hinein und ermöglichen Kontakte zu Projekten, Gruppen und Akteuren, die nicht der Sozialen Arbeit zugehören. Das verlangt von der Sozialen Arbeit die Erweiterung der sozialräumlichen Perspektive.

Angesichts der Globalisierung muss die regionale Perspektive neu gewichtet werden. Dabei kommt den regionalen Bestrebungen ein räumliches Paradox zugute. Auf der einen Seite forciert der globalisierte Kapitalismus eine Loslösung und Abstrahierung der Ökonomie und Teilen der Politik vom Territorialen, ist der räumlich gebundene Nationalstaat geschwächt; gleichzeitig aber gehen von dieser globalökonomischen Entwicklung massive sozialräumliche Wirkungen aus. Dabei kommen aber nicht nur die Spaltungen der Städte in den Blick, sondern auch die neuen territorialen Bezugnahmen politischer Initiativen und Bewegungen. Die Globalisierung hat ebenso regionale Initiativen freigesetzt wie global orientierte Gegenbewegungen, die sich aber gerade in ihrer Globalisierungskritik auf ihre jeweiligen territorialen Bindungen berufen. Gegen die Privatisierung öffentlicher Räume und die fortschreitende Kapitalisierung öffentlicher Güter haben sich vielerorts gemeinwohlorientierte Gruppierungen gebildet, die im lokalen Raum das „gemeine Eigene" – Luft, Wasser, Boden – zu verteidigen gewillt sind. Der Raum zeigt sich also wieder – nach einer Epoche der Institutionen – als politische Kategorie.

Das gab es schon einmal. In Westdeutschland entwickelte sich in den 1960er und 1970er Jahren unter einem ökonomischen, sozialen und politischen Modernisierungsdruck ein multiples regionales Spannungsfeld, in dem darauf bezogene Konflikte vor allem außerhalb der institutionellen Strukturen, also *räumlich*, freigesetzt und aktiviert wurden. Dabei waren es nicht nur die sozialen Bewegungen und freien Initiativen der damaligen Zeit, die soziale Benachteiligungen sichtbar machten und Interessen artikulierten. In ähnlicher Richtung agierte der Sozialstaat, der seine Gestaltungsspielräume nach außen zu erweitern suchte, um von dort Impulse für seine Modernisierungspolitik zu erhalten. Diese Modellpolitik eines lernenden Sozialstaates schaffte regionale Gelegenheits- und Anregungsstrukturen, über die Konflikt-Konsens-Prozesse räumlich aktiviert werden konnten. So entstanden erst Inseln, dann Zonen einer räumlich aktivierten Praxis politischer Öffentlichkeit, in der auch die sozialen Bewegungen und Initiativen aufgingen. Interessen, die bisher übergangen waren, wurden durch räumliche Aneignungsprozesse sichtbar, die über sie veröffentlichten Definitionen sozialer Probleme wurden weitgehend als gesellschaftliche Definitionen durchgesetzt. Als Beispiele können die Mieter- und Gemeinwesenkampagnen in den neuen Satellitenstädten, die in den damaligen Urbanisierungsschüben aus dem Boden schossen, die Jugendzentrumsbewegung, aber auch die Kampagnen zur Humanisierung der Arbeitswelt genannt werden. In all diesen Beispielen geht es um sozialräumliche Aneignung, die sich in politische Öffentlichkeiten hinein verlängert und dort politisch transformiert wird. Mieter eigneten sich die neuen Stadtteile an und aktivierten dabei den sozialpolitischen Diskurs um eine humane Stadtentwicklungspolitik, Jugendliche machten auf sich über phantasievolle wie aggressive räumliche Repräsentationen und Manifestationen aufmerksam und schafften so ein sozialräumlich rückgebundenes Klima für eine politische Anerkennung der Jugendfrage. Räumlich freigesetzte außerbetriebliche Öffentlichkeiten machten die Verknüpfung von betrieblichen und gesellschaftlichen Strukturen sichtbar. Im Verlauf dieser Prozesse wurden aber nicht nur die sozialen und kulturellen Interessen der Bürger*innen räumlich aktiviert und in sozialpolitische Öffentlichkeiten verlängert; es wurden auch allgemeine gesellschaftliche Probleme „vor Ort" räumlich sichtbar gemacht. Fragen der Menschenwürde, der sozialen Gerechtigkeit, der Unterdrückung und der Kluft zwischen Armut und Reichtum wurden als internationale Probleme lokal thematisiert. So entstand – in der historischen Bilanz gesehen – ein räumlich aktiviertes Spannungsfeld sozialer und politischer Modernisierung, die durch die Spannung zwischen den Institutionen und den räumlich aktivierten Öffentlichkeiten vorangetrieben wurde.

Auch heute sind Gegendiskurse entstanden, die auf eine Repolitisierung des Raumes abzielen und sich in sozialräumlichen Initiativen und Bewegungen manifestieren. Gleichzeitig formieren sich transnational agierende soziale und politische Bewegungen, welche die territorial-räumliche Angewiesenheit des Menschen und den Kampf gegen die internationale Kapitalisierung des Raumes und seiner Güter in den Mittelpunkt ihrer Programme stellen. Ebenso haben Initiativen zur Regionalisierung der Ökonomie an Profil gewonnen, die das Ziel der Wiedereinbettung der Ökonomie und des sozialen Ausgleichs haben. Hier existieren inzwischen Modelle einer unabhängigen lokalen Währung, regionalgebundener Banken, lokaler Energieproduktion und der Vermarktung regionaler Nahrungsmittel (vgl. (Sikorski 2000: 137 f.). Die Soziale Arbeit kann sich als Teil einer civic culture in solchen regionalen sozialpolitischen Räumen verstehen. Dazu muss sie ihren eigenen Subtext lesen können. Denn sie stellt nicht nur ein Ensemble von Einrichtungen und Diensten dar, sondern hat auch Netzwerke von Beziehungen, einen eigenen regionalen Sozialatlas geschaffen, der von den Menschen selbst geschaffen ist und immer wieder aktiviert werden kann. Wenn man z. B. Ehemalige aus Jugendzentren befragt, was ihnen von der Jugendarbeit an positiver biografischer Erinnerung geblieben ist, dann kommt vieles an biografisch-sozialer Nachhaltigkeit zu Tage, was auch das spätere soziale Handeln beeinflusst. Gemeinwesenprojekte hinterlassen Abdrücke, aus denen man wieder neue soziale Pfade bilden kann. Soziale Modellprojekte gegenseitiger Unterstützung können über die Modellphase hinaus zu kommunalen Sozialverträgen verlängert werden. Hier können Sozialarbeiter*innen sowohl von ihren Projekten her als auch als sozial sensible Bürger*innen einiges mit bewegen. Vor allem die Gemeinwesenarbeit, die längst nicht mehr nur als Methode, sondern als Programm der kommunalen Integration und Partizipation verstanden wird, kann gemeinwesenökonomisch erweitert werden. Vor allem dann, wenn sie sich in Projekte des solidarischen Wirtschaftens und der tauschfördernden Netzwerkbildung einbringen kann. Aber auch Streetwork-Projekte können sich gemeinwesenökonomisch qualifizieren. Gerade sozial benachteiligte und desintegrierte Jugendliche und junge Erwachsene, die von Streetworker*innenn erreicht werden, lassen sich in offene Beschäftigungsprojekte einbinden und tragen so zur kommunalen Wertschöpfung bei. Die Projekte der sozialpädagogischen Beschäftigungsförderung eignen sich überhaupt für eine gemeinwesensökonomische Rahmung. Sie lassen sich auch in allgemeine Projekte der Bürgerarbeit einbinden. Hier aber ist unbedingt zu berücksichtigen, ob und wie die Lebensinteressen und die damit verbundenen alltagskulturellen Repräsentationen sozial Benachteiligter in die Projektkultur der dortigen Aktivbürger*innen eingebracht werden können. Dazu bedarf es einer sozialen Infrastruktur, aus der heraus sozial Benachteiligte zu Initiativen motiviert und darin unterstützt werden können.

Eine solche „infrastrukturelle Wende" muss in der Sozialen Arbeit aber erst richtig eingeläutet werden. Zu sehr sind die Arbeitsfelder auf Maßnahmen zentriert, zu wenig wird die weitgehend verdeckte infrastrukturelle Kraft der Sozialarbeit genutzt. Vor allem die wirkungspolitischen Instrumente, die maßnahmezentriert sind und auf Wirkungsketten schielen, die aber in personenbezogenen Diensten so nicht ablaufen, blockieren eine infrastrukturorientierte Bewertung sozialarbeiterischer Tätigkeit. Deshalb muss diese Infrastruktur erst freigelegt werden, müssen die unterschiedlichen Beziehungsstränge und Einflusszonen aufgeschlossen werden, die sich über Jahre hinweg in einem regionalen Umkreis oder einem städtischen Quartier gebildet haben. Soziale Einrichtungen und Dienste können daraufhin vernetzt werden, welche Impulse für einen sozialpolitischen Wandel in der Region sich aus ihrer Arbeit herauslösen lassen. In diesem Prozess kann nach einer gemeinsamen sozialpolitischen Sprache für die Entwicklung der Region als Sozialregion gesucht werden. Diese Plattformen sollten von einer politisch und administrativ unabhängigen Stelle aus entwickelt und betreut werden.

Sozialbürgerschaft

In einer sozial gerechten Tätigkeitsgesellschaft sollen alle Gesellschaftsmitglieder als Bürger*innen politisch zum Zuge kommen. Das Konzept des *Aktivbürgers* in der Bürgergesellschaft ist in den 2000er Jahren relativ schnell von vielen in der Sozialen Arbeit als Rahmen der Partizipation angenommen worden. Sollten doch in diesem Kontext gerade jene ihre sozialen Rechte finden, die in der Arbeitsgesellschaft an den Rand gedrängt oder von ihr ausgeschlossen waren. Eben die Klientel der Sozialen Arbeit. Bisherige Erfahrungen mit bürgerschaftlichen Projekten in Deutschland – so

z. B. auch aus dem Programm ‚Soziale Stadt' – zeigen aber, dass gerade sozial benachteiligten Bürger*innen die von den aus der Mittelschicht stammenden Aktivbürger*innen getragenen Projekte mit ihren Planungs- und Kommunikationsformen fremd sind. Man kann in diesem Zusammenhang von einer *strukturellen Abspaltung* der Unterschicht in bürgerschaftlichen Prozessen sprechen. Auch in der Tätigkeitsgesellschaft wird es eine soziale Schichtung geben. Deshalb brauchen sie einen anderen bürgerschaftlichen Bezug. Diesen sehe ich im Sozialstaat, von dem die Klient*innen der Sozialen Arbeit abhängig sind und weiter sein werden und der entsprechend bürgerschaftlich gewendet werden müsste. Das Konstrukt des *Sozialbürgers* bietet sich an.

Gegenwärtig ist bei sozial benachteiligten Bürger*innen in sozial segregierten Quartieren zu beobachten, dass sie von ihrer Lebenslage her keinen Draht zur bürgerschaftlichen Perspektive finden können. Sie verbrauchen für die einfache Bewältigung ihres Alltags so viele Energien, dass sich kein Surplus für alltagsüberschreitende Aktivitäten und Interessen entwickeln kann. Deshalb darf ihr bürgerschaftliches Potenzial nicht aus der Sichtweise der Mittelschicht-Initiativen gesucht und bewertet werden, sondern es muss danach gefragt werden, welche besonderen Voraussetzungen in der Lebenslage der benachteiligten Bürger*innen selbst liegen. Deutlich geworden ist, dass sie kein Forum haben, in dem sie ihre Lebensprobleme darstellen können. Gleichzeitig wissen wir aber, dass sie in ihrer Binnenwelt viel miteinander darüber sprechen und Handlungsmodelle der Gegenseitigkeit entwickeln, die sie selbst pragmatisch begreifen und wie selbstverständlich praktizieren. Diese als Modelle in den bürgerschaftlichen Diskurs einzubringen, bringt Anerkennung in eine Bevölkerungsgruppe, die täglich unter Ausgrenzung und Entwertung leidet. Die Sozialpolitik sollte daraus die Lehre ziehen, dass es nicht nur um materielle Grundsicherung für diese Gruppen geht, sondern genauso um die Aktivierung eines bislang übergangenen weil nicht mittelschichtkonformen bürgerschaftlichen Potenzials, dessen Orientierungsrahmen eher der Sozialstaat ist, von dem sie abhängig sind. Für sie ist deshalb die Figur des *aktiven Sozialbürgers* angemessen.

Hinter den sozialstaatlichen Definitionen und Interventionen stand und steht ein Menschenbild, das von einer kollektiven Identität ausgeht und Vorstellungen von Lebenschancen und vom gesellschaftlichen Zusammenleben enthält. Gerade diese kulturelle Seite des Sozialstaatlichen ist in den letzten Jahren eher negativ diskutiert worden: In der kritischen Sozialhilfediskussion wurde dem Sozialstaat immer wieder vorgeworfen, dass er benachteiligte Menschen gleichsam in Abhängigkeit hält und für Sozialhilfeempfänger Lebensniveaus definiert, die meist nur sozial regressive Lebensformen zulassen. Dennoch haben sozialstaatliche Institutionen in der Vergangenheit immer wieder versucht, auch die humanistische Gestaltungsseite des Sozialstaates herauszustellen. Darin steckt nicht nur der Anspruch, Lebenschancen sozialpolitisch abzusichern, sondern auch auf einen wohlfahrtlich erreichbaren Horizont hin zu öffnen. Hierin liegt die Vorstellung, durch eine Gestaltung von Gesellschaft auch Bedingungen zu schaffen, in denen sich die Bürger*innen sozial entfalten können. Dieser Gestaltungsanspruch des Sozialstaates ist aber nicht einfach normativ gesetzt, sondern liegt in seiner Struktur. Indem er die gesellschaftliche Instanz geworden ist, in der die Ansprüche der unterschiedlichsten sozialen Gruppen zusammenlaufen und mediatisiert werden müssen, sieht er sich zwangsläufig in die Lage versetzt, zu agieren und in diesem Zusammenhang Ansprüche und Zumutbarkeiten zu definieren und so zu regulieren, dass die gesellschaftliche Balance erhalten bleibt.

Der sozialstaatlich gerahmte Bürger ist in den sozialstaatskritischen Diskussionen oft zu einem Menschen gemacht worden, der inzwischen nur noch Bedürfnisse nach sozialer Sicherheit hat und in der diffusen Angst lebt, dass diese Sicherheit nicht mehr selbstverständlich, sondern gefährdet ist (was ihn noch immobiler machen würde). Dem wird nun das Menschenbild des eigenverantwortlichen Bürgers entgegengestellt, ohne allerdings dabei zu reflektieren, unter welchen ökonomischen und sozialen Bedingungen diese Eigenverantwortlichkeit zu realisieren ist; sie werden einfach vorausgesetzt. Diese Kritik am Sozialstaat kann deshalb auch nicht zur Kenntnis nehmen, dass in der Geschichte des modernen Sozialstaates auch eine sozialbürgerschaftliche

Komponente liegt. Diese kommt aus der sozialen Idee der Arbeiterbewegung, deren sozialreformerische Gestaltungsperspektiven sowohl auf die Gesellschaft wie auf den Einzelnen abzielten und die sich damals gar nicht so sehr an den Staat, sondern an Gemeinschaften und Genossenschaften als Orte gesellschaftlicher Gestaltung und gegenseitiger Verantwortung richteten. Es war die besondere nationalstaatliche Entwicklung in Deutschland, in der sich die typische Staatszentriertheit der Sozialpolitik herausbildete und schließlich ihre sozialbürgerlichen Ansätze überformte und in Vergessenheit geraten ließ. Diese Idee des *Sozialbürgers*, die man aus den sozialpolitischen Vergesellschaftungsvorstellungen im Gefolge der Arbeiterbewegung herauslesen kann, ist in den heutigen sozialökonomischen Perspektiven des bürgergesellschaftlichen Diskurses nicht mehr zu finden.

Deshalb ist es notwendig, wieder an die beiden epochalen Dimensionen der Vergesellschaftung zu erinnern, die den Sozialstaat bis heute konstituieren: Er ist zum einen Ergebnis des industriekapitalistischen Vergesellschaftungsprozesses, dem er als Regulationsinstanz immanent ist. Zum anderen steckt im Sozialstaat auch das historisch-gesellschaftliche Ergebnis strukturverändernder, von Menschen getragener sozialer Kämpfe und sozialer Übereinkünfte. Das bezieht sich nicht nur auf den traditionellen Konflikt zwischen Arbeit und Kapital, sondern auch auf die Interessen und Konflikte sowie ihre gesellschaftliche Transformation, wie sie von den sozialen Bewegungen und Initiativen des Reproduktionsbereiches ausgingen. Gerade heute – angesichts der Entwertung des Faktors Erwerbsarbeit – werden diese Bezüge wieder relevant. Wenn wir den Sozialstaat so als Resultat von Vergesellschaftungsprozessen rekonstruieren, dann werden auch die Menschen sichtbar, wie sie sich in und über diesen Sozialstaat gesellschaftlich begreifen. Der Sozialstaat wird dann fassbar als *kollektive Identität* (Evers/Nowotny 1987), als Rückhalt und Hintergrundsicherheit sozialer Aktivierung und Teilhabe.

In Deutschland hat ein solches gesellschaftliches und lebensweltliches Verständnis des Sozialstaates nicht richtig Fuß fassen können. Angesichts einer obrigkeitsstaatlichen und ordnungspolitischen Tradition, aber auch im Banne eines sozialphilosophischen Denkens, dass den Staat – im hegelschen Verständnis – zur allgemeinen und übergesellschaftlichen Institution erklärt hat, sind die Dimensionen der sozialen Teilhabe und die darin enthaltenen sozialvertraglichen Elemente in Deutschland nie richtig zum Zuge gekommen. Das Verständnis, dass Sozialstaat und soziale Demokratie, bürgerrechtliche Verfassung und sozialstaatliche Vergesellschaftung und Lebensform eng miteinander verbunden sind, hat sich in Deutschland erst in den 60er und 70er Jahren des 20. Jahrhunderts durchgesetzt. Der Sozialstaat steht eben nicht neben der Gesellschaft, sondern hat sich in historisch wechselnden Spannungsverhältnissen und deren Dialektik in sie hinein entwickelt. So muss er auch in den gegenwärtigen gesellschaftlichen Spannungs- und Konfliktbezügen und damit auch im aktuellen bürgergesellschaftlichen Diskurs neu verortet werden: Indem der Sozialstaat als Vergesellschaftungsprinzip und gesellschaftliche Lebensform betrachtet wird, werden seine sozialvertraglichen und sozialbürgerlichen Strukturelemente als Resultate der für den Sozialstaat konstitutiven sozialen Konflikt- und Konsensprozesse freigelegt. Damit wird die Sozialstaatsdiskussion anschlussfähig an die bürgergesellschaftliche Diskussion.

Wenn wir den modernen Sozialstaat als epochales Vergesellschaftungsprinzip der industriekapitalistischen Moderne erkennen, dann können wir uns auch von seiner gegenwärtig institutionell versäulten und verselbständigten Form lösen und nach dem Wesen dieses Vergesellschaftungsprinzips fragen. Denn dann scheint das besondere Verhältnis von Bürger, Gesellschaft und Staat auf, das ihm innewohnt. Mit dem Bürger ist dabei der ‚Sozialbürger' der gesellschaftlich aufsteigenden Arbeiterbewegung gemeint, der nicht mehr an der Erwartung der Krise des kapitalistischen Systems, sondern an seiner sozialen Durchdringung und gesellschaftlichen Integration orientiert war. Zwei Strömungen waren es, auf die man diese Figur der Sozialbürgerschaft, die heute noch im sozialstaatlichen Prinzip enthalten ist, beziehen kann. Zum einen die Idee der Sozialisten und Sozialreformer, dass der Mensch zum Maß des ökonomischen Prozesses zu werden habe, zum anderen jene kulturellen Strömungen in der Arbeiterbewegung, die zwar von fundamentalistischen Sozialisten

Ende des 19. Jahrhunderts als „Verbürgerlichung" kritisiert wurden, die aber dazu führten, dass die bürgerlichen-revolutionären Ideen von Freiheit und Gleichheit mit den antikapitalistischen Zielen der Arbeiterbewegung in einer „zweiten Kultur" (Kuczynski 1981) verschmolzen. Vielleicht war in dieser bürgerlichen Transformation der Arbeiterbewegung die Idee des Sozialbürgers, die sonst in Deutschland nie recht zum Zuge kam, am ehesten enthalten.

Erst in den 1960er Jahren kam in Deutschland die Zeit, in der der Sozialstaat aus seinem institutionellen Gehäuse hervorkam und sich in Richtung des gesellschaftlichen Experiments und Konflikts öffnete, da dem Druck zur gesellschaftlichen Modernisierung nicht mehr auszuweichen war. Die sozialen Bewegungen der damaligen Zeit, die bislang in die Sozialstaatskompromisse eingeschlossen waren, brachen auf und entfalteten sich in der sozialstaatlichen Sphäre, aber eben nicht gegen den Sozialstaat, sondern ihn politisch auffordernd: zuerst die neuen Jugendbewegungen, später die neue Frauenbewegung. Hier entwickelte sich eine neue Form der Sozialbürgerschaft in der Spannung zwischen sozialen Bewegungen und Sozialstaat. Man könnte dies als ‚balancierende' Sozialbürgerschaft bezeichnen. Auch hier ist wieder eine ‚zweite Kultur' entstanden, in der der soziale Konflikt wach gehalten und zum Sozialstaat in Spannung gebracht ist. Aus den sozialstaatlich gerahmten Bürger*innen waren sozialstaatlich reflexive Bürger*innen geworden.

Auch in der Tätigkeitsgesellschaft mit ihren verschiedenen Sphären wird der Sozialstaat der bürgergesellschaftliche Bezugspunkt sein. Sozial benachteiligte Bürger*innen, die nicht an dieser aktivbürgerlichen Kultur teilhaben, können in die Lage versetzt werden, ihre eigene sozialbürgerliche Kultur zu entwickeln und entsprechend öffentlich auszudrücken. Die balancierende Sozialbürgerschaft der Tätigkeitsgesellschaft misst sich daran, inwieweit die Bürger*innen aus *ihren* Tätigkeitswelten heraus ihre unterschiedlichen Beiträge zur gesellschaftlichen Integration leisten und dabei entsprechende Konflikt- und Konsensprozesse entwickeln können. Gerade sozial benachteiligte Bürger*innen können in ihrer Sozialbürgerschaft ihre Ausdrucksformen des sozialen Konflikts darstellen. Die zentrale Ressource in diesem konflikthaften wie regulativen Prozess ist die der *Verantwortung*. Die sozial unterschiedlichen sozialbürgerlichen Teilkulturen unter dem Schirm des Sozialstaats müssen sich zu pluralen Verantwortungskulturen entwickeln können. Erst aus gemeinsamer gesellschaftlicher Verantwortung aus unterschiedlichen Milieus heraus bei Wahrung der sozialen und kulturellen Eigensinnigkeit kann sich eine gemeinsame sozialbürgerliche Kultur der Vielfalt entwickeln. Die Soziale Arbeit kann hier eine Funktion der Mediation erhalten. Das aber wieder nur unter der Voraussetzung, dass sie ihre eigenen Klient*innen als Bürger*innen anerkennt und die Demokratisierung ihrer Tätigkeitssphäre vorantreibt.

Soziale Freiheit

In der Diskussion um die Tätigkeitsgesellschaft wird der Freiheitsgewinn für die Bürger*innen besonders hervorgehoben. Gleichzeitig braucht gerade die Tätigkeitsgesellschaft angesichts des Abbaus der erwerbsarbeitlichen Kollektivstruktur ein starkes Gemeinschaftsbewusstsein. Die neue Freiheit muss also in Gemeinschaftlichkeit eingebettet sein. Dies ist im Begriff der *sozialen Freiheit* ausgedrückt. In der Tradition des Sozialismus gilt sie als Entwicklungsbedingung einer sozialen und demokratischen Gesellschaft. So wird sie auch im heutigen neosozialistischen Diskurs in einem offensichtlichen Gleichklang verstanden. Für Eduard Heimann, einem der bedeutenden Reformsozialisten der Weimarer Republik (vgl. Böhnisch 2020), war die soziale Freiheit aufgebaut auf der liberalen rechtlichen Freiheit, die aber der Kapitalismus korrumpiert und durch das Privateigentum an den Produktionsmitteln enteignet habe. Soziale Freiheit sei deswegen nur in einer solidarischen Gemeinschaftsverfassung gesellschaftlich zu erreichen. Individuelle Freiheit und Gemeinschaft sind dialektisch aufeinander bezogen, soziale Freiheit ist die Synthese dieses scheinbaren Gegensatzes. Soziale Freiheit in der sozialistischen Tradition ist eine gesellschaftliche Gestaltungsaufgabe, die aus der Befreiung der Menschen von der kapitalistischen Herrschaft erwächst. Die Freiheit zur Gestaltung der Arbeitswelt verlängert sich hier in die soziale Freiheit als Grundlage gesellschaftlicher Gestaltung.

Beim neosozialistischen Entwurf zur sozialen Freiheit von Axel Honneth (2016) fehlt dieser antikapitalistische Einschlag. Aber auch er baut sein Freiheitskonstrukt in der Spannung zwischen individueller Freiheit und Gemeinschaft in dem Sinne auf, dass sich die eigenen Interessen mit den Interessen der jeweils anderen – eben als gemeinschaftliche Interessen – in einem „solidarischen Füreinander" zusammenfügen müssen. Um diese soziale Freiheit verwirklichen zu können, bedarf es einer offenen, allen Bürger*innen zugänglichen gesellschaftlichen Öffentlichkeit, in der gesellschaftliche Konflikte ausgetragen werden können. Es ist der Entwurf einer kommunikativen Demokratie, die in allen Gesellschaftsbereichen eine „demokratische Lebensform" ermöglicht wie voraussetzt. Diese muss alle Gesellschafts- und Lebensbereiche durchziehen können und darf nicht, wie im traditionellen sozialistischen Entwurf, auf den ökonomischen Bereich beschränkt bleiben.

Von der Tätigkeitsgesellschaft wird in diesem Sinne erwartet, dass sie soziale Freiheit aus ihrer sozialen Pluralität heraus generieren kann. Während in den sozialistischen Entwürfen die Entwicklung sozialer Freiheit vor allem von der praktischen Kritik der kapitalistischen Ökonomie ausgeht, hält Axel Honneth es in seinem Entwurf zur sozialen Freiheit für notwendig, auch andere gesellschaftliche Bereiche – vor allem den der persönlichen Beziehungen – auf ihr Freiheitspotenzial zu untersuchen. „Für die Sphäre von Liebe, Ehe und Familie heißt das, darin Beziehungsformen zu erkennen, in denen das versprochene Füreinander nur möglich ist, wenn alle Mitglieder ihre tatsächlichen Bedürfnisse und Interessen ungehindert artikulieren und mit Hilfe des jeweils anderen verwirklichen können, für die Sphäre der demokratischen Willensbildung ergibt sich daraus, dass die Teilnehmer ihre je individuellen Meinungsäußerungen als sich ergänzende Beiträge zum gemeinsamen Projekt einer allgemeinen Willensbildung auffassen können müssen" (Honneth 2016: 137 ff.). Dabei geht es Honneth bei der demokratischen Willensbildung um mehr als nur die Teilnahme an demokratischen Verfahren, sondern um Demokratie als ‚Lebensform', die sich darin herausbildet, dass die Individuen in ihren Lebenssphären Erfahrungen der Partizipation machen können.

Die Soziale Arbeit bewegt sich in diesen Beziehungsformen. Sie weiß vom Eigensinn in den persönlichen Beziehungen, der sich vor allem in der psychosozialen Widerstandskraft der Familien und in der Dynamik der Generationenbeziehungen ausdrückt. Familien entwickeln einen intimen Zusammenhalt, Frauen sind in ihrem innengerichteten Bewältigungsmodus der Sorge näher und Jugendliche können die Unbefangenheit, mit der sie neu in die Kultur eingetreten sind, sozialkritisch inszenieren. Es können also in all diesen Sphären eigensinnige Freiheitsimpulse entstehen. So ist es sinnvoll, diese Eigensinnigkeit aufzuschließen und sozial einzubringen. Es sind Impulse, die eine eigene Dynamik entwickeln können. Dennoch kommen gerade aus der Praxis der Sozialen Arbeit Zweifel, ob diese Lebensbereiche auch die soziale Qualität für die Entwicklung sozialer Freiheit aufweisen. So sind persönliche Beziehungen und ihre Aggregate, wie z. B. Familien und engere Freundesgruppen, durch ihren intimen Charakter geprägt; durch Zuneigung oder Abneigung, durch Liebe aber auch Hass, durch Enttäuschung und Schuld. Das sind Kategorien, die eben nicht denen der Arbeits- und Vertragswelt entsprechen, in der sich soziale Freiheit und demokratische Lebensform bewähren sollen. Die intime Verantwortung der Eltern für ihre Kinder führt nicht automatisch zur sozialen Verantwortung, die innerfamilialen Widerstandsformen verlängern sich nicht einfach in soziale Widerstandsmuster und intime Partnerliebe und sozialer Fremdenhass können durchaus nebeneinander existieren.

Deshalb müssen wir das Augenmerk auf die *Milieus* richten, in denen sich diese persönlichen Beziehungen und Gruppendynamiken bewegen. Erst Milieus können gesellschaftlich gerichtete Gemeinschaft konstituieren. Milieu meint ja eine räumlich und zeitlich begrenzte Nahwelt, eine typische, meist über Gruppen oder über das Gemeinwesen vermittelte emotionale Gegenseitigkeit, die die persönlichen Beziehungen übergreift. Inwieweit nun

Milieus soziale Freiheit befördern können, hängt davon ab, ob es sich um demokratisch offene oder autoritär geschlossene Milieus handelt. In offenen Milieus kann sich jene Balance von Individualität und Kollektivität entwickeln, die für soziale Freiheit konstitutiv ist. Geschlossene Milieus sind dagegen meist nach außen abweisend und sind nach innen durch direktive bis autoritäre Umgangsformen gekennzeichnet. Oft schotten sie sich ab, auch als Reaktion auf die soziale Distanzierung, die sie von Seiten bürgerlicher Milieus erfahren. Solche autoritären Milieus sind oft durch prekäre Bewältigungslagen gekennzeichnet. Dass sich solchermaßen sozial Benachteiligte aus diesen Milieus heraus kaum bürgergesellschaftlich engagieren, ist sowohl auf ihre prekäre Lage als auch auf die erfahrene soziale Distanzierung zurückzuführen, Bedingungen, die ihre sozialen Entfaltungsmöglichkeiten einschränken. Sozialarbeiter*innen klagen häufig darüber, dass diese Leute den Zugang zum bürgerschaftlichen Engagement nicht finden, mit den herrschenden Beteiligungsformen und -sprachen schwer zurechtkommen und sich so nach einiger Zeit wieder – nun doppelt – ausgegrenzt fühlen. Da sie einen anderen (umwegreichen und wenig abstrahierten) Kommunikationsmodus entwickeln, können sich diese Bevölkerungsgruppen nicht in den dominanten Kommunikationsmodus sozialer Beteiligung einbringen (vgl. Munsch 2003). Solche Milieus zu öffnen ist eine Aufgabe der Gemeinwesenarbeit. Da Milieus sich verändern und sich darin ständig rekonstituieren (vgl. Grathoff 1991: 414), ist es möglich, Milieubildung zu gestalten. In solchen Projekt- oder Bewegungsmilieus können aktivierende und bewältigungsstützende Komponenten wie soziale Anerkennung und Erfahrung von Gemeinschaftlichkeit angeregt und sozial verbreitert werden. Milieu und sozialpädagogische Milieubildung sind in diesem Zusammenhang Brückenkonzepte zwischen den Lebenswelten und der Gesellschaft.

Bei dieser Bedeutung des Gemeinschaftlichen für die Herausbildung sozialer Freiheit wird uns bewusst, dass die heutige Soziale Arbeit über keine Theorie der Gemeinschaft mehr verfügt. Eher spiegelt sich die zunehmende gesellschaftliche Individualisierung in der Intensivierung der Kasuistik des Einzelfalls. Der

Gemeinschaftsbegriff wird im Blick auf seinen Missbrauch im Faschismus und – später – seine Ideologisierung in der US-amerikanischen Community-Szene eher kritisch gesehen (vgl. Böllert 2018). Die Tradition der Sozialpädagogik der 1920er Jahre, nach der zwar am Einzelnen anzusetzen ist, dies aber immer in der Spannung zur Gemeinschaft, ging in die neueren Theorie- und Professionalisierungsdiskurse seit den 1970er Jahren nicht ein. Gruppe und Gemeinschaft werden heute nur noch in der Methodik gebraucht. In der damaligen Idee der Gemeinschaftserziehung war aber mehr enthalten. Sie wurde von Carl Mennicke (1937/2001) bis hin zur Wiener Individual- und Sozialpädagogik (vgl. Böhnisch 2015) als theoretischer Kern angesehen. Gemeinschaftserziehung *war* für sie Sozialpädagogik.

Soziale Integration und soziale Gestaltung

Als Baustein der Tätigkeitsgesellschaft kann die Soziale Arbeit aus den Zwischenwelten herausgeholt werden und muss nun nach einer gesellschaftlichen Formel suchen, die diesem gesellschaftlichen Status entspricht. Anomie, Ausgrenzung und Entwertung, die Schatten der Zwischenwelten sind weitgehend in den Hintergrund gedrängt, obwohl sie auch in der Tätigkeitsgesellschaft immer wieder aufbrechen können. Die Erwerbsarbeit entscheidet nicht mehr allein über gesellschaftliche Zugehörigkeit und sozialen Status, soziale Bindungen können in verschiedenen gesellschaftlichen Zonen aufgebaut werden. Nicht mehr Desintegration steht am Horizont, sondern *soziale Integration* im Kontext sozialstaatlicher und zivilgesellschaftlicher Rahmungen. Soziale Integration wird damit zum zentralen gesellschaftstheoretischen Begriff einer Tätigkeitsgesellschaft, in der die Sorge zu einer Schlüsselkategorie geworden ist.

Der Integrationsbegriff ist für die Sozialarbeit nicht neu, er ist in ihrer neueren Geschichte prominent formuliert worden. Klaus Mollenhauer hat schon in seiner klassischen gesellschaftlichen Begründung der Sozialpädagogik erkannt, dass gesellschaftliche und personale Integrationsprobleme in einem Spannungsverhältnis stehen, das er mit dem Begriff der *Dialektik der sozialen Integration* zu erfassen versuchte. „Mit Hilfe für das notleidende Individuum war immer auch das Nachdenken über die Reform der Voraussetzungen der Gesellschaft verbunden“ (Mollenhauer 1959: 131). Diese Formel von der ‚Dialektik der sozialen Integration‘ kann dem Anspruch einer Gesellschaftstheorie der Sozialen Arbeit genügen, zwischen Handlungstheorie und Gesellschaftstheorie zu vermitteln. Es ist kein affirmativer Begriff, der nur den Ziel der Anpassung an die Gesellschaft folgt, sondern er hat eine kritische Qualität, wenn wir Integration dialektisch, als Synthese in Konfliktkonstellationen, betrachten.

Die konflikttheoretische Geschichte des Sozialen begann mit der Erkenntnis der Dialektik der gegenseitigen Angewiesenheit im Verhältnis von Ökonomie und Sozialem in der kapitalistischen Industriegesellschaft. Noch einmal: Dass das Ökonomische und das Soziale trotz einer unüberbrückbaren Widersprüchlichkeit historisch so zusammenspielen mussten, ist vor allem darin begründet, dass der Kapitalismus seit seiner hochindustriellen Phase im zweiten Drittel des 19. Jahrhunderts auf den Einbau des Sozialen angewiesen war, wollte er historisch überleben, sein immanentes Ziel der Wachstums- und Profitsteigerung weiter verfolgen und sich zu diesem Zwecke modernisieren. Und umgekehrt konnte sich das Soziale über die Produktiv- und Wachstumskräfte des Kapitalismus bis in die gesellschaftliche Gegenwart – ohne Vertröstung auf eine radikale Utopie – entfalten und zum gesellschaftlichen Strukturprinzip werden (vgl. Heimann 1929; Böhnisch 2020). Aus diesem Grundkonflikt zwischen Arbeit und Kapital, Mensch und kapitalistischer Ökonomie bildet sich jener sozial- integrative Prozess, der seit damals als „Soziale Frage“ behandelt wird. Vor dem Hintergrund dieses epochalen Konflikts entwickelte der heute fast vergessene Sozialpädagoge Paul Natorp seinen Entwurf einer sozialintegrativen Sozialpädagogik (1899) die der Gewaltförmigkeit und den desintegrativen Folgen des Kapitalismus eine Erziehung zur Gemeinschaft entgegensetzen sollte. Für Carl Mennicke waren Gruppe und Gemeinschaft die Formen, in denen sich das Soziale des Menschen herausbildet und seine individuelle wie gesellschaftliche Qualität erhält.

Dieser kurze disziplinhistorische Rückblick auf die vorletzte Jahrhundertwende zeigt, dass es Zeiten der gesellschaftlichen Brüche und Übergänge waren, in denen das sozialintegrative Konzept in den Mittelpunkt rückte. In den letzten Jahrzehnten der zunehmenden Individualisierung bis heute stehen mehr die Einzelnen, die ‚Adressat*innen' im Mittelpunkt. Inzwischen sind die gesellschaftlichen Brüche und sozialen Spaltungen aber wieder deutlich hervorgetreten und damit die Dringlichkeit einer sozialintegrativen Perspektive. Dennoch ist die neokapitalistische Gesellschaft – so wurde oben dargelegt – eher eine Gesellschaft der Konfliktvermeidung, die auf Privatisierung sozialer Konflikte abzielt. Gemeinschaft wird zwar dauernd beschwört, aber diese Beschwörung bleibt Ideologie, solange die Anerkennung und Austragung von Konflikten in den Hintergrund gedrängt ist. Der Gemeinschaftswert des sozialen Konflikts und damit seine sozialintegrative Kraft wird vor allem dann deutlich, wenn man erkennt, dass Konflikte Beziehungen zwischen gegensätzlichen Elementen herstellen und die Erkenntnis gegenseitiger Angewiesenheit freisetzen können (vgl. Dubiel 1999).

Soziologisch wurde der soziale Konflikt aus dem Wesen der industriekapitalistischen Arbeitsteilung und der sie steuernden ökonomischen Machtverhältnisse abgeleitet: Sowohl die Spaltung und Desintegrationen in den Lebensbereichen als Folge der arbeitsteiligen Dynamik, als auch der Grundkonflikt zwischen Kapital und Arbeit generierten den sozialen Konflikt als Grundstruktur und zentrales Antriebselement der modernen industriekapitalistischen Vergesellschaftung. Mit dem Begriff des Antriebselements ist die These verbunden, dass der gesellschaftliche Konflikt sowohl eine zentrale Entwicklungsgesetzlichkeit der industriellen Arbeitsteilung als auch der sozialen Modernisierung darstelle. Konflikt, gesellschaftliche Modernisierung und sozialer Wandel gehörten untrennbar zusammen. In der Entwicklung immer neuer Stufen arbeitsteiliger Integration und sozialpolitischer Kompromisse in der Dialektik von Arbeit und Kapital – so kann man es historisch-soziologisch formulieren – liegt die vergesellschaftende Qualität des sozialen Konflikts. Soll der Konflikt aber in dieser Richtung sozialintegrativ wirken, muss eine gesellschaftlich geteilte Integrationsperspektive vorhanden sein.

Auch in der Tätigkeitsgesellschaft wird es Konflikte geben und wird das Moment der gegenseitigen Angewiesenheit der unterschiedlichen Sphären weiter, nun aber besonders hervortreten. Erwerbsarbeit, Bürgerarbeit und Reproduktionsarbeit können nicht so einfach aufeinander ‚abgestimmt' werden, sondern ihr Zusammenwirken wird konflikthafte Aushandlungsprozesse voraussetzen. Diese neue Dialektik der Angewiesenheit und ihre Konfliktstruktur wird schon heute im sozialökologischen Transformationsprozess deutlich. Die Soziale Arbeit – heraus aus den Zwischenwelten – ist nun mitten in dieser Konfliktarena, muss ihre Herkunft aus der sozialpolitischen Konfliktgeschichte nicht erst beschwören. Sie wird weiter darum kämpfen müssen, dass ihre Sorgearbeit nicht in Marktbewertungen hineingezogen wird. Allerdings würde Soziale Arbeit in der Tätigkeitsgesellschaft einen größeren sozialintegrativen Einfluss haben. In der Erwerbsarbeitsgesellschaft ist ihre sozialintegrative Funktion – wie oben beschrieben –, sekundär, von den gesellschaftlichen Rändern her definiert. Es geht hier primär um die soziale Integration der Klient*innen und indirekt um die gesamtgesellschaftlichen Integrationseffekte, die sich dabei – im Sinne Mollenhauers – ergeben.

In der Tätigkeitsgesellschaft erhält die Sozialarbeit darüber hinaus eine *Gestaltungsfunktion.* Sie kann soziale Unterstützung bei Übergangsschwierigkeiten zwischen den Arbeits- und Tätigkeitssphären organisieren. Sie kann auch Motor bei der Initiierung von Sozialverträgen in der Gemeinde oder der Region sein. Soziale Gestaltung gilt als Schlüsselbegriff der Entwicklung der Arbeitsgesellschaft hin zur Tätigkeitsgesellschaft. Auch hier erweist sich der soziale Konflikt und seine gesellschaftliche Anerkennung als die zentrale gesellschaftliche Gestaltungskraft. Der Konfliktbegriff enthält eine Gestaltungsperspektive in der Dialektik der Erweiterung. In demokratischen Konflikten werden sich die Beteiligten ihrer gegensätzlichen Interessen, aber auch gleichzeitig der Notwendigkeit zur Integration bewusst und es entstehen neue Impulse für die soziale Entwicklung. Ralf Dahrendorf spricht in diesem Zusammenhang von der Konflikthaftigkeit aller sozialen Beziehungen als konstitutivem Merkmal der Moderne. Man kann die Geschichte der Moderne als eine Kette geregelter und damit sozial integrativ und sozial gestaltend wirkender Konflikte interpretieren (vgl. Dahrendorf 1992). Dies lässt sich im Kontext der gegenseitigen Angewiesenheit von Ökonomie, Sozialem und Ökologischem in der Dialektik der Erweiterung als Bewegungsprinzip der postkapitalistischen Modernisierung neu formulieren. Heute erleben wir, dass ein flexibilisierter Kapitalismus entsprechend flexible Lebensformen verlangt aber auch ermöglicht. Da sich der heutige Kapitalismus wesentlich stärker in die Lebensbereiche hinein erweitert hat als früher, hat sich eine neokapitalistische Sozialisationsweise ausgebildet, die das Bildungssystem genauso geprägt wie den Alltag. Gleichzeitig konnten sich aber nach der Logik der Dialektik der Erweiterung antikapitalistische Interessen und Widerstandsformen entwickeln, die in soziale Bewegungen und Basisinitiativen eingegangen sind.

Eine weitere Dimension sozialer Gestaltung können wir aus der Methodik des Bewältigungskonzepts entwickeln. Ich meine die Strategie, Potenziale aufzuschließen, die hinter sozial problematischem Verhalten stecken, die aber bisher übergangen waren. Im Bewältigungsansatz wurden dafür die Konzepte *Reframing* und *funktionale Äquivalente* vorgeschlagen (vgl. Böhnisch 2018). Das Handeln der Klient*innen soll neu gerahmt, d. h. von seinen positiven Potenzialen und eben nicht nur von seinen negativen Resultaten her bewertet werden. In alternativen Projektsettings – eben in funktionalen Äquivalenten – sollen die Betroffenen spüren und erfahren können, dass sie nicht auf antisoziales Verhalten angewiesen sind, wenn sie Selbstwert und Anerkennung erlangen wollen. Dies kann auf eine allgemeine gesellschaftsorientierte Gestaltungsperspektive in dem Sinne übertragen werden, dass der Sozialstaat sozialexperimentelle Räume öffnet. Das Gestaltungspotenzial und die Gestaltungskraft der Sozialen Arbeit bemessen sich nun darin, ob und inwieweit sie Projektmilieus und offene Netzwerke entwickeln kann, in denen die Klient*innen soziale Teilhabe und Anerkennung erfahren können.

In einer erwerbsarbeitszentrierten Gesellschaft war das bisher immer schwierig, denn die sozialpädagogischen Projekte sind über einen ökonomisch-gesellschaftlichen Marginalstatus nie hinausgekommen. In einer Tätigkeitsgesellschaft mit gleichbewerteten Arbeitssphären und darin offenen Übergängen sind solche Gestaltungsstrategien möglich, weil in die gesamte gesellschaftliche Wohlfahrtsphilosophie integrierbar. Gleichzeitig haben sie eine intermediäre Ausstrahlungskraft sowohl auf die gesellschaftliche Ebene der Sozialintegration wie auf die Subjektebene der sozialen Bindung.

Soziale Seismographie

Die Soziale Arbeit war in ihrer professionellen Geschichte immer angehalten, psychosoziale Probleme zu bearbeiten und kaum gesellschaftlich aufgefordert, diese Probleme und ihre sozialen Hintergründe zu veröffentlichen. Sie sollten im Gehäuse des jeweiligen Falls bleiben. Wenn sie nun stärker in die gesellschaftliche Pflicht zur sozialen Integration und sozialen Gestaltung genommen wird, muss ihr auch das Recht zugestanden werden, ihre professionellen Erfahrungen öffentlich zu machen, auf die gesellschaftlichen Hintergründe und hier auf die verdeckten Konflikte und Risiken, die hinter ihren Fällen schwelen, hinzuweisen. Diese seismographische Funktion ist besonders dort, wo sich die Sozialarbeit mit der Jugend auseinandersetzen muss, geboten. Die Jugend war im 20. Jahrhundert immer Projektionsfläche für Erwartungen wie auch Ängste der Gesellschaft. Als ‚junge Generation' gleichsam neu in die gesellschaftliche Kultur eingetreten, ohne Rücksicht auf das Vergangene und ‚Bewährte' hat sie ein besonderes typisches Gespür für Tabus und verdeckte Konflikte. Jugendproteste haben immer wieder auf die Erstarrung der Institutionen hingewiesen. Die Defizite, die der Jugend von der Erwachsenengesellschaft oft zugeschrieben werden, haben meist auch Versäumnisse dieser Gesellschaft zum Hintergrund. Auffälliges bis gewalttätiges Verhalten Jugendlicher in der Schule verweist in diesem Sinne immer auch auf die sozialen Defizite der

Schule. Im Abschnitt zur ‚unheilen Familie' wurde deutlich, dass es das gesellschaftliche Familien- und Mutterbild ist, das die Frauen unter Druck setzt. Im Hintergrund häuslicher Gewalt stehen nicht selten Zwänge aus der Arbeitswelt, die Bedürftigkeit erzeugen. Die Verschuldung mancher Klient*innen verweist auf das Problem ‚Armut in einer reichen Gesellschaft', ein Problem, das tabuisiert und ein Verhalten, das deshalb diskriminiert ist.

Das seismographische Potenzial der Sozialen Arbeit nimmt in dem Maße zu, in dem die psychosozialen Probleme, mit denen sie es zu tun hat, bis in die Mitte der Gesellschaft hineinreichen. Dies konnte an den Beispielen der Prekarisierung, der Depression oder auch der Vereinsamung gezeigt werden. Gleichzeitig aber hindert sie ihre gesellschaftliche Randstellung daran, dieses seismographische Potenzial auszuspielen. Dadurch verkümmert ihre Fähigkeit zur sozialen Seismographie. Sie muss in Ausbildung und Praxis erst wieder entwickelt werden. Gerade hier kann die Gesellschaftstheorie der Zwischenwelten Hilfestellung leisten. Auch kann die Soziale Arbeit mit dieser seismographischen Kompetenz den sonst schwierigen Anschluss an die Aufklärungskampagnen sozialer Bewegungen finden.

Ihre gewandelte Stellung in der Triade der Arbeit in der Tätigkeitsgesellschaft gibt ihr die Möglichkeit und Legitimation zur Gestaltung der seismographischen Funktion. Die Tätigkeitsgesellschaft mit ihrem Bedarf an multiplen Fähigkeiten gibt der Sozialen Arbeit darüber hinaus auch die Chance, von der Defizitfixierung wegzukommen und die übergangenen Potenziale ihrer Klient*innen aufzuschließen. Sie steht nicht mehr unter dem Anpassungszwang der Erwerbsarbeits- und Konkurrenzgesellschaft. Wie sie in ihrer alltäglichen Arbeit nach den Botschaften sucht, die hinter dem Verhalten ihrer Klient*innen stecken, kann sie auch der Gesellschaft die Rückseite des Spiegels vorhalten, als praktische Sozialkritik. Vor allem aber kann sie zu der Institution werden, die immer wieder auf das übergangene soziale Potenzial hinweist und dieses in einen neuen produktiven Rahmen stellt. Diese seismographische Funktion für die Gesellschaft kann sie aber nur erfüllen, wenn sie bei sich selbst anfängt. Sie muss die seismographische Kunst lernen, bei den Klient*innen Verletzungen aber auch Fähigkeiten zu entdecken und zu öffnen, die hinter deren sozial problematischem Verhalten liegen und übergangen waren.

Das gilt vor allem für die gesellschaftliche Institution Schule. Die Schule muss sich in der Tätigkeitsgesellschaft sozial verändern und mit ihr das Verhältnis zwischen Schule und Sozialer Arbeit. Sie muss nun auf multiple, eben auch auf soziale Fähigkeiten vorbereiten können und dazu braucht sie das Wissen um übergangene Fähigkeiten der Schüler*innen. Der Projektunterricht ist *die* Lernform der Schule in der Tätigkeitsgesellschaft. Projektunterricht ist interdisziplinär, mit einem hohen Anteil an Selbstbestimmung und Kooperation sowie der Möglichkeit der Aktivierung übergangener Lernfähigkeiten bis hin zur Einbeziehung außerschulischer Lernorte. Wichtig für den Selbstwert und die Anerkennung der Schüler*innen ist dabei, dass nicht nur Resultate, sondern vor allem auch die Leistungen *im* Projektprozess bewertet und Fehler als ‚notwendiges' Element in diesem Prozess thematisiert werden können. Die Schulsozialarbeit ist die sozialpädagogische Institution, die diesen anderen, den sozialen Blick auf die Schule entwickeln kann. Sie muss nur innerschulisch anders – mit einem ganzheitlichen Auftrag – eingebettet sein als bisher. Denn mit ihr soll ja in der Schule alltäglich aufgeschlossen werden, welche Möglichkeiten und Fähigkeiten der Schüler*innen im Korsett der Schülerrolle übergangen werden und wie der Lebens- und Anerkennungsraum Schule sozial erweitert werden kann.

Wo die Erwerbsarbeit nicht mehr der zentrale oder sogar einzige Faktor der sozialen Integration ist, können andere Fähigkeiten zum Zuge kommen. Die sozialpädagogische Beschäftigungsförderung z. B. hat bisher immer darunter gelitten, dass ihre Arbeit auf den ersten Arbeitsmarkt hin bewertet wurde und andere erworbene Kompetenzen nichts zählten. Im auffälligen Verhalten Jugendlicher stecken manchmal Inszenierungskünste, die auf sonst nicht beachtete Fähigkeiten verweisen. Desorganisierte Familien kann man auch darauf hin bewerten, dass es ihnen gelungen ist, sich so lange trotz ihrer Misere über Wasser zu halten. Das erfordert aber sozialpädagogische Methoden des

Reframing, die notwendigerweise von der linearen Fallbearbeitung abweichen. Soziale Seismographie erfordert aber auch ein Fundament sozialen Wissens, einen Speicher der sozialen Erfahrungen. Susanne Maurer hat diesem Sinne von einem „Gedächtnisspeicher für soziale Konflikte in Vergangenheit und Gegenwart" (2009: 168) gesprochen, von einem „offenen Archiv" jener sozialen Probleme, mit deren Folgewirkungen es die Soziale Arbeit zu tun hat. Das bedeutet aber auch, dass sich ein Fundus anspeichern muss, aus dem heraus die Soziale Arbeit ihre Bilanzen und Prognosen eröffnen kann. Das heißt aber, dass die Soziale Arbeit sich eine regionale Infrastruktur über die einzelnen Organisationen, Einrichtungen und Projekte hinaus schaffen muss. Dieses Netzwerk braucht aber eine Organisation, die die regionalen Wissensbestände zusammenführt und gesellschaftsöffentlich aufbereitet. Das kann ein eigenes autonomes Institut oder das können – mein ceterum censeo – die Hochschulen für Soziale Arbeit, die hier in Deutschland zahlreich und regional gut verteilt sind.

Soziales Vertrauen

Heinz Bude u. a. haben soziales Vertrauen als Sozialkapital – oder auch Sozialvermögen – eingestuft. „In den Konzeptionen sozialen Kapitals finden sich [die] Vertrauenseigenschaften verdichtet. Sozialkapital ist zu verstehen als enges Geflecht aus prinzipiellen und spezifischen Vertrauensbeziehungen, Netzwerkeinbindungen und Gemeinschaftsnormen einer sozialen Gruppe [...] und dem dadurch begünstigten sowie auf Vertrauensbereitschaften rückwirkenden, bestenfalls gemeinwohlorientierten Engagement. Allgemeines soziales Vertrauen, Gemeinwohlorientierung, Zivilgesellschaftlichkeit und wechselseitige Solidarität lassen sich demnach als Indikatoren kollektiven sozialen Kapitals verstehen" (Bude u. a. 2010: 39). So wie diese sozialen Netzwerke Vertrauen voraussetzen (vgl. Cleppin/Kosellek 2019), können wir wieder den Milieubegriff heranziehen: Milieus als sozialemotionale Gegenseitigkeitsstrukturen, als offene Milieus, die wiederum Vertrauen ausbilden und auch in andere Gesellschaftsbereiche ausstrahlen.

Soziales Vertrauen braucht es besonders in Transformationsprozessen, wie dem des Übergangs in die Tätigkeitsgesellschaft. „In dem Maße, in dem Gesellschaften sich in umfassenden Umbau- und Aufbauprozessen befinden und ihr gesamtgesellschaftliches Gefüge neu konstituiert wird, sind diese auf eine Kultur des Vertrauens angewiesen, welche die Basis für die notwendigen Veränderungs- und Entwicklungsprozesse bereitstellt“ (Wagenblass 2004: 46). Vertrauen fördert die Anerkennung von Reformen und erhöht damit die Integrationskraft sozialer Konflikte, die unweigerlich im Verlauf von Transformationsprozessen entstehen. Eine ‚Kultur des Vertrauens‘ kann ein positives Transformationsklima schaffen, indem sie anregt, bisher übergangene oder nicht genutzte soziale Potenziale freizusetzen und zu mobilisieren. Weiter wird betont, dass soziales Vertrauen Grundlage für gegenseitige Anerkennung und Respekt ist, wenn es darum geht, die anfangs fremden sozialen Aufforderungen im Transformationsprozess anzunehmen. Schließlich wird hervorgehoben, dass Vertrauen die sozialen Bindungen in den neuen Gemeinschaftsmodellen wecken und Kooperation und Solidarität fördern kann (ebd.: 46).

Soziales Vertrauen ist mit der Bereitschaft verbunden, soziale Risiken einzugehen. Die Tätigkeitsgesellschaft im Zeichen der Sorge hält eine doppelte Risikoerwartung bereit. Zum einen, inwieweit sich die Triade der Arbeit überhaupt stabil entwickeln kann, und – wiederum – zum Zweiten, ob eine genügende Mehrheit der Männer bereit ist, aktiv in die Sorgearbeit einzutreten. Gleichzeitig braucht es das Vertrauen in eine stabile sozialpolitische Hintergrundsicherheit, also in einen Sozialstaat, der diese Hintergrundsicherheit organisieren und dabei die Balance zwischen den verschiedenen Sphären der Tätigkeitsgesellschaft und ihren Übergänge moderieren kann. Und schließlich verlässt sich soziales Vertrauen auf den ‚Normalfall‘ (vgl. Reemtsma 2013). Damit ist das zentrale Vertrauensthema für die Zukunft der Tätigkeitsgesellschaft angesprochen. Wie gelingt es, diese Tätigkeitsgesellschaft der Sorge als Normalfall erfahren zu können und darin gleichzeitig ein Gemeinschaftsbewusstsein zu entwickeln. Es gelingt sicher nicht im gesamtgesellschaftlichen Rahmen, sondern wiederum in sozialen Milieus, die verbreitet genug sein müssen, um als Pilotprojekte der Tätigkeitsgesellschaft fungieren zu können. Der gestaltende Sozialstaat sorgt dabei für die Unterstützung sowohl der bürgerschaftlichen Projekte in diesen Milieus als auch der Förderung eines sozialökologisch sensiblen erwerbswirtschaftlichen Bereichs.

Das in der Moderne verlangte Vertrauen in abstrakte Systeme reicht in Transformationsprozessen mit hoher Risikoerwartung nicht aus. Es braucht auch ein soziales Vertrauen in der konkreten „Wechselseitigkeit der Erfahrung" (Giddens 1995: 121). Gerade in den Milieus der Tätigkeitsgesellschaft kann diese Wechselseitigkeit organisiert werden, können Bürger*innen ihre Erfahrungen in unterschiedlichen Arbeitssphären austauschen, Konflikte thematisieren. In den Gruppenzusammenhängen der Milieus können sich die individuellen Erfahrungen sozial spiegeln und vergewissern. Männer erfahren in der Gegenseitigkeit, dass Sorgearbeit keine geschlechtskonträre Zumutung, sondern ‚richtige Arbeit' und darin ein anerkanntes soziales Gut ist, Frauen werden im gegenseitigen Austausch sich ihrer eigenen Interessen unabhängig von der Familie gewahr und entwickeln darin ‚Selbstvertrauen'. Innovative Erfahrungen in Projekten der Erwerbsarbeit und solche in bürgergesellschaftlichen Projekten lassen sich experimentell aufeinander beziehen und es kann ein ‚Engagementvertrauen' der gegenseitigen Neugier und Verlässlichkeit entstehen. Vor allem kann sich in der Wechselseitigkeit der Erfahrung Gemeinwohl konkretisieren. So kann sich eine Dialektik der Erweiterung entwickeln, die den Transformationsprozess hin zur Gesellschaft der Sorge in Bewegung hält.

Die Soziale Arbeit wird sich in der Tätigkeitsgesellschaft von der randständigen zu einer intermediären Institution wandeln, die bei der Bildung sozialen Vertrauens besonders mitwirken kann. Denn bisher wird den Institutionen der Sozialarbeit – insbesondere dem Jugendamt als Eingriffsbehörde – nur bedingt Vertrauen entgegengebracht (vgl. Wagenblass 2004: 1808). Deshalb braucht es die infrastrukturelle Wende der Sozialen Arbeit und darin die netzwerkorientierte Erweiterung, um die Kluft zwischen dem administrativen Block und der bürgergesellschaftlichen Welt einebnen zu können. Mit einer entsprechenden sozialen Infrastruktur in die Mitte der Gesellschaft hinein wäre die Soziale Arbeit beteiligt an der Entwicklung kommunaler und regionaler Sozialverträge und vor allem auch am social support bei der Bewältigung der Übergänge zwischen den einzelnen tätigkeitsgesellschaftlichen Arbeitssphären. Sie wird aber auch weiterhin in sozialstaatlichem Auftrag für Menschen da sein, die an der neuen Struktur scheitern, kann nun aber jenseits von Stigmatisierung und Ausgrenzung arbeiten. Vor allem die asymmetrischen Machtverhältnisse in den Beziehungen zu den Klient*innen, die Vertrauensbildung traditionell erschweren, können durch die Einbettung des Klientenstatus in bürgerschaftliche und bürgerrechtliche Kontexte aufgeweicht werden.

Die Gesellschaftstheorie der Sorge als relationale Theorie

Die Tätigkeitsgesellschaft mit ihrer Triade der Arbeit ist relational konstruiert, baut auf Netzwerken auf. In diesen Netzwerken mit ihren unterschiedlichen Handlungsaufforderungen und Tätigkeitsoptionen sind die Menschen angehalten und motiviert, verschiedene Lebenszusammenhänge aufeinander zu beziehen. Sie können dabei Erfahrungen machen, in denen sie merken, dass man vorher scheinbar unvereinbare Lebensformen miteinander vereinbaren kann. In dieser *relationalen Dynamik* liegt das Kreativitätsmoment der Tätigkeitsgesellschaft. Auch die Organisationen der Sozialarbeit müssen in den sie erfassenden Netzwerken hoheitliche Dimensionen der öffentlichen Verantwortung und Gewährleistung mit der Offenheit und Autonomie der unterschiedlichen Sozialprojekte vermitteln können und werden so zu ‚lernenden Organisationen'. Netzwerke haben in ihrer relationalen Dynamik soziale Aktivierungsqualität, lassen auf eine Neukonstruktion des Sozialen in der Triade der Arbeit hoffen. Damit aber – so der soziologische Netzwerkdiskurs – das Paradigma Netzwerke theoriefähig hin zu einer Gesellschaftstheorie wird, bedarf es des Anschlusses an und der Integration in sozialwissenschaftliche Theorien. Denn der Netzwerk-Ansatz selbst, als vorerst empirisches Modell, verbleibt ja erst einmal auf der Handlungsebene und reicht noch nicht ins Gesellschaftliche hinein. Wir können die Netzwerkperspektive aber durchaus als einen empirischen Ausgangspunkt für eine relationale Gesellschaftstheorie der Sorge ansehen (vgl. Schmitt 2015). Wenn Sorge Schlüsselkategorie der Vergesellschaftung sein soll, dann wird sorgebezogenen Netzwerken unterstellt, dass sie auch gesellschaftsbezogene Sorgebeziehungen entwickeln; eben solche, die gemeinwohlorientiert sind und damit über persönliche Beziehungen und darin artikulierte Interessen hinausgehen. Auch der gestaltende Sozialstaat in der Tätigkeitsgesellschaft wird seine Gouvernementalität vor allem über Netzwerke organisieren. Insgesamt stellt die Triade der Arbeit in der Tätigkeitsgesellschaft den zentralen relationalen Zusammenhang dar, von dem entsprechende Handlungsaufforderungen an die Bürger*innen ausgehen.

Wichtig ist in diesem Zusammenhang die oben schon angesprochene These, dass Netzwerkbildung neue und andere soziale Aktivitätsstrukturen generieren kann. Der Aufbau der Tätigkeitsgesellschaft verlangt soziales Kapital, das über Netzwerke entwickelt wird, denn soziales Kapital entsteht ja gerade durch soziale Interaktionen. Die Bürger*innen ermöglichen diese Kapitalbildung durch relationale Handlungsformen und erfahren dadurch eine Erweiterung ihrer Lebensmöglichkeiten. Man könnte also den Begriff der ‚relationalen Lebensform' einführen, in dem die Kompetenz der Bürger*innen aufgehoben ist, sich in den verschiedenen Bereichen der Tätigkeitsgesellschaft zurecht zu finden und diese für sich aufeinander zu beziehen. Es ist eine Lebensform, die den Menschen ein synthetisierendes Wahrnehmen und Handeln abverlangt. Das wird nicht ohne Konflikte abgehen, und so ist es notwendig, den Netzwerkansatz mit der Konflikttheorie zu verbinden. Es wurde im Abschnitt zur Sozialen Integration bereits dargestellt, dass Konflikte soziale Integration und sozialen Wandel ermöglichen und die Netzwerke als fließende Netzwerke in Bewegung halten. Wenn man die Konflikttheorie so dialektisch auffasst, dann erhalten wir wiederum eine zentrale Strukturierung im Sinne der Verbindung von Gesellschafts- und Handlungsebene. Auch können Netzwerkansatz und Bildungstheorie relational zusammengeführt werden. Das oben kritisierte ökonomistische Modell einer verwertungszentrierten Bildung wird in der Tätigkeitsgesellschaft aufgelöst und relational neu justiert. Mit dem nun eingeführten Begriff der ‚relationalen Bildung' ist gemeint, dass die Schüler*innen lernen, in den Zusammenhängen und Interdependenzen der Tätigkeitsgesellschaft zu denken. Soziale Gestaltung in relationaler Perspektive prägt nun das Basis-Curriculum der Schule in der Tätigkeitsgesellschaft.

So kann man auch die Soziale Arbeit in den Kontext dieser relationalen Gesellschaftstheorie der Sorge integrieren. Das verlangt natürlich erst einmal, dass das Handlungssystem der Sozialarbeit relational definiert werden kann. Das meint die Abkehr von einer linear-kausalen Fallbearbeitung hin zu einer netzwerkerweiterten Kasuistik. Von da aus kann sie zu jener sozialen Infrastruktur werden, in der sie sich in das Gesellschaftliche hinein verlängert. Soziale Integration und Bildung sozialen Vertrauens, die wir als gesellschaftliche Funktionen der Sozialarbeit in der Tätigkeitsgesellschaft angenommen haben, sind relationale Größen, die sowohl das sozialpädagogische Handlungssystem wie auch seine gesellschaftliche Ausrichtung strukturieren können. Grundlegend für die Netzwerkbildung in der Sozialen Arbeit und über sie hinaus aber ist die Frage, wie man einschätzen kann, ob und wie die Klient*innen von ihrer prekären Bewältigungslage her fähig sind, netzwerkbildend zu agieren. Die im Diskurs zur relationalen Soziologie vorgeschlagene Verknüpfung von Netzwerkperspektive und Habitustheorie (vgl. Bourdieu 1992) scheint mir hier geeignet (vgl. Hennig/Kohl 2011). Der Habitus bezeichnet das inkorporierte Sozialverhalten eines Menschen bzw. der Gruppe, der er angehört, vor dem Hintergrund seiner sozialstrukturellen Herkunft und Verankerung. Damit ist eine entsprechende soziale Praxis verbunden. Diese wiederum ist davon abhängig, wie die Betroffenen kulturell und sozial an der Gesellschaft beteiligt sind, über welches kulturelle und soziale Kapital sie also verfügen können. Danach beeinflusst der jeweilige Habitus deutlich die Struktur des eigenen sozialen Milieus und die darin entstehenden Netzwerke. Wenn es sich, wie bei vielen Klient*innen der Sozialen Arbeit, um sozial Benachteiligte handelt, darf man nicht vorschnell schließen, dass sie wenig kulturelles und soziales Kapital für eine Netzwerkbildung aktivieren können. Im Abschnitt Sozialbürgerschaft wurde argumentiert, dass es darauf ankommt, ihre milieuspezifischen Kapitalformen zu erkennen und anzuerkennen. Gerade sozial Benachteiligte haben ein ausgeprägtes Gruppenbewusstsein, können eine deutliche, wenn auch milieugebundene Sprache sprechen und darin eigene netzwerkbildende Fähigkeiten entwickeln, die aber nicht abgewertet werden dürfen, sondern sozial anerkannt werden müssen.

Zentral ist bei der relationalen Analyse, dass die einzelnen Bereiche und Entwicklungen nicht als getrennt voneinander thematisiert, sondern in ihrem gegenseitigen Einwirken aufeinander erkannt werden. So muss im Verhältnis von Sozialer Arbeit und Bürgerarbeit nicht nur herausgearbeitet werden, wie die bürgergesellschaftliche Perspektive in die Soziale Arbeit hineinwirkt, sondern genauso, wie die sozialpädagogische Perspektive bürgerschaftliche Aktivitäten beeinflussen kann. Mit der wiederholten Forderung, die Klient*innen als Bürger*innen und damit in ihrem Bürgerstatus anzuerkennen, wurde bereits eine Richtung gewiesen. Ebenso mit der Notwendigkeit, sozial benachteiligte Bürger*innen an bürgerschaftlichen Initiativen und Projekten entsprechend ihrer Milieuverbundenheit zu beteiligen und eigene Netzwerkprojekte zu fördern. In der Triade der Arbeit wird Relationalität darin sichtbar, dass der Marktsektor eine gemeinwohlverpflichtende Rahmung erhält. Wichtig bleibt die Hypothese, dass sich im Prozess der gegenseitigen Bezugnahme von Individuen und Gruppen auch neue soziale Muster herausbilden. So kann angenommen werden, dass sich Gemeinwohl, Vertrauen und Verantwortung empirisch erst im Verlauf der Netzwerkentwicklung konturieren. Da wir dieses Zusammenwirken nicht einfach voraussetzen, sondern konflikttheoretisch fassen, kann sich das Augenmerk auf synthetisierende Effekte und damit wieder auf die Dialektik der Erweiterung richten.

Angesichts dieser relationalen Dichte der Arbeitsgesellschaft können wir die Gesellschaftstheorie der Sorge mit netzwerktheoretischen Hypothesen – hier wieder aus der Akteur-Netzwerktheorie (s. o.) – vertiefen. Danach entwickelt sich die Handlungsmächtigkeit der Subjekte wie ihre soziale Identität letztlich in und aus den Netzwerken, in denen das entsprechende Handlungspotenzial aufgehoben ist. Diese Netzwerke bestehen nicht nur aus Interaktionen zwischen Menschen, sondern aus einem Zusammenwirken von sozialen Entitäten und Entitäten der Natur und der Technik. In diesem Zusammenspiel liegen die Handlungspotenziale, von denen die Handlungsanforderungen an die Subjekte ausgehen (vgl. Kneer 2009). Sorge ist in diesem Verständnis ein umfassendes Netzwerk der Angewiesenheit, in dem die Angewiesenheit der Menschen untereinander genauso aufgehoben ist wie ihre Angewiesenheit auf Natur und Technologie. Aus diesem Zusammenspiel entstehen die Handlungsaufforderungen der Achtsamkeit und Nachhaltigkeit. Die Triade der Arbeit ist ein solcher Akteur-Netzwerkszusammenhang, den nicht einzelne Menschen schaffen, sondern dessen immanentes relationales Handlungsprogramm zu entsprechenden relationalen Lebensformen auffordert. Diese integrative Sichtweise darf aber nicht die Konflikte verdecken, die weiter für die integrative Entwicklung konstitutiv bleiben. Vor allem der Konflikt zwischen der historischen Notwendigkeit des Humanen und einem drängenden technologischen Sachzwang bleibt auch in der Netzwerkstruktur der Tätigkeitsgesellschaft bestehen.

Vor diesem theoretischen Hintergrund wird auch die Notwendigkeit einer ‚relationalen Sozialarbeit' in der Tätigkeitsgesellschaft plausibel. Mit einem relationalen Konzept kann sie sowohl die multiplen Ressourcen der Tätigkeitsgesellschaft ausschöpfen als auch die Optionen ihrer Klient*innen erweitern. Im relationalen Zugang verändert sich erst einmal das Klientenbild. „Man dürfte eine Person nicht mehr als ein aus ihrem Kontext ausgeschnittenes Subjekt sehen, sondern als ihre Assoziationen, aus denen sich die Motive, die Handlungen und die Person zusammensetzen" (Früchtel 2017: 24). Aus der Verhaltensidentität wird eine ‚Netzidentität'. Vor allem öffnet der Ansatz einen ‚relationalen Blick' auf die multiplen Handlungszwänge, unter denen die Klient*innen in ihrer sozialen Umgebung stehen, aber auch auf die Möglichkeiten der Umkehr und des Neubeginns, die sich im Netzwerk auftun können. Gesellschaftstheoretisch wiederum bringt uns der relationale Zugang der Klärung der Frage näher, wie die Soziale Arbeit den Anschluss an die Mitte der Gesellschaft erreichen könnte. Aus der Akteur-Netzwerk-Perspektive der Tätigkeitsgesellschaft betrachtet, ist sie bereits dort.

Literatur

Adler, Alfred (1924): Praxis und Theorie der Individualpsychologie. München

Adloff, Frank/Hindeja, Farah (2019): Norbert Elias: Über den Prozess der Zivilisation. In: Senge, K./Schützeichel, R. (Hrsg.): Hauptwerke der Emotionssoziologie. Wiesbaden

Ahrens, Jörn (2013): Soziologie der Angst. In: Koch, L. (2013): Angst. Ein interdisziplinäres Handbuch. Stuttgart. Weimar

Altvater, Elmar/Mahnkopf, Birgit (1999): Grenzen der Globalisierung. Münster

Auth, Diana u. a. (2015): Neue Sorgekonflikte. Die Zumutungen des Adult worker model. In: Völker, S./Amacker, M. (Hrsg.): Prekarisierungen. Weinheim Basel

Aulenbacher, Birgit u. a. (2015): Prekäre Sorge, Sorgearbeit und Sorgeproteste. In: Völker, S./Amacker, M. (Hrsg.): Prekarisierungen. Weinheim Basel

Balzereit, Marcus/Schäfer-Cremers, Helga (2018): „Angst machen und Angst haben". In: Kommission Sozialpädagogik (Hrsg.): Wa(h)re Gefühle. Weinheim Basel

Bauman, Zygmunt (2003): Wissenschaft, Wirtschaft und Verantwortung. In: Killius, N. u. a. (Hrsg.): Die Bildung der Zukunft. Frankfurt a. M.

Bauman, Zygmunt (2008): Flüchtige Zeiten. Hamburg

Beck, Ulrich (1986): Risikogesellschaft. Frankfurt a. M.

Beck, Ulrich (2000): Schöne neue Arbeitswelt. Frankfurt a. M.

Beck, Ulrich (2000a): Wohin führt der Weg, der mit dem Ende der Vollbeschäftigungsgesellschaft beginnt? In: Beck, U. (Hrsg.): Die Zukunft von Arbeit und Demokratie. Frankfurt a. M.

Beck, Ulrich (2015): Metamorphosen. Berlin

Beck, Ulrich u. a. (2004): Entgrenzung erzwingt Entscheidung. In: Beck, U./Lau, C. (Hrsg.) (2004): Entgrenzung und Entscheidung. Frankfurt a. M.

Beck-Gernsheim, Elisabeth (1980): Das halbierte Leben. Frankfurt a. M.

Becker, Jens (2011): Scham und Beschämung im Sozialstaat. In: Selke, S./Maar, K. (Hrsg.): Transformation der Tafeln in Deutschland. Wiesbaden.

Becker, Jens/Gulyas, Jennifer (2012): Armut und Scham. In: Zeitschrift für Sozialreform. H.1

Behnke, Cornelia (2000): „Und es war immer, immer der Mann". Deutungsmuster von Mannsein und Männlichkeit im Milieuvergleich. In: H. Bosse/V. King (Hrsg.): Männlichkeitsentwürfe. Wandlungen und Widerstände im Geschlechterverhältnis. Frankfurt/New York

Bernhard, Armin/Böhnisch, Lothar (2015): Männliche Lebenswelten. Bozen

Bergmann, Christian (1987): Furcht und Angst im Prozess der Aufklärung. Frankfurt a. M.

Bierhoff, Burkhard (2013): Konsumismus. Kritik einer Lebensform. Freiburg

Biesenecker, Adelheid (2000): Kooperative Vielfalt und das „Ganze der Arbeit". WZB Discussion Paper No. P 00-504. Berlin

Biesenecker, Adelheid/von Winterfeld, Uta (2000): Vergessene Arbeitswirklichkeiten. In: Beck, U. (Hrsg.): Die Zukunft von Arbeit und Demokratie. Frankfurt a. M.

Blinkert, Baldo (2013): Erkundungen zur Zivilgesellschaft. Freiburg

Bloch, Ernst (1918): Geist der Utopie. München und Leipzig

Bohn, Caroline (2008): Die soziale Dimension der Einsamkeit. Hamburg

Böhnisch, Lothar (2015): Bleibende Erträge. Weinheim Basel

Böhnisch, Lothar (2016): Lebensbewältigung. Weinheim Basel

Böhnisch, Lothar (2018): Die Verteidigung des Sozialen

Böhnisch, Lothar (2018a): Der modularisierte Mann. Bielefeld

Böhnisch, Lothar (2019): Sozialpädagogik der Nachhaltigkeit. Weinheim Basel

Böhnisch, Lothar (2020): Die Dialektik der Angewiesenheit. Bielefeld

Böhnisch, Lothar (2020a): Männerbilder und der Fürsorgestreit in den 1920er Jahren. In: Dinges, M. (Hrsg.): Männlichkeit und Care. Weinheim Basel

Böllert, Karin (2018): Gemeinschaft. In: Otto, H. U./Thiersch, H. u. a. (Hrsg.): Handbuch Soziale Arbeit. München

Bornewasser, Manfred (2012): Kriminalitätsfurcht. In: Bundeszentrale für Politische Bildung bpb. Bonn

Bourdieu, Pierre (1992): Die feinen Unterschiede. Frankfurt a. M.

Bourdieu, Pierre (2017): Sprache. Schriften zur Kultursoziologie1. Berlin

Breuer, Stefan (1992): Die Gesellschaft des Verschwindens. Hamburg

Brückner, Margit (2001): Geschlechterverhältnisse im Spannungsfeld von Liebe. Fürsorge und Gewalt. In: Böhnisch, L./Brückner, M. (Hrsg.): Geschlechterverhältnisse. Weinheim und München

Brückner, Margit (2018): Care. In: Otto, H. U./Thiersch, H. u. a. (Hrsg.): Handbuch Soziale Arbeit. München

Brumlik, Micha (2002): Bildung und Glück. Berlin

Bütikofer, Reinhard/Giegold, Sven (2010): Der grüne New Deal. Die Grünen/EFA. Download 15.3.2020

Bude, Heinz u. a. (2010): Vertrauen und Sozialkapital. Herbert-Quandt-Stiftung. Bad Homburg

Bude, Heinz (2019): Solidarität. München

Budde, Jürgen/Venth, Angel (2010): Genderkompetenz für lebenslanges Lernen. Köln

Butler, Judith (2006): Hass spricht. Frankfurt a. M.

Butler, Judith (2016): Anmerkungen zu einer performativen Theorie der Versammlung. Berlin

Castel, Robert (2000): Die Metamorphosen der sozialen Frage. Konstanz

Chodrov, Nancy (1990): Das Erbe der Mütter. München

Cleppin, Georg/Kosellek, Tobias (2019): Vertrauen in Netzwerken. In: Fischer, J./Kosellek, T. (Hrsg.): Netzwerke und Soziale Arbeit. Weinheim Basel

Connell, Robert, W. (1999): Der gemachte Mann. Opladen.

Dahrendorf, Ralf (1992): Der moderne soziale Konflikt. Stuttgart

Dinges, Martin (2020): Einleitung. In: Dinges, M. (Hrsg.): Männlichkeit und Care. Weinheim Basel

Dörre, Klaus (2012): Prekäre Männlichkeiten. Alles ganz anders? In: H. Prömper u. a. (Hrsg.): Männer unter Druck. Opladen/Berlin/Toronto. S. 147–164

Dörre, Klaus (2006): Prekäre Arbeit und soziale Desintegration. In: Aus Politik und Zeitgeschichte 40/41. Bonn

Dörre, Klaus u. a. (2008): Prekariat. Wiesbaden

Dörre, Klaus (2014): Prekariat als Konzept kritischer Gesellschaftsanalyse. In: ethik und gesellschaft. H. 2

Dörre, Klaus (2019): Neosozialismus. Acht Thesen zu einer überfälligen Diskussion. In: Dörre, K./Schickert, C. (Hg.): Neosozialismus. München

Dubiel, Helmut (1999): Integration durch Konflikt. In: Friedrichs, J./Jagodzinski, W. (Hrsg): Soziale Integration. Sonderheft 39 der KZSS. Wiesbaden
Durkheim, Emile (1893/1992): Über soziale Arbeitsteilung. Frankfurt a. M.
Ehrenberg, Alain (2004): Das erschöpfte Selbst. Frankfurt/New York
Ehrenberg, Alain (2011): Das Unbehagen in der Gesellschaft. Berlin
Elias, Norbert (1983): Der Prozess der Zivilisation. Frankfurt a. M.
Erdheim, Mario (1987): Psychoanalyse und Unbewußtheit in der Kultur. Frankfurt a. M.
Etzioni, Amitai (1997): Die Verantwortungsgesellschaft. Frankfurt a. M./New York
Evers, Adalbert/Nowottny, Helga (1987): Über den Umgang mit Unsicherheit. Frankfurt a. M.
Evers, Adalbert/Olk, Thomas (1996): Wohlfahrtspluralismus. In: Evers, A.,/Olk, T. (Hrsg.): Wohlfahrtspluralismus. Vom Wohlfahrtsstaat zur Wohlfahrtsgesellschaft. Opladen
Fehlmann, Willi (2018): Manifest Zukunft. Die Tätigkeitsgesellschaft. Zürich
Ferber, Christian v. (2018): Die Gemeinwohlökonomie. München
Flam, Helena (2002): Soziologie der Emotionen. Konstanz
Flaßbeck, J. (2011): Co-Abhängigkeit. Stuttgart.
Foucault, Michel (1976): Überwachen und Strafen. Frankfurt a. M.
Früchtel, Frank (2017): Was ist „Relationale Sozialarbeit“? In: Früchtel, F. u. a. (Hrsg.): Relationale Sozialarbeit. Weinheim Basel
Fücks, Ralf (2007): Auf in den Ökokapitalismus. In: DIE ZEIT. Nr. 28
Fücks, Ralf (2014): Intelligent wachsen. In: WSI Mitteilungen 7
Fürstenberg, Friedrich (2002): Perspektiven des Alter(n)s als soziales Konstrukt. In: Backes, G./Clemens W. (Hrsg.): Zukunft der Soziologie des Alter(n)s. Opladen
Garland, David (2001): The culture of control. Oxford
Garland, David (2007): Die Kultur der „High Crime Societies“. In: Kölner Zeitschrift für Soziologie und Sozialpsychologie (Sonderheft)
Gaußmann, Heiner (2001): Soziale Sicherheit und Kapitalmobilität. In: Appelt, E./Weiss, A. (Hrsg.): Globalisierung und der Angriff auf die europäischen Wohlfahrtsstaaten. Innsbruck
Geißler, Karl-Heinz (2004): Vom Tempo der Welt. Freiburg
Giddens, Anthony (1988): Die Konstitution der Gesellschaft. Frankfurt a. M./New York
Giddens, Anthony (1995): Konsequenzen der Moderne. Frankfurt a. M.
Görgen, Benjamin/Wendt, Björn (2015): Nachhaltigkeit als Fortschritt denken. In: Soziologie und Nachhaltigkeit (SuN) Ausgabe 01
Gomolla, Mechthild/Radtke, Frank-Olaf (2002): Institutionelle Diskriminierung. Opladen
Grathoff, Richard (1991): Milieu und Lebenswelt. Frankfurt a. M.
Gröning, Katharina (1995): Geschlechterkulturen in der Pflege. In: Bauer, A./Gröning, K. (Hrsg.): Institutionengeschichten, Institutionenanalysen. Tübingen
Groß, Matthias (2006): Natur. Themen der Soziologie. Bielefeld
Gruen, Arno (1992): Der Verrat am Selbst. München
Gruen, Arno (1996): Brauchen wir eine Kultur des Scheiterns? In: Gronemeyer, R. (Hrsg.): Lebensbrüche. Scheitern und Suizidalität. Freiburg
Grunwald, Klaus (2018): Organisation und Organisationsgestaltung. In: Otto, H. U./Thiersch, H. u. a. (Hrsg.). Handbuch Soziale Arbeit. München

Habermas, Jürgen (1973): Legitimationsprobleme im Spätkapitalismus. Frankfurt a. M.
Habermas, Jürgen (1985): Die neue Unübersichtlichkeit. Frankfurt a. M.
Hartmann, Anna (2020): Entsorgung der Sorge. Münster
Hartmann, Anna (2020a): Das ungelöste Problem der Sorge. Blog interdisziplinäre Geschlechterforschung. Download 18.8.2020
Hartnuß, Birger u. a. (Hrsg.) (2013): Schule der Bürgergesellschaft. Schwalbach/Ts.
Heimann, Eduard (1929): Soziale Theorie des Kapitalismus. Tübingen
Henkel, Hans-Olaf (2004): Die Kraft des Neubeginns. München
Hess, Henner (2007): David Garlands „Culture of control" und die deutsche kritische Kriminologie. In: Hess, H./Ostermeyer, L./Paul, B. (Hrsg.): Kontrollkulturen. Kriminologisches Journal. Beiheft 9
Heinze, Rolf, G. (2011): Soziale Dienste und Beschäftigung. In: Evers, A. (Hrsg.): Handbuch Soziale Dienste. Weinheim Basel
Hennig, Marina/Kohl, Steffen (2011): Rahmen und Spielräume sozialer Beziehungen. Wiesbaden
Hirsch, Mathias (2002): Schicksale von Aggression und Autoaggression in der Spätadoleszenz. In: Subkowski, P. (Hrsg.): Aggression und Autoaggression bei Kindern und Jugendlichen. Göttingen
Hoffmann, Walter (1929): Die Psychologie der erwerbstätigen Jugend. In: Die Erziehung Jg. IV
Hofstetter, Lukas (2011): Einbettung und Entbettung. Masterarbeit. Universität Wien
Honegger, Claudia u. a. (2010): Strukturierte Verantwortungslosigkeit. Frankfurt a. M.
Honneth, Axel (1992): Kampf um Anerkennung. Frankfurt a. M.
Honneth, Axel/Fraser, Nancy (2003): Umverteilung oder Anerkennung. Frankfurt a. M.
Honneth, Axel (2016): Die Idee des Sozialismus. Berlin
Höyng, Stephan (2020): Mehr Care, mehr Share, weniger Masculinity? In: Dinges, M. (Hrsg.): Männlichkeit und Care. Weinheim Basel
Illouz, Eva (2006): Gefühle im Zeitalter des Kapitalismus. Frankfurt a. M.
Illouz, Eva (2009): Die Errettung der modernen Seele. Frankfurt a. M.
Imbusch, Peter/Rucht, Dieter (Hrsg.) (2007): Profit oder Gemeinwohl? Wiesbaden
Jackson, Tim (2017): Wohlstand ohne Wachstum. München
Janssen, Angela (2018): Verletzbare Subjekte. Opladen Berlin Toronto
Jonas, Hans (1973): Das Prinzip Verantwortung. Frankfurt a. M.
Jüster, Markus (2018): Die verfehlte Modernisierung der freien Wohlfahrtspflege. Göttingen
Kersten, Jens (2020): Die Natur als Rechtssubjekt. In: Aus Politik und Zeitgeschichte. H. 11
Kessl, Fabian u. a. (2007): Erziehung zur Armut? Wiesbaden
Kirchhoff, Thomas (2020): Zum Verhältnis von Mensch und Natur. In: Aus Politik und Zeitgeschichte. H.11
Klein, Naomi (2012): Klima versus Kapitalismus. In: Blätter für deutsche und internationale Politik. H.1
Klein, Naomi (2015): Die Entscheidung. Kapitalismus versus Klima. Frankfurt a. M., Zürich, Wien
Klein, Naomi (2019): Warum nur ein Green New Deal unseren Planeten retten kann. Hamburg

Kneer, Georg (2009): Die Akteur-Netzwerktheorie. In: Kneer, G./Schroer, M. (Hrsg.): Handbuch Soziologische Theorien. Wiesbaden.
Knobloch, Ulrike (Hrsg.) (2019): Ökonomie des Versorgens. Weinheim Basel
Koch, Engelhard/Resch, Franz (2002): Psychodynamische und therapeutische Aspekte der Selbstverletzung. In: Subkowski, P. (Hrsg.): Aggression und Autoaggression bei Kindern und Jugendlichen. Göttingen
Koch, Lars (2013): Angst. Ein interdisziplinäres Handbuch. Stuttgart, Weimar
Koler, Peter (2014): Rausch und Identität. Jugendliche in Alkoholszenen. Bozen
Koppetsch, Cornelia/Speck, Sarah (2015): Wenn der Mann kein Ernährer mehr ist. Berlin
Kovce, Philip/Priddat, Birger (2019): Bedingungsloses Grundeinkommen. Frankfurt a. M.
Kreher, Thomas/Lemp, Theresa (2013): Übergänge in die Arbeitswelt. In: Schröer W. u. a. (Hrsg.): Handbuch Übergänge. Weinheim Basel
Kreidenweis, Helmut (2019): Digitale Transformation. In: Archiv für Wissenschaft und Praxis der sozialen Arbeit. H. 2
Kuczynski, Jürgen (1981): Geschichte des Alltags des deutschen Volkes. Berlin
Lange, Andreas/Soremski, Regina (2010): Bildungsprozesse zwischen Familie und Ganztagsschule. München: Deutsches Jugendinstitut
Laux, Henning (2014): Soziologie im Zeichen der Komposition. Weilerswist
Lemke, Thomas (2008): Die Natur in der Soziologie. In: Rehberg, S. (Hrsg.): Die Natur der Gesellschaft. Frankfurt a. M./New York
Lenz, Albert (2002): Empowerment und Ressourcenorientierung. In: Lenz, A./Stark, P.: Empowerment. Tübingen
Lenz, Hans-Joachim (2004): Männer als Opfer von Gewalt. In: Aus Politik und Zeitgeschichte, S. 52–53
Lenz, Karl/Adler, Marina (2011): Geschlechterbeziehungen. Weinheim und München
Leroy, Isabell (2012): Die Regierung der Prekären. Wien, Berlin, Turin
Leroy, Isabell (2015): Freiheit und Sorge. In: Völker, S./Amacker, M. (Hrsg.): Prekarisierungen. Weinheim Basel
Lersch, Philipp (1970): Aufbau der Person. München
Lessenich, Stephan (2009): Theorien des Sozialstaats. Hamburg
Lessenich, Stephan (2018): Neben uns die Sintflut. München
Lessenich, Stephan/Möhring-Hesse, Matthias (2004): Ein neues Leitbild für den Sozialstaat. Expertise Otto Brenner Stiftung. Berlin
Ley, Thomas/Ziegler, Holger (2012): Rollendiffusion und sexueller Missbrauch. In: Andresen, S./Heitmeyer, W. (Hrsg.): Zerstörerische Vorgänge. Weinheim Basel
Liebsch, Katharina (2002): Identität und Habitus. In: Korte, H./Schäfers, B. (Hrsg.): Hauptbegriffe der Soziologie. Wiesbaden
Lyotard, Jan-Francois (2002): Das postmoderne Wissen. Wien
Mannheim, Karl (1928/1965): Das Problem der Generationen. In: Friedeburg, Ludwig v. (Hrsg.): Jugend in der modernen Gesellschaft. Köln, Berlin
Marcuse, Herbert (1967): Der eindimensionale Mensch. Frankfurt a. M.
Maurer, Susanne (2009): Soziale Arbeit als Gedächtnis gesellschaftlicher Konflikte oder: das heterogen Kollektive In: Kessl, F./Otto, H.-U. (Hrsg.): Soziale Arbeit ohne Wohlfahrtsstaat? Weinheim und München
May, Michael (2017): Die Bedeutung non-verbaler Kommunikationsformen für personenbezogene soziale Dienstleistungen. In: Widersprüche H. 143

May, Michael (2019): Netzwerktheorien in der Sozialen Arbeit. In: Fischer, J./Kosellek, T. (Hrsg.): Netzwerke und Soziale Arbeit. Weinheim und Basel
Mazzucato, Mariana (2014): Das Kapital des Staates. München
Mennicke, Carl (1926): Das sozialpädagogische Problem in der gegenwärtigen Gesellschaft. In: Tillich, P. (Hrsg.): Kairos. Darmstadt
Mennicke, Carl (1930): Die sozialen Berufe. In: v. d. Gablenz, O./Mennicke, C. (Hrsg.): Deutsche Berufskunde. Leipzig
Mennicke, Carl (1932): Die Erfahrungen der Jungen. Potsdam
Mennicke, Carl (2001): Sozialpädagogik (1937). Weinheim
Meuser, Michael (2010): Geschlecht und Männlichkeit. Wiesbaden
Mollenhauer, Klaus (1959): Die Ursprünge der Sozialpädagogik in der industriellen Gesellschaft. Weinheim
Münch, Richard (1998): Globale Dynamik, lokale Lebenswelten. Frankfurt a. M.
Munsch, Chantal (2003): Sozial Benachteiligte engagieren sich doch. Weinheim und München
Mutz, Gerd (2001): Der souveräne Arbeitsgestalter in der zivilen Arbeitsgesellschaft. In: Aus Politik und Zeitgeschichte B 21
Natorp, Paul (1899): Sozialpädagogik. Stuttgart
Neckel, Sighard (1991): Status und Scham. Frankfurt a. M./New York
Neckel, Sighard (2001): Deutschlands gelbe Galle. In: Kursbuch 143. Berlin
Nida-Rümelin, Julian (2011): Verantwortung. Leipzig
Olk, Thomas (1995): Zwischen Korporatismus und Pluralismus – Zur Zukunft der freien Wohlfahrtspflege im bundesdeutschen Sozialstaat. In: Rauschenbach, T./Sachße, C. (Hrsg.): Von der Wertegemeinschaft zum Dienstleistungsunternehmen. Frankfurt a. M.
Patel, Raj/Moore, Jason W. (2018): Entwertung. Reinbek
Payk, Theo, R. (2010): Depression. München
Peter, Horst u. a.(2011): Politische Bildung für nachhaltige Entwicklung. Immenhausen
Pichler, Barbara (2012): Die flexible Frau und der gebrochene Mann. In: Jahrbuch erziehungswissenschaftliche Geschlechterforschung. Opladen
Piketty, Thomas (2015). Das Kapital im 21. Jahrhundert. München
Pries, Ludger (2015): Teilhabe in der Migrationsgesellschaft. In: IMIS-Beiträge 47
Redl, Fritz/Winemann, David (1993): Kinder, die hassen. München
Reemtsma, Jan Philipp (2013): Vertrauen und Gewalt. Hamburg
Rieger, Günter (2019): Soziale Arbeit, Netzwerke und Gerechtigkeit. In: Fischer, J./Kosellek, T. (Hrsg.): Netzwerke und Soziale Arbeit. Weinheim Basel
Rifkin, Jeremy (2011): Die emphatische Zivilisation. Frankfurt a. M./New York
Rifkin, Jeremy (2019): Der globale Green New Deal. Frankfurt a. M./New York
Ritschl, Hans (1931): Gemeinwirtschaft und kapitalistische Marktwirtschaft. Tübingen
Rohrmann, Tim (2014): Männer in Kitas. Zwischen Idealisierung und Verdächtigung. In: Budde, J. u. a. (Hrsg.): Jahrbuch Geschlechterforschung in der Erziehungswissenschaft . Opladen, Berlin und Toronto
Rosa, Hartmut (2005): Beschleunigung. Frankfurt a. M.
Rosa, Hartmut (2019): Resonanz. Berlin
Rudolph, Brigitte (2001): Mögliche Chancen und befürchtete Fallen der „Neuen Tätigkeitsgesellschaft“ für Frauen. In: Aus Politik und Zeitgeschichte B 21
Scherpner, Hans (1962): Theorie der Fürsorge. Göttingen
Schmitt, Marco (2015): Die theoretische Offenheit der Netzwerkforschung und die relationale Perspektive in der Soziologie. In: Soziologische Revue H. 1

Scholz, Roswitha (2011): Das Geschlecht des Kapitalismus. Bonn
Schöffmann, Dieter (2001): Wenn alle gewinnen. Bürgergesellschaftliches Engagement der Unternehmen. Hamburg
Schwarting, Frauke (2007): Gender und Sucht. Hamburg
Seckinger, Mike (2018): Empowerment. In: Otto, H. U./Thiersch, H. u. a. (Hrsg.): Handbuch Soziale Arbeit. München
Selke, Stefan (2013): Schamland. Berlin
Senghaas-Knobloch, Eva (1998): Von der Arbeitsgesellschaft zur Tätigkeitsgesellschaft. In: feministische Studien H. 2
Sikora, Joachim (2008): Vision einer Tätigkeitsgesellschaft. Bonn
Strasser, Peter (2017): Das Gegenteil von Liebe. In: Die Furche vom 2.2.
Stückler, Andreas (2013): Auf dem Wege zu einer hegemonialen Weiblichkeit. In: Gender H. 3
Subkowski, Peter (2003): Zur Entstehung von Aggression und Autoaggression in der stationären Therapie am Beispiel von Patienten mit Essstörungen und von Müttern mit Kindern. In: Subkowski, P. (Hrsg.): Aggression und Autoaggression bei Kindern und Jugendlichen. Göttingen
Summer, Elisabeth (2008): Macht die Gesellschaft depressiv? Bielefeld
Teweleit, Klaus (2019): Männerphantasien. Neuausgabe. Berlin.
Thie, Hans (2013): Rotes Grün. Hamburg
Thole, Werner (2018): Verklärte Verhältnisse – Verhältnisse der Verklärung. In: Kommission Sozialpädagogik (Hrsg.): Wa(h)re Gefühle. Weinheim Basel
Thole, Werner/Hunold, Martin (2018): Gesellschaftstheorien. In: Otto, H. U./ Thiersch, H. u. a.(Hrsg.): Handbuch Soziale Arbeit. München
Volz, Rainer/Zulehner, Paul (2009): Männer in Bewegung. Baden-Baden
Voß, G. Günter (2019): Arbeitende Nutzer und ihre Lebensführung. ggv-webinfo. download 15.3.2020
Voß, G. Günter (2020): Der arbeitende Nutzer. Frankfurt a. M./New York
Wagenblass, Sabine (2004): Vertrauen in der sozialen Arbeit. Weinheim und München
Wagenblass, Sabine (2018): Vertrauen. In: Otto, H. U./Thiersch, H. (Hrsg.): Handbuch Soziale Arbeit. München
Wagner, Wolf (1982): Nützliche Armut. Berlin
Wa(h)re Gefühle (2018): Hrsg: Kommission Sozialpädagogik. Weinheim Basel
Wallimann, Isidor (1998): Soziale Ökonomie. In: Klöck, T. (Hrsg.): Solidarische Ökonomie und Empowerment. Neu-Ulm
Welzer, Harald (2011): Alles könnte anders sein. Frankfurt a. M.
Winker, Gabriele (2015): Care Revolution. Bielefeld
Winker, Gabriele (2015a): Prekarisierungsprozesse in der sozialen Reproduktionskrise. In: Völker, S./Amacker, M. (Hrsg.): Prekarisierungen. Weinheim Basel
Winnicott, Donald, W. (1988): Aggression. Versagen der Umwelt und antisoziale Tendenz. Stuttgart
Wouters, Cas (1999): Informalisierung. Opladen
Wortmann, Raoul (1996): Den Boden bereiten für Freundlichkeit. Opladen. Subskription. Download 15.5.12020
Zuboff, Shoshana (2019): Surveillance capitalisme – Überwachungskapitalismus. In: APuZ, S. 24-26

Lothar Böhnisch
Sozialpädagogik der Nachhaltigkeit
Eine Einführung
2019, 208 Seiten, broschiert
ISBN: 978-3-7799-6060-7
Auch als E-BOOK erhältlich

Soziale Nachhaltigkeit wird in diesem Buch nicht allein programmatisch verstanden. Vielmehr bestimmt Lothar Böhnisch Nachhaltigkeit dialektisch im Konfliktfeld zwischen ökonomischen Wachstumszwang und sozialökologischer Sorge. Das wirkt auch auf die Handlungsebene ein: Wir wissen, dass wir nachhaltig handeln müssen, sind aber immer wieder blockiert. Im ersten Teil wird geprüft, ob und wie zentrale Nachhaltigkeitsprinzipien auf sozialpädagogische Arbeitsprinzipien übertragen werden können. Im zweiten Teil geht es um den Beitrag zentraler sozialpädagogischer Arbeitsfelder zur Nachhaltigkeitsbildung. Das Buch wendet sich an Studierende und Mitarbeiter*innen im Sozialbereich und versteht sich vor allem als reflexiver Beitrag zum sozialpädagogischen Zukunftsdiskurs.

Lothar Böhnisch
Lebensbewältigung
Ein Konzept für die Soziale Arbeit
2., überarbeitete u. erweiterte Auflage 2019
234 Seiten, broschiert
ISBN: 978-3-7799-3878-1
Auch als E-BOOK erhältlich

Das Konzept Lebensbewältigung versteht sich als Theorie-Praxis-Modell für die Soziale Arbeit. Es entwickelt nicht nur Hypothesen zum Betroffensein und zum darauf bezogenen Verhalten von Menschen in kritischen Lebenskonstellationen, mit denen es die Soziale Arbeit hauptsächlich zu tun hat. Es geht darüber hinaus, indem es die hier gewonnenen Erkenntnisse diagnostisch brauchbar macht. Auch nimmt das Konzept für sich in Anspruch, dass sich aus ihm konkrete Handlungsaufforderungen an die Soziale Arbeit ableiten lassen. Gleichzeitig ist es kein Konzept, das beim Individuum stehen bleibt. Vielmehr ist es in der Lage, die sozial-interaktiven und gesellschaftlichen Bedingungen aufzuschließen, die das individuelle Bewältigungshandeln wie den sozialpädagogischen Zugang dazu beeinflussen. Das Buch eignet sich als grundlegende fachliche Orientierung für Ausbildung, Praxis und Fortbildung in der Sozialen Arbeit.